内 容 提 要

　　加快形成以国内大循环为主体、国内国际双循环相互促进的新发展格局,是根据我国发展阶段、环境、条件变化作出的战略决策,是事关全局的系统性深层次变革。当前我国经济发展方式加快转变,新的增长动力正在孕育形成,尤其是在面临新冠肺炎疫情冲击下经济保持足够韧性,表明我国经济长期向好的基本面没有改变。然而,我国经济发展不平衡不充分问题仍然突出,这主要是由于发展方式粗放、创新能力不强导致的国内价值链高度与经济空间布局有待优化与完善,使得区域经济持续增长的效率驱动仍面临重大挑战,而这也正在进一步影响到我国未来的创新与协调发展。在此背景下,本书立足新发展阶段,从全球价值链嵌入向国内价值链重构转换背景下,探讨我国经济效率空间梯度格局形成原因,进而面向新发展格局,构建基于国内价值链为主体、促进区域协调发展的新机制。本书主要研究结论如下:

　　第一,中国三次产业经济效率演化呈现出显著的阶段性与空间梯度特征。改革开放以来中国三次产业经济效率可划分为改革释放期、震荡调整期、平稳增长期、结构调整期等阶段,而不同阶段全要素生产率增长及其对经济增长的贡献率有很大差异。东部地区三次产业全要素生产率具有一定优势,中部地区表现为中国经济效率"凹地",经济空间与效率空间非协调的空间梯度发展格局正在形成。

　　第二,土地财政扩张下的创新链—产业链扭曲强化了中国经济空间与效率空间错配。虽然土地财政带来一定规模经济效应,但主要是阻碍创新链直接抑制全要素生产率提升,中部地区尤其严重。主要是推动房地产开发带来投资挤占效应,同时也刺激房价与工资水平上涨带来成本效应,影响城市创新,抑制全要素生产率增长。进一步,中国整体呈现偏离收入水平的"过早"去工业化,尤其是中、西部地区去工业化严重偏离收入水平,显著抑制全要素生产率增长。

第三，国际发展经验表明，发展中国家全球价值链参与度日益提升但全球价值链地位并不高，影响生产率提升。虽然从整体来看，参与价值链分工对生产率确实存在促进作用，但在分行业样本中由于发达及发展中经济体专业化部门的差异，参与全球价值链作用没有显现。尤其对发展中国家而言，存在"低端锁定"的现象。然而近年来发展中国家全球价值链地位有所提升，对生产率表现出一定促进作用，且在知识密集型制造业中最为显著。

第四，基于国内价值链重构的垂直专业化效应和全球价值链低端嵌入的天花板效应对经济空间与效率空间耦合协调产生异质性影响。在以国内大循环为主体，国内国际双循环相互促进背景下，基于国内价值链重构的垂直分工生产是促进区域高质量发展的重要支撑，更多融入国内价值链，可以显著促进技术进步、优化资源配置，有利于经济空间与效率空间的协同演化。

最后，本书提出新时期中国区域经济协调发展的"效率—结构—功能"基本框架与五大实现路径，为推动形成优势互补高质量发展的区域经济布局，构建以国内大循环为主体、国内国际双循环相互促进的新发展格局提供参考。

国内价值链重构下我国经济效率空间梯度优化及区域协调实现机制研究

李汝资 著

中国财经出版传媒集团

经济科学出版社
Economic Science Press

图书在版编目（CIP）数据

国内价值链重构下我国经济效率空间梯度优化及区域协调实现机制研究/李汝资著．—北京：经济科学出版社，2021.5
ISBN 978-7-5218-2570-1

Ⅰ.①国… Ⅱ.①李… Ⅲ.①区域经济发展－研究－中国 Ⅳ.①F127

中国版本图书馆 CIP 数据核字（2021）第 096800 号

责任编辑：宋　涛
责任校对：靳玉环
责任印制：范　艳　张佳裕

国内价值链重构下我国经济效率空间梯度优化及区域协调实现机制研究

GUONEI JIAZHILIAN CHONGGOUXIA WOGUO JINGJI XIAOLYU
KONGJIAN TIDU YOUHUA JI QUYU XIETIAO SHIXIAN JIZHI YANJIU

李汝资　著

经济科学出版社出版、发行　新华书店经销
社址：北京市海淀区阜成路甲28号　邮编：100142
总编部电话：010-88191217　发行部电话：010-88191522
网址：www.esp.com.cn
电子邮箱：esp@esp.com.cn
天猫网店：经济科学出版社旗舰店
网址：http://jjkxcbs.tmall.com
北京季蜂印刷有限公司印装
710×1000　16开　15印张　260000字
2021年8月第1版　2021年8月第1次印刷
ISBN 978-7-5218-2570-1　定价：60.00元
（图书出现印装问题，本社负责调换。电话：010-88191510）
（版权所有　侵权必究　打击盗版　举报热线：010-88191661
QQ：2242791300　营销中心电话：010-88191537
电子邮箱：dbts@esp.com.cn）

CONTENTS 目录

第一章 绪论 / 1

 第一节 研究背景与意义 / 1
 第二节 研究目标与内容 / 5
 第三节 研究方法与技术路线 / 6
 第四节 研究特色与创新 / 8

第二章 理论基础与文献综述 / 10

 第一节 概念内涵 / 10
 第二节 理论基础 / 12
 第三节 国内外研究综述 / 14
 第四节 相关研究述评 / 21

第三章 改革开放以来我国省域经济效率空间梯度格局演化 / 24

 第一节 中国奇迹与生产率之争 / 24
 第二节 研究方法及数据处理 / 26
 第三节 中国全要素生产率变动特征 / 28
 第四节 主要结论 / 33

第四章 改革开放以来中国三次产业经济效率演进及影响因素 / 35

 第一节 产业结构与经济效率互动演进基本逻辑 / 35
 第二节 研究方法简介 / 38
 第三节 中国三次产业经济效率总体态势 / 40
 第四节 中国三次产业全要素生产率变动的阶段性与区域差异性 / 46
 第五节 中国三次产业经济效率变动的影响因素实证分析 / 52
 第六节 主要结论 / 57

第五章　中国区域经济效率扭曲机制——基于土地财政的创新抑制视角 / 59

  第一节　土地财政捆绑的产业链与价值链分离现象 / 59
  第二节　土地财政对区域经济效率作用的理论机制 / 61
  第三节　研究方法与数据来源 / 64
  第四节　中国城市土地财政规模扩张对经济效率的影响 / 67
  第五节　主要结论 / 84

第六章　产业链扭曲对全要素生产率的影响——脱实向虚的去工业化视角 / 86

  第一节　去工业化与再工业化 / 86
  第二节　理论分析与研究假说 / 91
  第三节　模型设计与数据来源 / 95
  第四节　过早去工业化与价值链扭曲的经济效应 / 98
  第五节　不同地区传导机制异质性 / 102
  第六节　稳健性检验 / 112
  第七节　结论和启示 / 117

第七章　全球价值链嵌入对经济效率空间影响的国际比较与经验借鉴 / 119

  第一节　问题提出 / 119
  第二节　理论机制分析 / 122
  第三节　模型设定与数据来源 / 125
  第四节　世界主要国家（地区）全球价值链嵌入变化趋势 / 130
  第五节　典型国家（地区）全球价值链参与度前后向分解变化 / 138
  第六节　全球价值链嵌入对经济效率的影响 / 148
  第七节　发达国家全球价值链嵌入与经济转型经验 / 153
  第八节　主要结论 / 156

第八章　国内价值链重构对经济空间与效率空间协同演化的影响 / 158

  第一节　国内价值链重构的时空演化特征 / 158
  第二节　经济空间与效率空间协同的时空演化特征 / 165

第三节 实证模型与数据来源 / 175
第四节 国内价值链重构对经济空间与效率空间耦合协调
影响的实证分析 / 177
第五节 国内价值链重构对经济空间与效率空间耦合
协调的影响机理 / 182
第六节 研究结论与启示 / 186

第九章 中国区域协调发展提升新路径与政策建议 / 189

第一节 新时期区域经济协调发展基本思路 / 189
第二节 区域经济协调发展路径之一——促进 NVC 与
GVC 耦合衔接 / 193
第三节 区域经济协调发展路径之二——优化国土空间
布局与效率提升 / 198
第四节 区域经济协调发展路径之三——充分挖掘经济
梯度潜力 / 203
第五节 区域经济协调发展路径之四——深入推进财权
事权改革 / 204
第六节 区域经济协调发展路径之五——区域增长甄别
与因势利导 / 206

参考文献 / 210
后记 / 231

第一章

绪　　论

第一节　研究背景与意义

一、研究背景

（一）推进区域协调发展是实现我国区域高质量发展的内在要求

改革开放以来，中国实现了快速工业化与城市化，经济总量持续保持40多年的高速增长，经济规模与发展质量均实现飞跃，"中国奇迹"举世瞩目。这在一定程度上得益于中国在加入世界贸易组织后快速融入全球生产网络，中国在为经济全球化做出贡献的同时，也充分享受全球化带来的经济福利。但是，在中国经济增长"换挡"、国内人口红利逐渐消失、生产要素成本急剧上升等因素的影响下，原有粗放型发展模式受到挑战（潘文卿，2018）。从区域层面来看，伴随西部大开发、东北振兴、中部崛起等区域发展总体战略实施，中国区域差距呈现缩小趋势，特别是中西部地区保持较稳定的增长速度。但也看到，虽然整体上中国经济增长仍然表现出其他国家不可比拟的速度，但也必须认识到中国经济发展存在的不平衡不充分等问题仍然突出（黎峰，2018）。在全面建成小康社会背景下，非均衡增长方式造成资源配置的浪费以及区际福利水平的失衡，已经严重影响中国经济持续稳定的高质量发展（陈启斐等，2018）。因此，新时期区域空间格局调整，要注重优化区域空间梯度，以推进区域协调发展为目标，为实现区域高质量发展提供空间保障。

（二）推进制造业高质量发展是区域产业链与价值链匹配升级的重要途径

经典发展经济学理论——卡尔多定律（Kaldor's Law）认为，现代经济增长伴随产业结构高级化与合理化的有序演变，制造业与全要素生产率均保持长期协调增长（黄群慧等，2017）。但与其他国家相比，中国工业化历程又有其独特性，是否能够完成由"工业大国"向"工业强国"的稳定转型，需要进行深入分析与科学决策。具体而言，与欧美等发达国家和地区相比，中国去工业化过程整体上表现出与收入水平、工业效率不匹配的早熟特征（乔晓楠和杨成林，2013；王展祥和魏琳，2013；高文静，2016）以及金融危机影响下金融、房地产等服务业粗放式扩张的被动与消极特点（黄永春等，2013），同时还伴随着区域性去工业化过程的差异特征（王一新和杜骐臻，2011；魏后凯和王颂吉，2019）。中国制造业就业比重在达到15%左右的峰值后出现下降趋势，此时对应的人均收入大约为5000美元，不仅远远低于发达国家10000美元的转折点，且相应制造业就业比重也仅为其他国家峰值的一半左右（王文和孙早，2017）。

上述情况的出现，与长期以来低端嵌入全球价值链的增值能力"天花板效应"，导致国内产业升级"脱实向虚"密切相关，而在土地财政扭曲下，各地区愈演愈烈。一方面，自土地"招拍挂"、住房制度等市场化改革以来，土地财政缓解了地方政府的财政压力，为财政分权后地方政府晋升激励提供了一剂良药。同时由于地方政府对经济总量增长追求，而寻求通过土地财政扩张推动城市基础建设，大规模投资驱动为中国工业化和城市化进程注入了助推剂。特别是通过土地市场带动以房地产为主导产业的经济发展模式，助推地方经济发展。2008年金融危机后，为保持经济稳定增长，土地财政更是被进一步作为地方政府财政收入的主要来源，"脱实向虚""房地产经济"甚嚣尘上，强化了"土地财政—房地产—地方经济"的捆绑效应。直接结果是，部分欠发达地区"退二进三"，出现过早"去工业化"现象，导致产业链与价值链分离。由此，需要积极引导国内价值链高度与空间布局优化与完善，推动土地财政政策转型以支持实体经济发展，促进区域经济持续增长的要素驱动向效率驱动转变，推动产业链与价值链匹配升级，是未来中国创新驱动与区域协调发展的重要途径。

(三) 构建基于全球价值链与国内价值链的内外双向循环体系是实现区域高质量发展的重要保障

当前,中国经济发展方式加快转变,新的增长动力正在孕育形成,经济长期向好的基本面没有改变。然而,长期以来对外向型经济的依赖导致中国区域产业链与价值链分离现象明显。伴随近年来中美贸易摩擦逐步升级,尤其是2020年初至今的全球新冠疫情影响下,单边主义甚嚣尘上,发达国家对发展中国家进行的技术"封锁"与贸易打击,对发展中国家技术进步与经济效率提升产生一定影响。

从外部环境来看,中国经济增长正在面临贸易摩擦与产业转型带来的双重压力。中美贸易摩擦持续至今,美国企图以此遏制中国由"制造业大国"向"制造业强国"转变的步伐,维护其在技术创新领域的持久领导地位(王霞,2019;杨飞等,2018;余振等,2018),对中国制造业发展提出极大挑战。与此同时,美国在一直强调制造业回归的"再工业化"战略,极力推动制造业企业由国际市场向国内化生产转移。在此背景下,地方政府尤其是中部、西部地区城市为稳定经济增长短期目标,面临全球价值链低端嵌入约束而采取简单的去工业化策略、推进服务业扩张的"脱实向虚"发展模式,不仅会对中国未来经济增长带来严重影响,而且可能影响区域就业质量与收入水平的提升。因此,需要积极构建基于全球价值链与国内价值链的内外双向经济循环体系。

(四) 基于国内价值链重构下的经济空间与效率空间协同演进是实现区域协调发展的物质基础

长期以来低端嵌入全球价值链的增值能力"天花板效应",驱使地方政府更加注重经济规模,导致经济规模扩张和效率提升出现不匹配的现象。例如,中部地区的许多省区的规模扩张迅速,但增长的可持续性不强,已经成为中国经济增长的经济效率凹地(李汝资等,2017),这对区域协调发展的实现形成挑战。伴随着市场化改革的进程,整体经济转型的成功与否不仅取决于经济总量的表现,更依赖于长期存在的地区差距如何在不平衡的区域发展进程中得到弥合,从而实现效率与公平的改革目标。

上述现象的产生与区域分工格局密切相关。一方面,从纵向发展来看,中国长期处于全球价值链(GVC)的低端,虽然参与价值链推动了要素投入的增加与产出水平的提升,但资源利用的效率较低,导致了经济空间与效率空间的不协同；另一方面，从横向对比来看，过去因为地方市场分割、行政区经济，区域分工生产的模式没有得到大力发展，无法发挥各自的比较优势，各地区内部更注重规模扩张，"大而全""小而全"的格局忽视了效率问题，导致区域之间的资源错配的现象十分严重，这也强化了经济空间与效率空间的不协同。为了探究国内价值链视角下的区域分工对经济空间与效率空间之间的协同情况的影响，本书将进行深入的理论及实证研究。

二、研究意义

（1）认识全球价值链嵌入向国内价值链重构比较优势转换，有助于较为准确地识别中国经济效率空间存在的问题，探索国内价值链重构下经济效率优化新路径，可为中国实现要素驱动向创新驱动发展提供科学依据。从价值链视角探讨经济效率这一热点问题，科学认识国内价值链的产业和空间"立体化发展"内涵，系统阐述国内价值链重构对经济效率的影响机制，并以全球价值链嵌入对经济效率影响的国际经验为借鉴，为探索中国经济效率空间梯度的链式优化提供理论借鉴，丰富经济增长理论的研究内容。

（2）面对中国经济发展的经济空间与效率空间非协调性特征，提出国内价值链重构下中国经济效率区域协调实现机制，可为中国区域协调发展提供参考借鉴。

实现经济的长期增长需要以转变发展方式为前提，即以提高经济增长效率为主要内容的效率驱动型增长方式，将成为"新常态"下的主导型增长方式（杨锦英等，2016）。追求经济空间与效率空间的协同从而实现区域经济协调发展是当前的发展目标，与规模增长相适应的效率提升正是中国经济增长模式转变的重要原因。而区域分工要求不同区域根据本地区的要素禀赋、政策特点等因素，着重发展具有自身比较优势的产业，从而削弱了市场分割的不利影响，区域分工是否合理直接影响了是否能实现协同发展，而协同就是内生增长的要求。

经济总量反映了一个地区的经济物质基础，也是高素质要素得以有效利用的基础，经济效率代表经济发展潜力。内生经济增长理论表明，经济规模扩张可为效率提升奠定经济与资源环境基础，效率驱动可为经济质量提升提供有效支撑，只有经济规模的稳定扩张与经济效率驱动的有机统一，而不是相互掣肘，才能实现区域经济的可持续发展，同时使得区域差异缩小,并形成具有经济梯度的发展格局。那么,基于国内价值链垂直演化与水平分工视角,当前中国经济发展呈现出何种区域分工格局?其影响因素为何?基于国内价值链的区域分工对中国经济空间规模增长与效率空间提升产生何种影响?通过哪些传导路径发挥作用?基于上述问题,本书将从国内价值链的视角,通过对经济空间与效率空间更加全面的阐释,深入探讨当前区域分工格局对中国经济空间与效率空间协同演化的影响及其机制,以期为实现区域协调发展提供理论与现实借鉴,并提出切实有效的建议。

第二节 研究目标与内容

一、研究目标

本书以国内价值链重构为创新驱动核心,以中国经济效率空间梯度演变为介质,以空间路径优化和区域协调实现为政策保障。主要研究目标为:(1)基于全球价值链的天花板效应及国内价值链重构的垂直专业化效应,剖析中国经济效率空间梯度成因与驱动机制;(2)从经济空间与效率空间非协调发展的逆向思维角度出发,提出国内价值链重构下中国经济效率空间梯度的区域协调实现路径。

二、研究内容

本书共分9章内容,具体为:

第一章为绪论,本章重点阐明本项目的研究背景和意义,阐述本书的研究目标与内容,研究的思路与方法,以及提出本书的特色和创新点。

第二章为理论基础与文献综述,对全球价值链、国内价值链、区域分工等概念进行辨析,并提出相应理论基础。进而对区域分工、价值链演化等相关文献进行梳理。

第三章为改革开放以来我国省域经济效率空间梯度格局演化。通过对改革开放以来中国经济效率空间梯度格局进行分析,为因素识别提供空间基础。

第四章为改革开放以来中国三次产业经济效率演进及影响因素。对比结构变动过程中的效率演进情况，从结构扭曲、效率扭曲、要素扭曲等视角，初步反映中国经济效率扭曲的产业结构成因。

第五章、第六章分别从土地财政、去工业化视角，进一步探讨中国区域分工的价值链扭曲以及生产率响应，并识别投资挤占、技术抑制、成本拉动等驱动机制。

第七章为全球价值链嵌入对经济效率空间影响的国际比较与经验借鉴，并总结发达国家价值链提升与转型升级的主要经验。

第八章为国内价值链重构对经济空间与效率空间协同演化的影响，具体提出中国经济空间与效率空间协同发展的路径。

第九章为中国区域协调发展提升新路径与政策建议，从"效率—结构—功能"框架、国内价值链与全球价值链耦合、挖掘经济梯度潜力、土地财政改革以及优化国土空间与产业布局等方面，初步构建了中国区域协调发展的新路径。

第三节　研究方法与技术路线

一、研究方法

本书运用具体研究方法包括：（1）文献研究与实证分析相结合。通过大量阅读相关文献，对国内价值链等概念进行深入理解，并通过比较分析得出国内价值链重构下的区域分工对经济空间与效率空间影响的理论机制。（2）GIS工具的自然断裂点分类方法，探测经济效率空间关联格局。（3）耦合协调度模型，用来研究经济与效率空间匹配程度。（4）固定效应回归模型，用来分析中国经济效率演变区域异质性影响因素。（5）中介效应模型，探索对国内价值链重构下中国经济空间与效率空间协同演化影响机制。

二、技术路线

本书从国内价值链重构视角探讨中国经济效率空间梯度的优化及区域协调实现机制，按照"是什么→为什么→可能怎样→经验怎样→如何发展"的总体研究脉络，基于"特征格局→理论分析→实证分析→经验借鉴→路径优化→政策建议"的具体研究路线,共分为 5 部分内容:"空间基础→理论基础→国际比较→优化机制→协调方案",且每一部分内容层层递进,具体思路如图 1-1 所示。

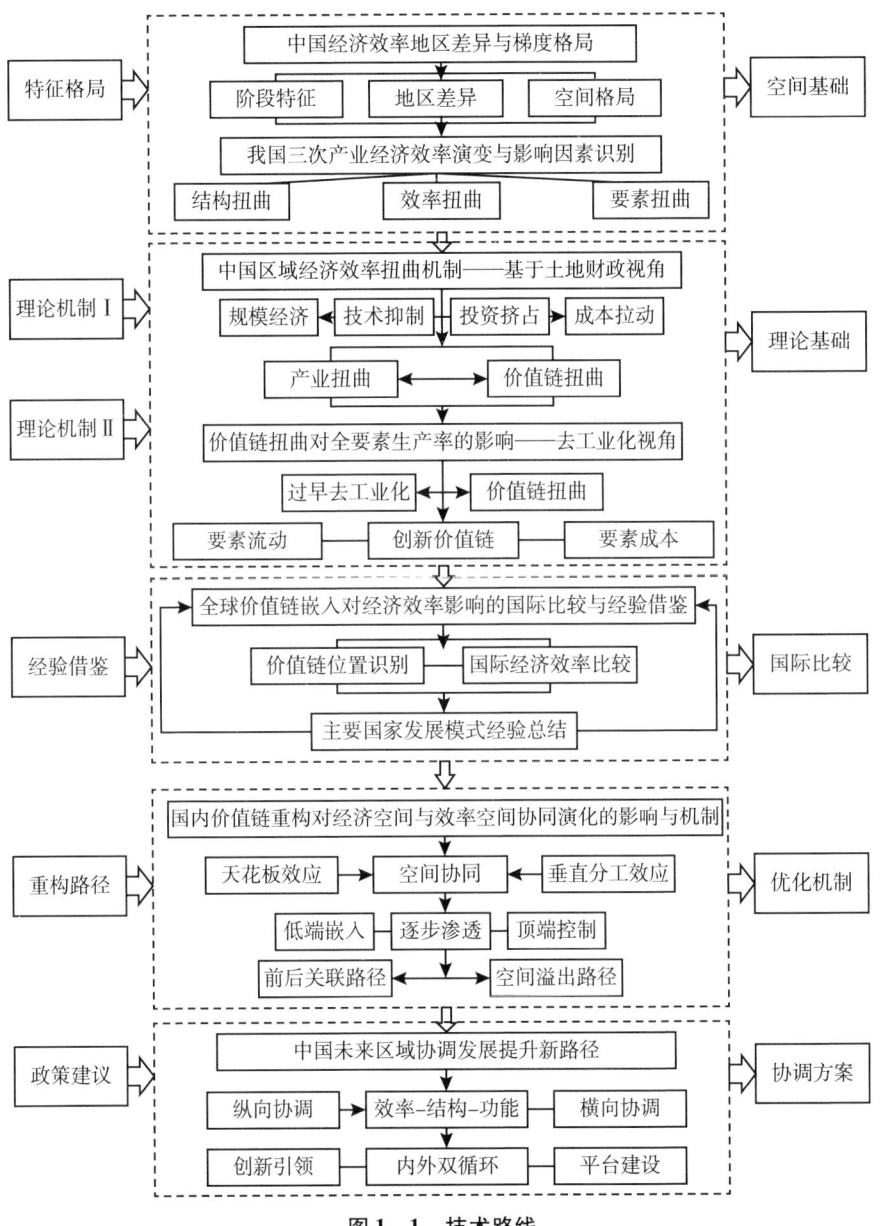

图 1-1 技术路线

第四节 研究特色与创新

一、研究特色

(1) 鲜明的时代特征和政策的前瞻性。本书的首要特色是围绕国内价值链重构这一重要主题，基于中国经济空间与效率空间非协调性的事实，探讨中国经济效率空间梯度成因。进而基于国内价值链重构下的区域分工视角，深入剖析对经济空间与效率协同演化机制，并据此提出中国未来区域协调发展的新路径。

(2) 多学科交叉的研究方法融合特色。结合地理学的区域思维与经济学的理性思维，系统运用比较分析、空间数据探索、经济计量与中介机制检验等方法模型，研究中国经济效率地区差异与梯度格局、国内价值链重构下经济空间梯度优化路径及区域协调实现机制，具有一定的研究特色。

二、创新之处

(1) 从国内价值链重构视角探讨经济空间与效率空间协调是本书的一个创新之处。中国经济空间与效率空间非协调性的重要原因之一，是长期以来低端嵌入全球价值链带来的天花板效应，导致国内市场重规模而轻效率，重产出而忽略分工。因此，从国内价值链的垂直化分工角度，打破天花板效应，可为中国经济空间与效率空间协同发展的实现提供参考。

(2) 从经济效率扭曲的土地财政创新抑制视角和产业链扭曲的脱实向虚去工业化视角分析中国经济效率时空演变机制是本书的另一创新之处。全球价值链低端嵌入的天花板效应导致中国产业链与价值链的分离，促使地方以经济规模换取经济效率，助推了土地财政扩张、"退二进三"的过早去工业化等现象。因此，从经济效率扭曲的土地财政视角和价值链扭曲的去工业化视角更有助于理解中国经济空间与效率空间非协调的本质。

（3）尝试构建经济空间与效率空间耦合协调指标体系并突出区域差异性是本书的又一创新之处。区域经济增长是多目标的系统过程，本书初步尝试构建经济空间与效率空间耦合协调发展指标体系，可为区域可持续与协调发展提供借鉴。亦可为地方政府确立发展目标提供参考。

第二章

理论基础与文献综述

第一节 概念内涵

一、全球价值链

哈佛大学商学院的教授波特（Porter）于1985年首次提出了价值链的概念，他认为，"每一个企业都是在设计、生产、销售、发送和辅助其产品的过程中进行种种活动的集合体。所有这些活动可以用一个价值链来表明。"企业的价值创造可以分为两种活动即基本活动与辅助活动；基本活动包括内部后勤、生产作业、市场和外部后勤、市场和销售、服务等；而辅助活动则包括采购、技术开发、人力资源管理和企业基础设施等。这些互不相同但又相互关联的生产经营活动，构成了一个创造价值的动态过程，即价值链。随后格里菲（Gereffi，2001）在全球商品链的基础上提出了全球价值链（global value chain，GVC）的概念，是指将一种研究活动分布到全球不同的范围，不同国家负责不同的生产环节反映出了现如今世界经济的发展模式，一件商品的国别属性不那么明显；价值链上不同环节所能创造出的利润也不同。

总体来看，全球价值链是指一种全球性跨企业网络组织为实现商品以及服务价值将生产、销售、回收等环节分工合作实现共同的目标。其中包含原材料的生产加工和运输、半成品与制成品的生产和销售、直至产品被消费达成一个完整的环节。它还包括处于全球价值链上的各个企业之间的价值、利润的分配，企业在全球价值链上进行不同的增殖活动，如产品设计、产品的生产制造、营销、售后等；分工明确并且创造的价值不同。

二、国内价值链

国内价值链（national value chain，NVC）是从价值链与全球价值链中延伸出的概念，是以本国市场为基础发展而来，主要是国内本土品牌企业的生产、销售环节依托其核心技术整合国内资源来满足国内外的市场需求（邵朝对等，2019），形成一个完整的国内生产体系（刘志彪和张少军，2008）。事实上国际与国内分工的实质都是对于资源的配置方式将生产细分为各个环节，并选择出最优最低成本的途径进行分工。但与全球价值链不同，国内价值链更加强调以国内区域分工为前提的产业链与价值链匹配升级（黎峰，2020），将更有效地突破全球价值链低端嵌入导致的"天花板效应"。因此，国内价值链实际上兼具国内、国外两个市场，是构建以国内大循环为主体、国内国际双循环相互促进的新发展格局基础。

三、区域分工

地方市场分割通常会作为专业化分工相对立的概念。改革开放以来，中国地方市场分割问题实属典型（银温泉等，2001）。这种市场分割不利于发挥规模效应，不利于经济可持续增长（Bai et al.，2004；陈敏等，2008）。地方市场分割造成了资源配置在现实中出现扭曲的后果（郑毓盛等，2003）。为了消除市场分割的这种不利影响，不同区域根据本地区的要素禀赋、政策特点等因素，着重发展具有自身比较优势的产业，这样就演化出了区域分工。这种建立在产业分工基础上的区域经济合作渐渐模糊了市场分割的界限。

四、经济空间及效率空间

如图2-1所示，经济空间是基于总量视角的经济规模增长能力的空间，一个集合了各个方面区域总量经济能力指标的综合能力空间，包含有资本获取、劳动力规模等多个方面。一个地区的经济总量决定了该地区的市场潜力与投资前景，是反映地区经济实力和综合竞争能力的重要指标

（陈继勇等，2019）。效率空间同样是一个具有多维而丰富内涵的评估体系，主要刻画一个区域的要素投入转换为经济产出的能力，如果一个地区能够将本地区的劳动、资本等各方面投入较大程度地转化为有效产出，则表明该地区投入产出的转换能力较强，即该地区是较为高质量的效率空间。

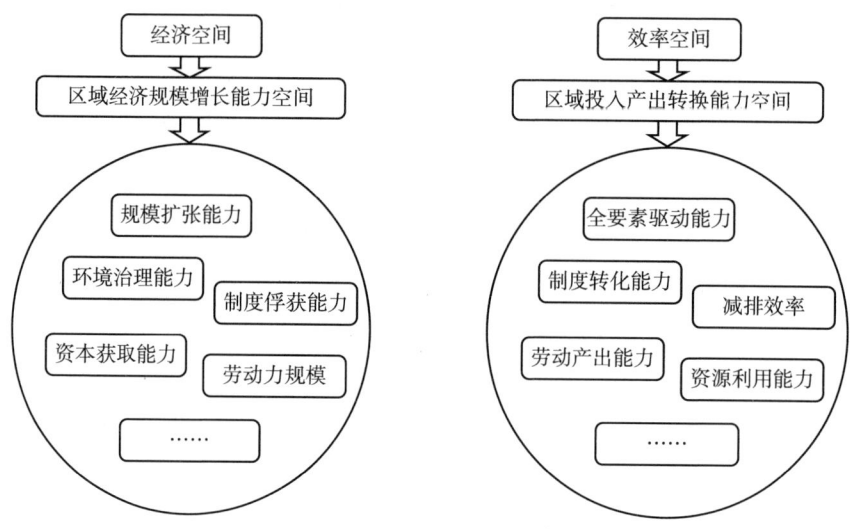

图 2-1　经济空间与效率空间

第二节　理论基础

一、劳动地域分工理论

马克思的劳动地域分工理论是以劳动为基础的。马克思认为，各种使用价值或商品主体的总和，代表着多种有用劳动的总和，即社会分工。当社会内部分工发展到一定程度时，手工业内部就存在着分工。社会分工和产业分工促进了劳动区域分工的形成。马克思、恩格斯认为，劳动分工是社会分工、产业分工和区域分工的起源。在马克思区域分工理论和区域均衡发展战略的指导下，区域合作经济模式在一定程度上促进了区域经济的快速发展，缩小了区域差距（丁任重，2014）。

二、古典经济增长理论

以斯密为代表的古典经济学的基本逻辑是，分工带来的专业化导致技术进步，技术进步导致报酬增加，而进一步的分工则取决于市场范围的扩大。分工既是经济发展的原因，也是经济发展的结果。因果积累过程体现了报酬递增机制。斯密对分工的深刻理解使分工理论在经济学研究中发挥了重要作用。斯密分析了提高劳动生产率的三种途径，即为什么分工可以带来更高的回报。一是提高劳动者的劳动能力；二是在不同工种之间的转换中节省劳动者的时间；三是推动发明"机械化节约劳动"（靳明，2007）。以上也与现代经济理论中的"干中学""人力资本积累""内生技术进步"相对应。

三、价值链分工理论

关于区域分工对经济的影响，已有许多学者进行了研究。新古典经济学理论提出了内生比较优势理论，指出分工与专业化水平将决定内生比较优势程度。亚当·斯密指出，分工是经济增长的源泉。弗兰西斯等（Francis et al.，2003）对东亚地区的贸易趋势的研究揭示，这些地区的国家也逐渐加深区域分工与合作，东亚区域扩大贸易合作的努力对当地的经济发展也会发挥积极的作用。王等（Wang et al.，2009）的研究表明在20世纪90年代，东亚经济体的价值份额存在分布越发均匀的趋势，这是由于当时的东亚发展中经济体形成较为紧密的生产网络，加深了相互之间的一体化程度。李廉水等（2007）对中国长三角地区的专业化分工情况进行了研究，其结果表明，专业化分工显著驱动了长三角地区制造业的发展水平以及持续快速健康发展。

近年来，以全球价值链为基础的国际分工成为一些发展中国家的新贸易范式，从价值链视角刻画区域分工成为一种重要的视角。然而，参与全球国际分工虽然有助于发展中国家实现起飞或低端阶段的工业化进程，但是在发展中国家向高端工业化转换进程中，却广泛地出现了被"俘获"现象（刘志彪等，2007；卢福财等，2008；石喜爱等，2018）。正是由于在全球价值链中易被俘获于低端环节，发展中国家从而在全球价值链的基础上建立基于本土市场的分工体系。分工超越了一个国家不同的地区，即产品生产的上游原材料供应、加工组装、市场销售等各环节在国内各区域间协作开展时，便形成了国内价值链分工（NVC）（黎峰，2018）。随着王直等（2015）提出的基于投入产出表的全球价值链研究方法，开始有学者将这一方法应用于研究国内价值链（Meng et al.，2013；李善同等，2018）。

四、现代经济增长理论

外生还是内生增长，期间的不同引发了现代经济理论学者的深思。外生经济增长理论与内生经济理论最大的不同在于经济发展是由外生的技术进步，抑或是内生的因素解释。前者表达的是在不增加要素投入的情况下，技术进步改变了生产函数的截距，从而实现经济增长。后者则表示，在劳动投入过程中内生的人力资本，包括研究开发、发明创造和其他活动形成的技术进步，使技术进步等因素内生，认为技术进步的要素收入增加，长期增长率为正（张德生等，2005）。

五、系统耦合理论

耦合（coupling）是指两个及以上的系统彼此影响并联合的现象，是一种相互依赖、协调与促进的动态关联关系（张勇等，2013）。本书把经济空间与效率空间两个系统通过各自的耦合元素产生相互影响、彼此依赖的现象定义为经济空间与效率空间耦合。借助耦合概念，将经济空间与效率空间作为两大系统，定量评价系统间的协同关系。

第三节　国内外研究综述

一、区域分工及国内价值链

回顾文献，已有许多学者研究了这种基于国内不同地区特征、不同资源禀赋、不同市场空间的区域分工对区域经济的影响。一些学者认为嵌入国内价值链对经济规模的增长会产生影响：陈敏等（2008）认为具有不同资源禀赋、技术专长的区域间的经济合作，能使各地发挥比较优势，释放经济增长的潜力。施密茨（Schmitz，2004）的研究中提到，一些发展中国家实践经验表明，嵌入国内价值链的本土企业，能表现出很强的功能与价值链的升级能力。刘明宇等（2012）认为推进分工深化，发挥分工带来的新比较优势，才能逐步实现资源和能力的积累，最终实现经济增长。另一些学者关注的是嵌入国内价值链对效率提升产生的影响。陈健等（2013）通过研究发现，相比产业间、产业内分工下所形成的地区专业化，产品内国际分工下的地区专业化发展，更显著促进了区域经济增长效率水平提升。而袁凯华等（2017）的研究结论是嵌入国内价值链对国内增加值率的拉动效应明显弱于全球价值链。

另外，还有一些学者研究了参与国内价值链与区域协调发展之间的关系。刘志彪等（2008）认为，东部沿海地区的产业升级将得益于国内价值链，区域间将产生前向后向的产业联系，进而缩小区域发展差异。黎峰（2018）认为，嵌套在全球价值链中的国内价值链分工有利于区域协调，而基于内生能力的国内价值链分工则拉大了区域收入差距。潘文卿（2018）从中间产品、增加值和投入产出三个方面分析发现，从国内价值链的角度看，中国八个地区之间的关联度呈上升趋势，而不同地区之间也呈现出分化趋势。陈启斐等（2018）着眼于长江经济带，提出构建国内价值链是实现区域经济协调发展的有效手段。崔向阳等（2018）则通过对比全球价值链和国内价值链的不同效应，发现嵌入国内价值链的程度越深，区域间经济差距就越小，而嵌入全球价值链则情况相反。

综上所述，关于国内价值链分工对经济总量和效率的分别研究已经较为丰富，但只关注经济总量增长或效率提升是不够的，区域可持续发展应该建立在经济规模增长与经济效率提升的协同基础之上，也是区域高质量发展的必然要求。

二、全球价值链研究现状

关于全球价值链，现有研究更多的是站在国家层面进行研究，一些学者关注了不同国家嵌入全球价值链的不同地位影响。汉弗莱（Humphrey，2004）提出"技术阶梯"的存在，价值链高端环节往往被技术领先的发达国家占据，处于"微笑曲线"的两侧（宋怡茹等，2017）。而中国等发展中国家和其他新兴国家却因为主要从事装配、测试和包装活动，只能获得较少的产品价值收入（Dedrick et al.，2010；肖文和殷宝庆，2011；樊茂清等，2014）。发达国家通过对后发国家的价值"俘获"、贸易壁垒、压低采购价、屏蔽技术外溢等手段，使得发展中经济体在参与垂直专业化分工过程中，难以实现价值链攀升从而进入高端阶段、形成具有一定竞争力的核心研发水平（石喜爱，2018），因而面临全球价值链"低端锁定"和"贫困化增长"风险。

三、去工业化与价值链扭曲

由于发达国家进入工业化阶段较早，部分国家在去工业化发生时已初步实现了产业结构的高度化和合理化，故在这些国家中大多取得了较好的适应性。扬（Yong，2005）从经济增长和波动的角度认为，1990~2000年韩国去工业化使得就业上的波动减少了大约10%。但也有的地区由于一直依靠资源禀赋建立起比较优势，去工业化不利于当地经济发展，如一些老工业区在去工业化当中日渐式微，杜萨尔（Doussard，2009）从产业转移、地缘结构等方面对去工业化后的芝加哥进行分析后，认为去工业化抑制了该地区的经济增长并使得收入分配差距过大，而经济缓慢增长和收入分配上的不均衡性又反过来加重了该地区的去工业化程度。而王展祥（2015）认为，不同国家去工业化带来的经济影响不同，英国的去工业化对经济的影响是消极的，而美国的去工业化对经济产生了较为积极的影响。

许多研究从发达国家进入去工业化的路径角度展开研究，诺伊斯（Neuss，2018）利用1970~2006年15个OECD国家的面板数据实证分析后发现，这15个国家的去工业化主要受到国际贸易、人力成本以及技术进步的影响。类似地，斯坦福德（Stanford，2008）通过分析加拿大制造业产值的倒"U"形曲线，认为加拿大的去工业化主要和国外投资、主要产品竞争力紧密相关。国内学者也有相关方面的研究，卜志成（2017）认为美国经济增速呈现倒"U"形特征，主要表现在劳动力从制造业向服务业的持续流动。郭晓琼（2016）基于去工业化和再工业化的视角认为俄罗斯的去工业化是国家主导、政府干预的结果，和英美国家的内生模式存在较大差异。

由于大多数发展中国家仍处于工业化阶段，许多学者对这些地区去工业化的存在性进行了研究。费利佩等（Felipe et al.，2016）从全球化的视角下考虑去工业化的存在与否，他们收集了大量国家的就业、产出等相关数据后发现全球整体制造业产值及就业人数占比并未减少，但在部分发展中国家中存在早熟型的去工业化。

关于造成这种早熟去工业化的原因，不同学者观点存在一定差异。格拉博夫斯基（Grabowski，2017）则进一步认为造成发展中国家早熟型去工业化的主要原因是经济增长的不均衡性带来的劳动密集型产品在国内外需求方面的下降。梅格里奥等（Meglio et al.，2018）则基于卡尔多事实的框架，对去工业化的成因进行分析，并利用亚非拉29个发展中国家的面板数据，发现制造业和商业服务对经济的贡献都符合卡尔多事实，也就意味着去工业化的主要原因是制造业的资本流入其他经济部门。林梅、那文鹏（2018）认为印度尼西亚存在早熟去工业化，并认为主要原因是国内生产成本升高，技术升级困难再加上国际贸易壁垒的存在。而除上述原因之外，威廉森等（Williamson et al.，2008）利用相关理论和模型分析了18~19世纪印度的去工业化的原因，他们认为造成印度去工业化除了受英国殖民下国际贸易不占优势，以及工人从制造业转移到其他经济部门这两大原因导致外，供给侧的退化也是容易被忽视的原因。

四、经济规模增长研究现状

总量视角的经济增长分析认为，积累劳动生产要素、资本生产要素引起了经济增长（陆铭等，2015）。一个地区的经济总产出决定了该地区的市场潜力和投资前景，是反映区域经济实力和综合竞争力的重要指标（陈继勇等，2019）。基于总量视角的经济规模增长，已有许多学者探讨了影响其变动的因素，大致可归为以下几个方面。

（1）规模增长。陈继勇等（2019）、西尔维等（Sylviee et al.，2016）等创建变量体系，包括人均GDP、人力资本（平均受教育年限）以及政府支持（政府科技投资）等描述经济增长。

（2）制度俘获。赵志红（2016）认为培育一个有益于分工深化的制度环境，对促进中国经济持续增长具有重要意义。晁恒等（2018）研究发现，在全国尺度上，国家级新区对GDP增长和FDI增长产生了显著的促进作用。刘瑞明等（2015）也认为，国家高新区的建设显著地促进了地区GDP和人均GDP的增长。还有学者关注了重点城市群和经济区设立的经济效应（周韬，2015；戴永安等，2011）。

（3）环境治理。高纹（2019）研究发现，六种大气污染物和经济增长呈倒"U"形曲线关系。朱磊等（2018）的研究得出了碳排放等环境因素会在一定程度上降低经济增长效率的结论。于左等（2013）认为二氧化碳排放与经济增长率之间具有长期协整关系。

（4）价值增值。第二、第三产业的占比可能会影响一个地区的增加值生产情况。刘伟等（2018）认为可以通过不断的产业结构升级来推动经济增长和改善就业。除此之外，还有许多学者探讨了产业结构水平对经济规模增长的影响（温杰等，2010；李献波等，2016）。

（5）资本获取。郝睿（2006）研究发现，改革开放以来，中国经济增长主要依赖于资本投入。丁志国等（2012）的研究表明，固定资产投资对第二产业的正向经济增长效应显著。但李红霞等（2013）得出不同结论，她们认为中国各省份的资本增量难以有效促进经济增长。

综上可知，经济规模增长的演化与空间格局存在着许多影响因素。因此，本书将经济空间定义为一个集合了各个方面区域经济能力指标的综合能力空间。根据上述已有文献中对经济规模增长影响因素的梳理，可为本书经济空间内涵的界定以及设立刻画其格局的指标体系提供参考，即选取了多个视角来描述一个地区总量增长的能力，分别是规模扩张能力、价值增值能力、资本获取能力、制度俘获能力和环境治理能力等。

五、经济效率提升研究现状

在经济增长的总量分析中，经济效率是一个容易被忽视又十分重要的问题。改革开放40多年来，中国经济高速增长以资源和环境的高消耗为代价，学者们认识到这样一个现实，即高速增长的背后其实隐藏着资源配置效率不高的现状（宋周莺等，2019）。所谓的数量型经济增长，通常将关注点集中于经济产出，只关注收益而没有考虑到经济活动可能产生的代价。随着对宏观经济研究的深入，越来越多的学者评价一国经济增长开始从关注数量向关注质量转变，从只关注总量向既关注总量又关注效率转变。

学者们运用了不同的方法来刻画"经济效率"。钞小静等（2011）为此构建了由28个基础指标构成的测度体系来综合描述。杨学成（2002）取其"投入与产出比较关系"之义，他的研究结论表明，超大城市的经济效率最高，中等城市最低，小城市、大城市和特大城市居于中游且水平接近。方创琳等（2011）测算了中国城市群投入产出综合效率、纯技术效率和规模效率,并按照东、中、西部地区进行分类对比。宋周莺等(2019)测算了1995~2015年各省份的投入产出效率,意图探究投入产出效率的空间格局和地区差异。李国平等(2011)将经济增长效率的提高界定为宏观经济生产率的上升、产业结构及其空间分布的优化和企业经济效益的改善。

关于由影响经济效率的影响因素所构成的效率空间,其视角大致可以归为以下几个方面。

(1)全要素生产率(TFP)。全要素生产率较为全面地刻画了经济增长中要素投入之外的技术进步和能力,因此有许多学者通过计算全要素生产率并用全要素生产率代表经济效率来进行实证研究(陈健等,2013;孙英杰等,2018)。Malmquist指数法是目前使用较多的计算全要素生产率的方法之一(宋瑛等,2014)。蔡跃洲等(2017)表明国家层面和产业层面实现全要素生产率的提升才能在当前社会经济背景下持续中高速增长。

(2)减排效率。程丹润等(2009)、刘瑞翔等(2012)发现,中国污染物排放等环境问题损失了一定的经济增长效率。孙英杰等(2018)探讨了环境规制对经济增长质量的影响,发现二者呈现倒"U"形关系。

(3)资源使用效率。薛静静等(2013)发现,中国区域经济发展与能源利用效率息息相关。沈坤荣等(2004)认为投资效率低下,进而全要素生产率不高使得经济增长的质量和持续性并不让人乐观。赵昌文等(2015)提出,新增资本产出比,即每增加1单位GDP所需要增加的投资额,可以直观显示一个地区有何种的经济效率。

(4)制度转化。刘瑞明等(2015)关注西部大开发政策,研究发现实施政策途中会遭遇"政策陷阱",即在实施政策的过程中着眼于投资和资源开发,并没有关注效率问题,使得国家政策的效果没有达到更高的期望。

通过回顾对经济效率的影响因素研究可知,效率空间同样是一个具有多维而丰富的内涵的评估体系。已有文献同样为本书描绘效率空间的指标构建提供了参考。本书将效率空间界定为与经济效率紧密相关的经济方面的内容之综合。故本书从全要素驱动能力、劳动生产率增速、制度转化能力、资源节约能力和减排效率等视角来刻画效率空间。

六、区域协同演化影响因素及机制

在经济学研究领域,协同是常被提起的概念。强调系统之间、系统内部各子系统之间的协同,并将它们集成到一个有序的演化状态中(李琳等,2014)。随着对协同演化研究得愈发深入,许多学者透过不同的视角来研究两个系统之间的协同演化情况。陈继勇等(2019)研究发现,如果一个地区可以做到经济总量和经济结构协同发展,那么当地的外资研发嵌入水平将会得到提高。郑建锋等(2017)建立了城镇化—金融集聚的双系统,来检验二者的协同程度与经济增长效应之间的关系。杜传忠等(2013)以京津冀和长三角地区为研究对象,他们发现制造业—生产性服务业的耦合协调能够明显提升区域制造业竞争力。

关于协同程度的度量方法,孟庆松等(2000)提出了复合因素的概念和复合系统的协调机制,给出了一种可实际计算的复合系统协调度模型。张勇等(2013)建立了一个城镇化与服务业集聚互动发展的耦合与协调模型,来描述二者互动发展的情况。郑建锋(2017)等利用耦合协同度模型来研究长江经济带各地区城镇化和金融集聚之间的协同发展。唐晓华等(2018)则是运用灰色GM(1,N)系统模型,测度制造业与生产性服务业两大系统的协同发展系数,以此体现地区协同演化程度。关于协同度的测量,相关研究已经比较成熟。

关于影响协同演化的机制,李琳等(2010)认为,协同发展其本质是资源、要素与产业的协同,区域经济协同发展的驱动因素应分为区域比较优势、区域经济联系和区域产业分工三个方面。中村(Nakamura,2006)提出,中心城市与城市群周边城市的专业化分工协作关系,可以在更大范围内提高各城市与其他城市的互联互通程度。惠勒(Wheeler,2001)提出,通过分工提升协同程度,可以使得各种资源要素更加有效地进行配置和组合,包括人力资本、金融资本、土地供给等。白重恩等(2015)则是探讨政府干预的影响,论证了从要素配置效率角度来看,政府干预会负向影响生产率,从而影响了区域协同。班纳吉和摩尔(Banerjee and Moll,2010)、米德里根和徐(Midrigan and Xu,2014)认为,如果要素市场出现扭曲,企业的静态与动态配置效率都会受到损失,由此动摇了规模与效率的协同。

综上所述,研究两个系统之间协同演化的已有文献为本书探讨经济空间与效率空间的协同提供了参考。在市场分割现象为主流的年代,各地区不能根据比较优势进行生产活动,只关注总量而忽视效率,这种比较优势存在却无法被有效发挥的情况,使得要素资源被错配,也就使得效率得不到提升,那么经济空间与效率空间在这种背景下难以达到协同(谢呈阳等,2014)。随着区域专业化分工的推广和深入,区域之间能够按照各自的要素禀赋、地理区位等比较优势进行生产和加工,从只关注总量转变为二者并重,区域分工对地区的协同发展开始发挥作用,从而对区域间的协调发展产生影响。

第四节 相关研究述评

一、传统劳动分工理论为经济效率研究奠定了理论基石,而新贸易理论为经济效率提升机制提供了多元化解释

首先,亚当·斯密(1776)提出"劳动分工促进生产率提高"的观点奠定了经济效率研究的理论基础。并且经大卫·李嘉图、赫克歇尔、俄林等发展逐渐趋于成熟。其次,由赫尔普曼和克鲁格曼(Helpman and Krugman,1985)等代表的新贸易理论和杨小凯(2001)为代表的新兴古典贸易理论将分工与经济增长从实证层面结合起来,为经济效率提升机制提供了多元化解释。

二、新增长理论促使经济效率研究内生化,而全球价值链嵌入式发展为经济效率的空间梯度解释提供了新视角

首先,自索洛(Solow,1957)奠定了新古典增长理论的基石,全要素生产率对于打破资本报酬递减,从而保持经济可持续增长的决定性作用被学术界广为接受。此后,新增长理论代表学者罗默(Romer,1986)、卢卡斯(Lucas,1988)、杨(Young,1991)分别从技术进步内生化、人力资本、"干中学"等方面对TFP的研究实现跨越发展。其次,20世纪60年代以来东亚国家为寻求经济快速增长选择价值链低端嵌入的发展升级道路,并实现经济腾飞,得到世界银行发展报告的肯定,但却受到"东亚无奇迹"的质疑(Krugman,1994)。由此,东亚国家经济增长效率问题开始引起了经济学家的激烈讨论(Young,2000;陈宗胜,2004;林毅夫、任若恩,2007)。

三、从时间维度探讨经济效率总体和行业变动趋势成为研究传统，而衍生的技术测度工具成为研究经济效率的有效方法

首先，法勒等（Färe et al.，1994）测算了 OECD 国家全要素生产率变动，发现美国由技术进步导致的效率提升优于其他国家平均水平。郭庆旺（2005）、章祥荪（2008）研究中国全要素生产率变动时发现，总体上全要素生产率对经济增长贡献较低，但不同阶段有差异。其次，随着产业结构对经济增长的影响日益显著，研究开始转向产业结构变迁过程中生产率提升对经济增长的贡献。刘和布拉达（Lau and Brada，1990）研究了中国工业全要素生产率问题，认为改革开放后一段时间中国工业效率是提升的。王恕立等（2015）将环境因素纳入全要素生产率研究体系，发现考虑环境因素的全要素生产率对服务业贡献率达 26.8%。此外，李小平和卢现祥（2007）、张永庆（2007）、干春晖和郑若谷（2009）、柳卸林（2012）、张少军（2013）、周密（2013）、刘修岩（2014）、杨汝岱（2015）等对此进行了深入探讨。

四、从空间维度分析经济效率的梯度差异及其空间溢出效应成为研究热点，而基于国内价值链重构角度研究经济效率的提升作用更受到学者们重视

首先，经济效率存在区域差异，但与中国经济增长的梯度差异格局相比，经济效率空间梯度尚不完善（吕冰洋、余丹林，2009；赵志耘等，2011）。由于技术外溢引起经济集聚有助于经济效率的提高（Mitra and Sato，2007），许多学者开始从经济效率的空间溢出效应解释经济效率空间差异格局。吕冰洋、余丹林（2009）认为中国梯度经济发展模式下经济效率提高有明显的空间相关性。刘建国等（2014）发现中国省域全要素生产率遵循某种特定的空间分布模式，并运用空间面板模型从经济集聚、人力资本、产业结构等方面检验了经济效率空间溢出的证据。其次，价值链重构反映了要素禀赋结构的比较优势变化（Jara and Escaith，2012）。刘志彪（2011）认为中国东部地区加入全球价值链带来了低端锁定（locking in）困境，阻碍了东中西区域协调发展。构建基于顶端 R&D 和服务的国内价值链，从加入全球价值链转向嵌入全球创新链，有利于实现要素驱动向创

新驱动轨道的发展（刘志彪，2015）。蔡昉（2013）则从价值链和比较优势视角提出国内版的"雁阵"模型，由此获得资源重新配置效率，并且从技术进步和体制改善中获得更高效率，以实现中国经济增长向全要素生产率支撑型模式的转变。

第三章

改革开放以来我国省域经济效率空间梯度格局演化

第一节 中国奇迹与生产率之争

改革开放以来，中国工业化、城市化进程快速推进。1978～2013 年，中国经济保持了 9.84% 的平均年增长率（李汝资和刘耀彬，2016）。中国快速的经济增长，创造了前所未有的"中国奇迹"（林毅夫和姚洋，2006）。同时，中国经历了由农业国向工业国的转变，开始进入区域经济发展的新阶段（梁炜、任保平，2009）。但更需关注的是，长期对"两高、两低"经济发展模式的高度依赖，中国现阶段经济增长质量提升与数量扩张的非一致性问题越发突出（任保平，2012）。

正如保罗·克鲁格曼（Paul Krugman，2012）在预言东亚（包括中国）经济危机时指出，中国虽然取得了卓越的经济增长率，却没有与之相匹配的生产率提高。虽然这种说法有失偏颇，但却引起了国内外学者对中国经济增长是否伴随生产率提高的讨论（Krugman，1994；李京文、郑玉歆，1992；Young，2000；Chen，1997；林毅夫等，1999；陈宗胜、黎德福，2004；林毅夫、任若恩，2007）。

此后，"中国经济增长是否伴随生产率的提高"开始成为学术界讨论的热点，一个重要的讨论方面集中在国民经济总体全要素生产率对经济增长的贡献。陈（Chen，1997）首先质疑了克鲁格曼的观点，认为其并未考虑"包含技术进步的投资"作用。杨（2000）在新古典经济增长模型基础上测算 1978~1998 年中国总体全要素生产率变化，认为其对经济增长有一定贡献但并不显著。王小鲁（2000）认为改革后中国资本与劳动力投入对经济增长贡献高于改革前，但生产率提高主要源于改革导致的资源优化配置，而非技术进步。

世界经济发展规律表明，随着劳动力、资本等生产要素投入积累到一定程度，其对经济增长的边际效应将逐渐减弱，未来经济增长开始取决于全要素生产率提高（胡鞍钢，2002）。特别是当前中国经济增速、产业结构及动力机制都将发生深刻变化的经济新常态背景下，传统的二元经济发展模式已经不足以支撑中国经济继续保持高速增长，实现由资本、劳动力等要素驱动向创新驱动转变迫在眉睫。而实现经济增长的全要素生产率驱动型转变无疑是实现创新驱动的最佳路径（蔡昉，2013）。因此，探究中国经济发展中的全要素生产率变动规律，揭示中国经济发展过程中存在的问题，对未来中国经济可持续发展具有一定的借鉴价值。

截至目前，对中国全要素生产率变动研究文献较多，但是由于资本存量估算、测算方法及研究时段等不同，对全要素生产率的估算存在较大的分歧。张军等（2003）估算 1978~1998 年中国全要素生产率年均增长率为 2.86%，章祥荪等（2008）估算 1978~2006 年结果为 1.6%，李宾等（2009）估算 1980~2007 年结果为 3.59%。颜鹏飞（2004）等分析显示，中国总体 TFP 是增长的，但 1997 年后出现了递减趋势。刘建国等（2012）测度了 1990~2009 年中国省域的经济效率和 TFP，发现 20 年间全要素生产率平均下降了 1.35%。赵志耘等（2011）测算了 1978~2009 年中国全要素生产率变动趋势，估算结果为 1.18%，发现 1992 年 TFP 增长率达到波峰，此后经过较稳定增长在 2007 年达到另一高点后急剧下降。总体上，由于不同学者研究方法、时段等差异，其结果不尽相同，但基本认可 TFP 对中国经济增长有一定的贡献。但大部分研究只是关注了中国全要素生产率总体变化情况，而对全要素生产率的省际差异及空间格局研究相对欠缺。

本书选取 1978~2013 年中国省级单位为研究对象主要是基于以下考虑：第一，全要素生产率估算应该在一个相对一致的经济社会环境下才能展现其对经济增长的作用，而中国的现实情况是，改革开放以来中国的经济发展才算真正进入正常的轨道；第二，统计数据的真实性和时间序列长度对全要素生产率估算影响很大，1978 年以来中国统计数据的可靠性应该更高,同时也拓展了现有研究时段;第三,不同地区由于经济环境、比较优势等存在差异,因此全要素生产率变动规律也会有所不同,从省际时空角度更能把握中国全要素生产率的变动规律、特征。综上所述,研究1978~2013年中国省际全要素生产率变动规律将更有参考价值。

第二节 研究方法及数据处理

一、Malmquist 生产率指数

全要素生产率估算方法主要包括增长核算法、生产函数法、随机前沿分析法,以及数据包络分析法(DEA)。其中,基于 DEA 的 Malmquist 指数法由于不需要估计生产函数与参数、可对全要素生产率进行分解等优点,近年来越来越受到重视(Färe et al., 1994)。因此本书也选择非参数的 Malmquist 指数法来估计1978~2013年中国全要素生产率变化情况,具体公式推导参见刘建国等(2012)、李汝资等(2017),本书只给出最后表达式如下:

$$M_0(x_t, y_t, x_{t+1}, y_{t+1}) = \sqrt{\frac{D_0^t(x_{t+1}, y_{t+1})}{D_0^t(x_t, y_t)} \times \frac{D_0^{t+1}(x_{t+1}, y_{t+1})}{D_0^{t+1}(x_t, y_t)}} \quad (3-1)$$

将上式改写为等价形式:

$$M_0(x_t, y_t, x_{t+1}, y_{t+1}) = \frac{D_0^{t+1}(x_{t+1}, y_{t+1})}{D_0^t(x_t, y_t)} \\ \sqrt{\frac{D_0^t(x_{t+1}, y_{t+1})}{D_0^{t+1}(x_{t+1}, y_{t+1})} \times \frac{D_0^t(x_t, y_t)}{D_0^{t+1}(x_t, y_t)}} \quad (3-2)$$

上式等式左边 $M_0(x_t, y_t, x_{t+1}, y_{t+1})$ 表示全要素生产率指数,其值大于1表示全要素生产率提高,小于1表示全要素生产率降低,等于1表示全要素生产率不变,等式右侧第一项 $\frac{D_0^{t+1}(x_{t+1}, y_{t+1})}{D_0^t(x_t, y_t)}$ 代表技术效率在 t 和 $t+1$ 区间内的变化,它可以分解为纯效率变化和规模效率变化。等式右侧第二项代表技术进步变化。

所以，上式中 Malmquist 指数可以进一步分解为：

$$M_0(x_t, y_t, x_{t+1}, y_{t+1}) = \frac{S_0^t(x_t, y_t)}{S_0^t(x_{t+1}, y_{t+1})} \times \frac{D_0^t(x_{t+1}, y_{t+1}/VRS)}{D_0^t(x_t, y_t/VRS)}$$

$$\times \sqrt{\frac{D_0^t(x_{t+1}, y_{t+1})}{D_0^{t+1}(x_{t+1}, y_{t+1})} \times \frac{D_0^t(x_t, y_t)}{D_0^{t+1}(x_t, y_t)}} \quad (3-3)$$

其中，$\dfrac{S_0^t(x_t, y_t)}{S_0^t(x_{t+1}, y_{t+1})} = \dfrac{D_0^t(x_t, y_t/VRS)}{D_0^t(x_t, y_t/CRS)} \Big/ \dfrac{D_0^{t+1}(x_{t+1}, y_{t+1}/VRS)}{D_0^{t+1}(x_{t+1}, y_{t+1}/CRS)}$

$$(3-4)$$

VRS 表示规模报酬变动，CRS 表示规模报酬不变。等式右侧第一项表示规模效率变化，第二项表示纯技术效率变化，第三项表示技术进步（变化）。这些数值的取值可能大于 1、等于 1 或小于 1，分别代表着效率提高、效率不变和效率降低。

二、数据处理

（一）资本存量 K

资本存量是全要素生产率估算的基础，其估算结果直接影响研究结论的可靠性。目前资本存量估算大多采用戈登史密斯（Goldsmith，1951）提出的永续盘存法（perpetual inventory method），本书亦采用此方法计算 [式（3-5）]。

$$K_{it} = \frac{I_{it}}{P_{it}} + (1-\delta)K_{it-1} \quad (3-5)$$

其中，K 为资本存量，I 为当年投资额（当年价），P 为定基投资价格指数，δ 为固定资产折旧率，$i = 1, \cdots, 30$，代表不同省份；$t = 1979, \cdots, 2012$，代表年份。通过式（3-5）可以看出，资本存量估算涉及当年投资 I、投资价格指数 P 以及折旧率 δ 等指标。

考虑到资本存量内涵表达及统计数据口径一致性与完整性[①]，本书选择固定资本形成总额作为当年投资 I，各省固定资本形成总额主要来自各省 2014 年统计年鉴和《新中国 60 年统计资料汇编》；对于基期资本存量，

---

① 这主要考虑了全社会固定资产投资历经 5 万元、50 万元、500 万元统计口径的变化。

本书选择用初始年份投资额除以 10% 作为基期资本存量（Hall and Jones，1999）；在构造投资价格指数过程中，对于 1978~1992 年的投资价格指数，用《中国国内生产总值核算历史资料（1952~1995）》公布的固定资本形成总额指数计算固定资本形成额的隐含平减指数，而对于 1993~2012 年的投资价格指数，直接用各省统计年鉴公布的固定资产投资价格指数；对于不同折旧率的使用，资本存量的估计会发生显著的变化，因此，如何确定固定资产的折旧率是一个非常重要的问题。现有文献对折旧率的设定一般在 5%~10%，本书参考霍尔和琼斯（Hall and Jones）的做法，选择 6% 折旧率（Hall and Jones，1999）。

（二）劳动力 L

劳动力投入选取就业人员指标表示，就业人员指 15 周岁及 15 周岁以上人口中从事一定的社会劳动并取得劳动报酬或经营收入的人口，数据来自各省份 2014 年统计年鉴及中国统计年鉴。

（三）产出变量 GDP

以各省份 GDP 作为产出指标，并根据各省份 GDP 指数构造以 1978 年为基期的 GDP 平减指数进行平滑缩减，数据来自各省份 2014 年统计年鉴及中国统计年鉴。

第三节 中国全要素生产率变动特征

本书应用数据包络分析软件 DEAP 2.1 计算中国全要素生产率的变动趋势。DEAP 2.1 软件是由科莱利·T. J.（Colelli T. J.，1996）设计，以沙尔内和库珀等（Charnes and Cooper et al.）提出的数据包络分析原理为基础，主要测度 C^2R 模型、BC^2 模型、Malmquist 模型及成本效率模型。总体来看，全要素生产率的变化趋势、主要阶段特征等较为一致（张军等，2003；李宾等，2009；赵志耘等，2011）（见图 3-1）。

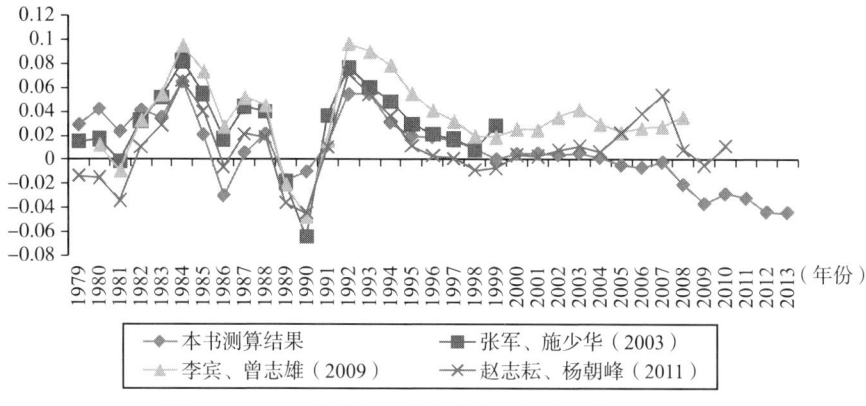

图 3-1 不同学者全要素生产率增长率测算结果对比

一、中国省际全要素生产率演变的阶段性特征

由计算结果来看,改革开放以来的大部分时间内,中国全要素生产率整体处于增长状态(见图3-2),全要素生产率平均增长率为0.70%,全要素生产率对经济增长的贡献率为7.11%[①](见表3-1)。分东部、中部、西地区来看,1978~2013年,东部地区全要素生产率平均增长率为1.45%,全要素生产率对经济增长的贡献为12.47%;中部地区全要素生产率平均增长率为-0.17%,全要素生产率对经济增长无贡献;西部地区全要素生产率平均增长率为0.59%,全要素生产率对经济增长的贡献为5.52%。总体上,东部地区全要素生产率增长率及其对经济增长贡献率整体占优势。

表 3-1　　　中国全要素生产率增长率及其对经济增长的贡献　　　单位:%

地区	东部地区	中部地区	西部地区	全国
TFP 增长率	1.45	-0.17	0.59	0.70
GDP 增长率	11.63	10.38	10.68	9.84
贡献率	12.47	—	5.52	7.11

---

① TFP 增长率大于0时,TFP 对经济增长的贡献计算方式为:贡献率 = (TFP 增长率/GDP 增长率) × 100%,当 TFP 增长率小于0时,TFP 对经济增长没有贡献。

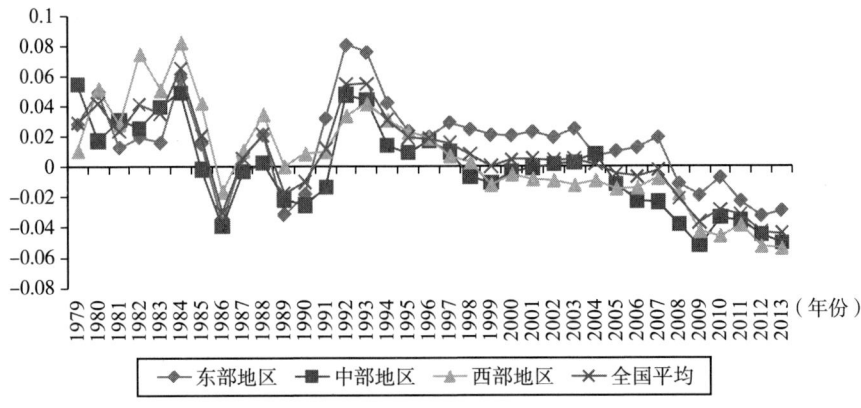

图3-2 国全要素生产率增长率变动趋势

从区域内部差异来看（见图3-3），1978~2013年，东部地区除海南、辽宁、江苏全要素生产率呈负增长外，其余省市均呈现正增长，且北京、上海两市全要素生产率占据绝对优势，属于第一集团；山东、河北、福建、天津次之，属于第二集团。而中部地区全要素生产率整体表现很差，有1/2省份（河南、湖南、安徽、黑龙江）全要素生产率呈显著负增长态势，山西、江西、湖北等省份虽然呈现正增长，但增长率并不高。西部地区全要素生产率表现总体较为均衡，且优于中部地区，仅广西、四川两省呈负增长。总体来看，1978~2013年中国省际全要素生产率表现出"凹"字形空间格局，中部地区成为中国经济效率"凹地"。

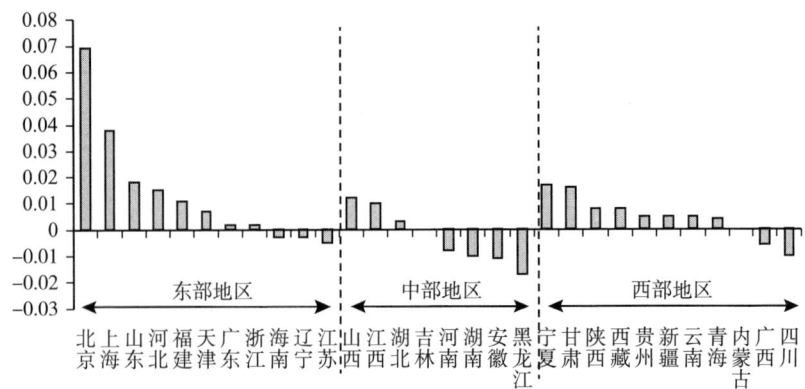

图3-3 1978~2013年中国全要素生产率增长率的省际差异

二、中国省际全要素生产率演化的空间梯度特征

综合中国经济发展的实际情况与全要素生产率的变动趋势，可以将中国区域经济要素效率演变划分为四个阶段：改革释放期（1978~1985年）、震荡调整期（1986~1990年）、平稳增长期（1991~2005年）、结构调整期（2006~2013年）。

（一）改革释放期（"六五"时期，1978~1985年）

1978~1985年，中国全要素生产率指数虽有波动，但均大于1，说明中国全要素生产率在此阶段整体呈快速上升趋势。同时，此阶段全要素生产率平均增长率为3.68%，对经济增长的贡献率达到37.2%。分地区来看，这一时期中西部地区全要素生产率提高幅度较大（3.11%、4.90%），而东部地区提高幅度较小（2.88%）。更进一步分析，这一时期，东部地区的海南、江苏、辽宁全要素生产率水平并不高，全要素生产率指数平均为0.991、1.004、1.005；中部地区全要素生产率水平则相对均衡，仅有黑龙江全要素生产率指数小于1；西部地区全要素生产率均呈上升趋势。

由此可以看出，1978~1985年全要素生产率提高幅度较大，并且全要素生产率对经济增长的贡献较高。这主要是由于十一届三中全会以后，中国确定了坚持改革开放、将工作重心全面转向经济发展上的路线方针，极大地促进了经济潜力的释放。同时，计划经济向市场经济转型的信号，改变了传统计划时期的管理与组织方式，极大地解放了生产力。此外，农村改革是中国经济体制改革的突破口，制度变革在技术不变的情况下解放了生产力，农民投资的积极性提高，推动了技术进步，使得全要素生产率得以继续增长（傅勇和白龙，2009）。1978年底，"大包干"开始在安徽兴起，到1984年全国农村基本上确立以家庭联产承包责任制为基础、统分结合的双层经营体制（魏礼群，2008），这极大促进了广大农业主产区全要素生产率的提升，可能是此阶段中西部地区全要素生产率提升水平高于东部地区的原因之一。

（二）震荡调整期（"七五"时期，1986~1990年）

1986~1990年，中国全要素生产率呈波动变化趋势，变化幅度较大。全国层面，全要素生产率指数平均为0.994，总体呈现负增长态势。分地

区来看，1986~1990年，中部地区全要素生产率降低幅度最大，平均增长率为-1.73%，东部地区次之，平均增长率为-1.17%，而西部地区略有提升，平均增长率为0.77%。

综合上面的分析，1986~1990年中国全要素生产率整体水平表现较差，全要素生产率增长率为负，制约了经济增长。主要原因在于：一方面，在经历了"摸着石头过河"最初阶段的全要素生产率高增长后，经济发展重心开始转向城市，而改革的进展也并不像农业改革那样顺利，许多改革中的问题暴露出来，抑制了全要素生产率的提升，从而限制了经济的增长；另一方面，这很可能是由于当时中央政府为了防止通货膨胀压力，实行紧缩的经济政策所致（孙琳琳和任若恩，2005）。此外，这一阶段国内宏观经济环境与制度环境的不稳定对全要素生产率的变动也产生了较大影响。

（三）平稳增长期（"八五"至"十五"时期，1991~2005年）

1991~2005年，是中国全要素生产率相对平稳增长的15年。全国层面，除2005年全要素生产率指数小于1外（0.995），其他各年份全要素生产率指数均大于1，1991~2005年全要素生产率指数平均为1.015，全要素生产率年均增长率为1.5%。分地区来看，三大地带全要素生产率都有不同程度的提高。特别是东部地区，全要素生产率指数均大于1，平均增长率为3%，对经济增长的贡献达到25.8%。中西部地区全要素生产率总体处于提高状态，但幅度很小，平均增长率分别为0.73%、0.66%，对经济增长的贡献分别为6.9%、6.2%。

从1991~2005年的15年间，中国全要素生产率变动呈现两个典型特征，首先是中部、西部地区基本可以分为两个阶段，1991~1998年为全要素生产率快速提升阶段，而1999~2005年为缓慢下降阶段。其次是东、中、西部全要素生产率差距开始扩大。1991~1998年东、中、西部全要素生产率之所以都处于快速提升阶段，主要是因为中国实行了更加全方位的改革开放政策，同时加快了中西部乡镇企业发展，促进了东部地区先进技术向中西部地区的转移，而1997年的亚洲金融危机使得中国整体全要素生产率水平降低，虽然之后全要素生产率指数有提升的趋势，但全要素生产率增长率仍持续降低。同时，全方位的改革开放政策使得东部沿海地区的对外开放程度进一步提高，中、西部的资本、劳动力开始向东部地区集中，使得中、西部地区全要素生产率增速放缓，东、中、西部全要素生产率水平逐渐拉大。

（四）结构调整期（"十一五""十二五"时期，2006~2013年）

2006~2013年，是改革开放以来全要素生产率增长率水平最低时期，此阶段仅有北京、上海全要素生产率继续保持增长。从全国来看，2006~2013年中国全要素生产率指数平均为0.973，由2006年的0.994降低到2013年的0.956，累计降低21.3%。分地区来看，东部地区全要素生产率指数平均为0.989，2006~2013年全要素生产率累计降低9.1%，其中福建、广东、河北、天津、辽宁降幅最大，累计降幅达到24.3%、20.9%、24.3%、27.4%、25.9%，其次是海南、山东、浙江。中部地区全要素生产率指数平均为0.962，累计降低30.1%，其中河南、吉林、山西全要素生产率降幅最大。西部地区全要素生产率指数平均为0.966，全要素生产率指数由2006年0.986降低到2013年的0.946，累计降低27.4%，其中广西、内蒙古、云南全要素生产率降幅最大，分别降低57.9%、51.2%、31.7%。

结构调整时期，中国全要素生产率整体呈现出负增长态势，印证了在经济危机来临后中国采取的经济刺激计划严重抑制了全要素生产率的提升，目前仍然处于刺激政策的消化阶段，短时间内经济结构调整带来的资源配置效率提升还不能够抵消刺激政策对生产率的抑制作用。在这一阶段，资源型大省如内蒙古、吉林、山西、辽宁等地，全要素生产率降幅最大，结构问题严峻，说明资源型地区结构调整面临更大困境。

第四节 主 要 结 论

本节主要运用Malmquist生产率指数模型对1978~2013年中国全要素生产率变动特征进行研究，得到如下基本结论：改革开放以来中国全要素生产率呈现波动下降趋势，且对经济增长的贡献率很低；结合中国经济发展的阶段性特征，将中国全要素生产率的变动划分为四个阶段，即改革释放期、震荡调整期、平稳增长期、结构调整期，发现不同阶段全要素生产率增长及其对经济增长的贡献率有很大差异；分区域来看，东部地区全要素生产率优势明显，西部地区表现次之，中部地区最差，全要素生产率形成"凹"字形空间格局；总体上，中国省际全要素生产率呈现出"西部优势—东部优势—弱均衡发展"的变动态势。

随着改革开放的深入，中国经济增长的结构性矛盾逐渐凸显，现有增量改革红利已经不足以激发市场活力，而存量改革的停滞不前导致中国此阶段技术效率所代表的制度、组织结构、管理方式等滞后于经济增长，全要素生产率对经济增长的贡献率越来越低。2006~2013年正处中国"十一五""十二五"期间，这正是中国进行经济结构调整的关键阶段。一方面，长期以来中国主要依靠高投入拉动经济增长，多以劳动密集型、资本密集型产业为主，产业结构水平较低，经济效率提升难以为继；另一方面，虽然在此阶段中国进行了经济结构的调整，但是由于结构调整在短期内对经济增长有抑制作用，导致产出效率低下。2008年金融危机过后，中央政府为应对经济下滑风险制定了较为宽松的货币政策，并实施了4万亿元投资刺激计划，这是该时期中国的经济保持稳定增长的主要动力，也就是说，该阶段中国经济增长还是主要依靠投资拉动的。而这种投资计划所关注的主要是一些公共服务设施的建设，投资回报率低，滞后效应突出，因此投入产出效率相对较低。进入新常态，中国经济目前仍处于前期应对危机一揽子计划的消化期，投资拉动型经济增长模式已经不具有可持续性。

第四章

改革开放以来中国三次产业经济效率演进及影响因素

第一节 产业结构与经济效率互动演进基本逻辑

改革开放以来,中国经济保持了四十余年的高增长率。同时,中国的产业结构不断演进,在经济发展阶段上表现为基本完成了从传统农业大国到工业大国,并且开始向服务业大国的转变。

随着产业结构对经济增长的影响日益为经济学家所重视(Maddison, 1987),相关研究开始转向不同部门生产率变化,以探求在既定产业结构条件下,不同部门生产率提升对经济增长的贡献。在农业层面,全炯振(2009)运用 SFA - Malmquist 生产率指数测算 1978~2007 年中国农业全要素生产率,发现全要素生产率年均增长率为 0.7%,其增长主要来自农业技术进步。朱喜等(2011)认为消除要素配置扭曲前提下,农业全要素生产率有望提升 20% 以上。马晓东等(2016)对江苏省农业经济效率进行研究,发现江苏省农业全要素生产率表现出负增长态势,并对其进行了类型划分。

在制造业层面,刘和布拉达(1990)、吴(Wu,1993)研究了 20 世纪 80 年代中国工业企业效率问题,认为改革开放后的一段时间中国工业效率是提升的,而这归于改革的贡献(Liu and Liu,1996)。李小平和朱钟棣(2005)认为 1986~2002 年中国制造业经济增长与全要素生产率有较强相关关系,但生产率增长对经济增长的贡献偏低。杨汝岱(2015)认为中国制造业生产率增长主要源于企业成长,但增长空间正在缩小,需要改善制造业资源配置效率。

此外，从服务业层面，杨勇认为中国全要素生产率增长率对服务业产出的贡献在1980年后渐趋平稳，但总体水平偏低，要素驱动模式与中国居民低收入状态不符（杨勇，2008）。刘兴凯等（2010）测算了1978～2007年省际服务业全要素生产率年均增长率为2.5%，但增长幅度呈阶段性下降态势，且地区间全要素生产率增长呈现出长期的收敛趋势。王恕立等（201）从分行业视角探讨了1990～2010年中国服务业全要素生产率变化，认为技术进步对服务业全要素生产率提升作用逐渐显现，技术效率有一定改进空间，开始由纯技术效率转向规模效率。

需要指出的是，随着环境问题对经济增长的负面影响日益严重，减少环境污染、提高经济发展质量变得越来越重要，由此考虑"坏"产出的全要素生产率开始受到广泛关注（Chung et al., 1997; Färe et al., 1994; Färe et al., 2001; Färe and Grosskopf, 2010）。区域环境质量和生产率同时提高的双赢发展，需要考虑能源和环境污染约束对生产率增长可能带来的负面影响（陈诗一，2010）。李谷成（2014）分析了1978～2008年资源与环境双重约束下中国农业绿色生产率增长，环境技术进步对生产率增长贡献显著，环境技术效率仍有较大改进空间。李斌等（2013）将绿色全要素生产率对工业经济增长的贡献率作为中国工业发展方式转变的衡量标准，并运用ML生产率指数来测算分行业绿色全要素生产率，认为2001～2010年中国工业分行业的绿色全要素生产率非但没有出现增长反而出现一定的倒退。王恕立等（2015）从区域和行业视角探讨了2002～2012年中国服务业绿色全要素生产率变化，认为环境因素对服务业增长绩效存在影响，技术进步是其全要素生产率增长的主要源泉。

综上可见，中国经济效率演进存在规律性和区域差异性，既可以从总量全要素生产率变动角度进行认识，也可以从不同产业全要素生产率变动角度进行检验。然而，综合产业结构变迁理论和新古典经济增长理论发现，现代经济增长应该是伴随产业结构调整的经济效率提升过程，同时这个过程还反映在区域发展的阶段性与差异性上。特别是在当前中国结构转型背景下，更需要精准识别产业结构变迁对经济效率的影响（干春晖等，2011），进而更深入地把握未来中国经济持续增长的来源（王强等，2011）。因此，本书认为进一步研究仍需要从以下两个方面来充实和完善。

第一，对中国经济增长的"结构红利假说"有待进一步检验。当前无论从国民经济总体层面还是单一部门（产业）层面均侧重生产率纵向变化趋势分析，缺乏对不同部门生产率的横向比较，难以验证结构变动对生产率影响的"结构红利假说"，而产业结构变动与区域经济发展阶段相伴生。正如前面分析指出，改革开放 40 多年来，无论在要素投入、制度变迁还是结构转型等方面，中国都经历了具有经济发展阶段性特征的重大变革。在不同经济发展阶段背景下，不同部门生产率对经济增长的贡献均存在差异，这种差异对要素流动、产业结构变迁、生产率提高进而促进经济增长具有十分重要的意义（Peneder，2002）。

因此，对"结构红利假说"的检验需要以对改革开放以来中国区域经济发展阶段性规律的清楚认识为依据，这也是总结中国经济发展经验、把握中国未来经济走向与趋势的基本前提。而国民经济总体和单一部门全要素生产率变化难以捕捉产业结构变迁中效率演进对中国经济增长的影响。李小平和卢现祥（2007）、干春晖和郑若谷（2009）关注到结构变动与生产率增长之间的关系，但主要侧重于单要素生产率分析，而没有对全要素生产率进行深入探讨。刘伟和张辉（2008）、干春晖等（2011）发现产业结构变迁对中国经济增长和波动影响的阶段性特征，但主要是从结构变动效应和产业结构合理化与高级化来进行讨论。

第二，部门与区域异质性条件下经济效率影响因素需要进一步识别。伴随改革开放以来经济高速增长，中国区域经济差异问题也越来越受到重视，但无论是政府层面还是学术层面都将重点置于由资本、劳动力等要素主导下的宏观政策（战略）所带来的地区经济总量变化。而产业结构变迁及内在效率提升过程对区域经济总量差异的影响关注不足。区域经济总量差异是区域经济差异的具体表现，其核心是不同区域自然资源条件、市场条件、政策环境等引导下的要素禀赋差异（傅伯杰，2014），而本质是这种要素禀赋差异背景下的产业生产率的部门及区域差异性体现，这也是区域"后发优势"形成之所在（林毅夫和张鹏飞，2005）。因此，由区域经济总量差异转向区域产业生产率的部门及区域差异性研究视角，探讨不同部门及地区经济效率演进的影响因素，可以更深刻地理解中国区域经济差异形成原因，并据此制定合理的区域发展政策（吕冰洋和余丹林，2009）。

基于上述分析，本书试图从以下三方面对现有文献进行拓展研究：(1) 考虑较长时期内中国经济发展过程，以探讨不同发展阶段下生产率变化特征，较为系统地估算了 1978～2014 年中国省际三次产业资本存量，同时将三次产业静态效率及全要素生产率变化测算扩展到 1978～2014 年，可以更全面地反映改革开放以来中国经济发展阶段性规律（包括经济短期波动、制度变迁、结构转型等）及存在的问题；（2）关注全要素生产率变化的部门及区域差异性问题，对同一部门全要素生产率纵向演化、不同部门之间 TFP 横向比较进行研究，以充分把握不同部门生产率异质性对要素流动、产业结构变迁及经济增长的重要性；（3）结合产业内在发展规律，探讨不同地区不同产业经济效率影响因素，以解释区域经济发展阶段差别化背景下的区域产业结构变迁、效率演进及经济增长趋势。

第二节 研究方法简介

一、DEA – BCC 模型

DEA 是基于多个决策单元（DMU）投入产出对比下效率前沿面测算的线性规划方法。运用 DEA – BCC 模型可以实现可变规模报酬下的决策单元静态效率的测度，将传统 CCR 模型下的静态综合效率（crs）进一步分解为纯技术效率（vrs）和规模效率（scal）。对于任一决策单元 DMU_0 而言，其 BCC 模型的对偶形式（产出导向）可表示为：

$$\min \delta_0 \\ s.t. \begin{cases} \sum_{i=1}^{n} \lambda_i y_{ir} \geq y_{oir}; \forall r \\ \sum_{i=1}^{n} \lambda_i x_{ij} \geq \delta_0 x_{oij}; \forall j \\ \lambda_i \geq 0; \sum_{i=1}^{n} \lambda_i = 1 \\ i = 1,2,3,\cdots,n; j = 1,2,3,\cdots,m; \\ r = 1,2,3,\cdots,s \end{cases} \quad (4-1)$$

式中，n 表示决策单元数量，m、s 为输入、输出变量个数，x 为投入要素，y 为产出，δ_0 为 DMU_0 的有效值，若 $\delta_0 = 1$，表示决策单元 DEA 有效，若 $\delta_0 < 1$，表示决策单元 DEA 非有效。

二、面板 Tobit 回归模型

面板 Tobit 回归模型主要解决被解释变量受限条件下（如存在上限、

下限或极值时）的经济社会问题分析（Tobin，1958），目前在效率研究领域应用较多。本书选择 DEA 综合效率值作为因变量，由于因变量经济效率值大于 0 而小于 1（区间连续且有一定比例单元 DEA = 1），带有角点解特征，导致数据被截断（赵楠等，2013），属于典型受限变量，常规 OLS 估计会导致结果有偏，因此面板 Tobit 回归模型适用于本书样本分析。面板 Tobit 回归模型基本形式如下：

$$y_i^* = \beta x_i + \varepsilon_i \quad \varepsilon_i \sim N(0, \sigma^2)$$

$$y_i = \begin{cases} y_i^* & 0 < y_i^* \leq 1 \\ 0 & y_i^* \leq 0 \end{cases} \quad (4-2)$$

式中，y_i 为被解释变量，β 为参数，ε 为随机扰动项。在实际研究中，只能观测到 y_i，而观测不到 y^*。在可观测范围内，有 $y_i = y^*$，并运用极大似然估计法来估计系数 β。

三、数据处理及来源

本书收集了 1978～2014 年除港、澳、台外全国 31 个省份的相关数据，由于行政区划调整原因，本书将重庆与四川进行合并处理，因此本书实际评价单元为 30 个省份。

（一）三次产业产出

以各省份三次产业增加值作为衡量指标，考虑到数据的连续性，1978～2008 年数据取自《新中国 60 年统计资料汇编》，2009～2014 年数据来自各省份统计年鉴（2010～2015 年）。并根据相应年鉴各省份三次产业 GDP 指数构造以 1978 年为基期的平减指数进行平滑缩减。

（二）三次产业劳动力投入

选取三次产业就业人员指标表示，就业人员为指 15 周岁及 15 周岁以上人口中从事一定的社会劳动并取得劳动报酬或经营收入的人口。与三次产业产出一致，1978～2008 年数据取自《新中国 60 年统计资料汇编》，2009～2014 年数据来自各省份统计年鉴（2010～2015 年）。

（三）三次产业资本存量

采用国际上通用的永续盘存法进行估算，计算方式如下：

$$K_{it}^j = \frac{I_{it}^j}{P_{it}^j} + (1-\delta^j)K_{it-1}^j \qquad (4-3)$$

其中，K_{it}^j 为 i 地区 t 年份第 j 产业资本存量，I_{it}^j 为 i 地区 t 年份第 j 产业投资额（当年价），P_{it}^j 为 i 地区 t 年份第 j 产业以 1978 年为基期投资价格指数，δ_j 为第 j 产业固定资产折旧率。

结合张军等（2004）、徐现祥等（2007）相关研究，本书选取固定资本形成总额作为当年投资额。《中国国内生产总值核算历史资料（1952—1995）》《中国国内生产总值核算历史资料（1996—2002）》为我们提供了 1978～2002 年省际三次产业固定资本形成总额。2003～2014 年省际三次产业固定资本形成总额数据，通过对比发现，按产业分全社会固定资产投资中三次产业比重与按产业分固定资本形成总额中三次产业比重有极高的拟合度，因此，本课题通过按产业分全社会固定资产投资比重计算省际三次产业固定资本形成总额，数据来源于各省统计年鉴（2004～2015）。同时借鉴徐现祥等（2007）的做法，进行价格指数构造。折旧率在薛俊波和王铮（2007）估算结果基础上进行一定的修正，选择农业固定资产折旧率作为第一产业固定资产折旧率，取 $\delta^1 = 5\%$；以采掘业、各类制造业、建筑业折旧率的平均值作为第二产业折旧率，取 $\delta^2 = 10\%$；其他行业平均折旧率为第三产业折旧率，取 $\delta^3 = 7\%$。对基期资本存量，用初始年份投资额除以 10% 作为基期资本存量（单豪杰，2008）。

第三节　中国三次产业经济效率总体态势

一、中国三次产业经济效率的静态评价

表 4-1 展示了 1978～2014 年中国省际三次产业静态经济效率的平均情况。从表 4-1 中可看出，对第一产业而言，静态效率平均值没有处于生产前沿面的地区，其中海南省最接近生产前沿面，静态综合效率值为 0.953，与其相比纯技术效率及规模效率皆相对较高，但与第二、第三产业相比，特别是传统农业大省如吉林、黑龙江、河南、新疆等地区，普遍存在规模效率不足问题。第二产业方面，静态效率均值仅有上海处于生产前沿面上，而东部发达省份并没有表现出明显优势。但比较各地区第二产

业规模效率发现，大多数地区第二产业规模效率较高，说明中国第二产业已经达到规模化发展状态。从第三产业来看，同样仅有上海处于生产前沿面上，同时规模效率较纯技术效率表现突出，说明中国第三产业发展同样具备规模优势，但产业层次仍然不高。总体上，当前中国第一产业规模发展相对不足，而第二、第三产业虽具备相对规模报酬优势，但尚未达到理想状态，规模效率仍有待提升，且由于组织管理、制度安排等带来的纯技术效率水平较低，整体综合效率并不高。

表4-1   1978~2014年中国省际三次产业静态经济效率平均情况

地区	第一产业			第二产业			第三产业		
	crs	vrs	scal	crs	vrs	scal	crs	vrs	scal
北京	0.735	0.920	0.791	0.641	0.662	0.970	0.582	0.598	0.977
天津	0.798	0.962	0.827	0.683	0.700	0.976	0.751	0.793	0.952
河北	0.433	0.645	0.677	0.522	0.545	0.959	0.659	0.701	0.950
山西	0.318	0.356	0.880	0.465	0.477	0.976	0.671	0.700	0.961
内蒙古	0.616	0.704	0.872	0.479	0.513	0.932	0.671	0.697	0.965
辽宁	0.761	0.914	0.828	0.762	0.780	0.975	0.722	0.770	0.948
吉林	0.884	0.921	0.946	0.475	0.494	0.961	0.705	0.737	0.958
黑龙江	0.691	0.881	0.762	0.531	0.539	0.984	0.517	0.531	0.974
上海	0.775	0.922	0.845	1.000	1.000	1.000	1.000	1.000	1.000
江苏	0.638	0.975	0.653	0.599	0.810	0.768	0.631	0.886	0.738
浙江	0.569	0.741	0.772	0.733	0.811	0.900	0.552	0.571	0.968
安徽	0.508	0.691	0.739	0.557	0.565	0.984	0.929	0.948	0.978
福建	0.631	0.735	0.870	0.917	0.929	0.984	0.726	0.765	0.951
江西	0.518	0.708	0.736	0.360	0.373	0.967	0.519	0.544	0.950
山东	0.491	0.991	0.496	0.679	0.800	0.857	0.628	0.677	0.951
河南	0.416	0.791	0.542	0.465	0.496	0.944	0.682	0.764	0.903
湖北	0.608	0.891	0.682	0.522	0.534	0.981	0.682	0.715	0.960
湖南	0.531	0.793	0.669	0.543	0.553	0.982	0.641	0.663	0.969
广东	0.637	0.915	0.695	0.755	0.907	0.847	0.626	0.873	0.742
广西	0.503	0.639	0.808	0.509	0.526	0.966	0.594	0.639	0.933

续表

地区	第一产业			第二产业			第三产业		
	crs	vrs	scal	crs	vrs	scal	crs	vrs	scal
海南	0.953	0.996	0.956	0.652	0.906	0.723	0.591	0.762	0.789
四川	0.487	0.992	0.490	0.529	0.539	0.984	0.526	0.571	0.939
贵州	0.300	0.336	0.910	0.425	0.458	0.927	0.553	0.632	0.876
云南	0.337	0.381	0.895	0.653	0.687	0.950	0.715	0.754	0.944
西藏	0.523	0.954	0.557	0.481	1.000	0.481	0.664	1.000	0.671
陕西	0.364	0.400	0.916	0.514	0.528	0.974	0.627	0.656	0.956
甘肃	0.313	0.357	0.894	0.511	0.534	0.952	0.793	0.834	0.953
青海	0.273	0.578	0.474	0.311	0.425	0.734	0.436	0.715	0.627
宁夏	0.368	0.832	0.462	0.394	0.512	0.778	0.522	0.797	0.688
新疆	0.707	0.836	0.850	0.392	0.429	0.913	0.541	0.599	0.900
平均	0.556	0.759	0.750	0.569	0.634	0.911	0.649	0.730	0.902

注：crs 表示静态综合效率，vrs 表示静态纯技术效率，scal 表示静态规模效率。

二、中国三次产业 TFP 变化动态评价

表4-2 展示了1978~2014 年中国三次产业全要素生产率动态变化概况。整体来看，改革开放以来第一、第二、第三产业全要素生产率年均增长率分别为2.5%、2.5%、0.8%，可见三次产业全要素生产率均对经济增长有一定的贡献，但经济增长对资源要素依赖性仍然很严重。文献对比发现，本书第一产业全要素生产率与以往农业全要素生产率测算结果较一致（朱喜等，2011）。而第二产业全要素生产率测算结果与相关研究对比偏低，主要是由于本书第二产业包含制造业与建筑业，与制造业中设备资本相比，建筑业的资本体现式技术进步相对较弱，不利于知识的学习和积累，从而影响生产率提升。第三产业全要素生产率估算结果与原毅军等研究较为一致（原毅军等，2009），但与王恕立等（2015）研究结果差异较大，主要原因在于后者研究时段始于2000 年，导致服务业资本存量可能被低估，同时考虑了"坏"产出减少对全要素生产率的贡献，从而导致服务业全要素生产率估算结果偏高。

表4-2　中国三次产业Malmquist生产率指数及其分解（1978~2014年）

时间	第一产业			第二产业			第三产业		
	EFFCH	TECHCH	TFPCH	EFFCH	TECHCH	TFPCH	EFFCH	TECHCH	TFPCH
1979~1980年	0.992	1.017	1.010	1.084	0.967	1.048	0.910	1.137	1.034
1981~1982年	1.086	1.016	1.103	1.051	0.969	1.019	0.976	1.061	1.036
1983~1984年	1.092	1.040	1.136	1.053	1.008	1.061	1.001	1.064	1.066
1985~1986年	0.961	1.072	1.030	0.983	0.955	0.938	1.048	0.982	1.029
1987~1988年	1.003	1.015	1.018	1.044	1.001	1.045	1.055	1.009	1.064
1989~1990年	0.934	1.110	1.037	0.997	0.970	0.966	1.044	0.962	1.005
1991~1992年	0.986	1.057	1.043	0.964	1.130	1.089	1.073	0.996	1.069
1993~1994年	0.959	1.083	1.038	0.966	1.137	1.098	1.018	0.977	0.994
1995~1996年	0.970	1.092	1.060	1.014	1.033	1.047	1.035	0.966	1.000
1997~1998年	0.927	1.102	1.021	1.025	1.051	1.077	0.962	1.020	0.981
1999~2000年	1.010	0.994	1.004	1.030	1.025	1.056	1.009	0.988	0.997
2001~2002年	0.984	1.041	1.024	0.997	1.043	1.041	1.005	0.982	0.987
2003~2004年	1.093	0.948	1.036	1.038	0.989	1.027	0.979	1.003	0.982
2005~2006年	0.984	1.015	0.999	1.010	1.006	1.017	1.007	0.989	0.995
2007~2008年	0.946	1.044	0.988	1.011	0.979	0.991	0.971	1.014	0.984
2009~2010年	0.926	1.071	0.991	0.956	1.057	1.010	0.984	0.975	0.959
2011~2012年	0.970	1.041	1.010	1.001	0.993	0.993	0.936	1.037	0.971
2013~2014年	0.999	1.009	1.008	0.994	0.990	0.984	0.952	1.024	0.975
平均值	0.993	1.032	1.025	1.006	1.019	1.025	0.999	1.010	1.008

从全要素生产率结果分解来看（见表4-2），1978~2014年，技术效率对三次产业全要素生产率增长的贡献整体呈现减弱趋势，第一产业技术效率、技术进步年均增长率分别为-0.7%、3.2%，第二产业为0.6%、1.9%，第三产业为-0.1%、1.0%。总体上三次产业技术进步对全要素生产率增长的贡献率更为显著，与静态分析结果一致。这充分证明，无论第一产业还是第二、第三产业，其生产率的改善主要来源于技术进步，而在经历40多年改革开放后，技术效率代表的组织管理、经济体制等"制度红利"作用减弱，但仍有较大潜力（全炯振，2009；王恕立等，2015），这也是未

来中国全面深化改革以进一步释放"制度红利"的重要理论依据。

技术效率分解结果显示（见表4-3），1978~2000年，三次产业纯技术效率与规模效率年均增长率分别为0.1%与-0.2%，1.1%与-0.2%，1.0%与0.5%，而2001~2014年三次产业纯技术效率与规模效率年均增长率分别为-1.0%与-0.5%，0.7%与-0.6%，-2.0%与-0.7%。这表明无论是纯技术效率还是规模效率改进都有不同程度的回落，再次验证了当前中国三次产业经济发展粗放型特征仍然明显。但对比发现，三次产业技术效率改进已开始由以纯技术效率为主转向以规模效率为主，特别是对第一、第三产业而言更为突出，这与王恕立、胡宗彪（2012）研究结论一致。

表4-3 中国三次产业纯技术效率与规模效率变动（1978~2014年）

时间	第一产业		第二产业		第三产业	
	PECH	SECH	PECH	SECH	PECH	SECH
1979~1980年	1.012	0.981	1.089	0.995	0.918	0.992
1981~1982年	1.023	1.062	1.030	1.021	0.987	0.989
1983~1984年	1.014	1.077	1.054	0.999	0.977	1.025
1985~1986年	0.981	0.979	1.011	0.973	1.035	1.012
1987~1988年	0.994	1.009	1.041	1.002	1.049	1.006
1989~1990年	0.976	0.957	0.992	1.005	1.023	1.021
1991~1992年	0.998	0.988	0.980	0.984	1.059	1.014
1993~1994年	0.994	0.965	0.964	1.002	1.016	1.002
1995~1996年	0.994	0.976	1.026	0.988	1.019	1.015
1997~1998年	0.994	0.933	1.016	1.009	0.987	0.974
1999~2000年	1.008	1.002	1.029	1.002	0.994	1.016
2001~2002年	0.989	0.995	1.007	0.990	0.991	1.014
2003~2004年	1.009	1.083	1.036	1.002	0.992	0.987
2005~2006年	0.984	1.000	1.001	1.010	1.009	0.998
2007~2008年	0.984	0.961	1.009	1.002	0.978	0.992
2009~2010年	0.963	0.961	0.965	0.990	0.975	1.010
2011~2012年	0.994	0.977	1.023	0.978	0.956	0.979

续表

时间	第一产业		第二产业		第三产业	
	PECH	SECH	PECH	SECH	PECH	SECH
2013~2014年	0.991	1.008	1.016	0.978	0.960	0.992
平均值	0.997	0.997	1.010	0.996	0.999	1.000

三、中国三次产业 TFP 变动的部门差异

从不同部门全要素生产率贡献率来看（见表4-4），1978~2014年，第一、第二、第三产业全要素生产率对其经济增长贡献率分别为48.1%、20.3%、6.3%。其中，第一产业产出的提升很大程度上是依赖于 TFP 的提高，而对资本、劳动力等要素投入的依赖性在逐渐减小，这与中国以农业为主体的第一产业发展取得的成绩是相符的。然而，虽然改革开放以来第三产业取得了年平均增长率高达12.6%的辉煌成就，但有90%以上的贡献率来自要素投入。与第一、第三产业相比较，第二产业表现"中规中矩"，虽然其 TFP 增长率最高，但其对产出贡献率不到25%，第二产业的粗放型发展方式也亟待转变。

表4-4 三次产业全要素生产率对经济增长贡献率（1978~2014年） 单位：%

产业	GDP增长率	TECH增长率	PECH增长率	SECH增长率	TFP增长率	TFP贡献率
第一产业	5.2	3.2	-0.3	-0.3	2.5	48.1
第二产业	12.3	1.9	1.0	-0.4	2.5	20.3
第三产业	12.6	1.0	-0.1	0	0.8	6.3

注：考虑到北京、上海、天津产业结构特征，在计算第一产业总体全要素生产率贡献率时，将上述城市第一产业数据剔除。

然而，尽管第一产业 TFP 增长及其贡献率表现突出，但无论其静态规模还是动态规模效率增长均处于低水平状态，限制了第一产业效率提升，可见当前中国推进农业多种经营及规模化发展的必要性。与第一产业相比，第二、第三产业具备相对静态规模，但规模效率变动不增反减，始终未达到生产前沿面，反映出目前第二、第三产业发展困境。一方面规模以上工业企业及服务业增加值在不断增加，总量规模不断壮大，但另一方

面，集约化水平仍然较低，规模效益优势仍不明显。

第四节 中国三次产业全要素生产率变动的阶段性与区域差异性

一、中国三次产业结构变迁与全要素生产率演进的阶段性规律

进一步分析发现，1978~2014年中国三次产业TFP呈现出较为显著的阶段性波动规律（见图4-1）。本书将中国三次产业TFP变动大致划分为四个阶段，分别为1978~1985年的改革释放期、1986~1990年的波动调整期、1991~2007年的平稳发展期、2008~2014年的结构调整期。

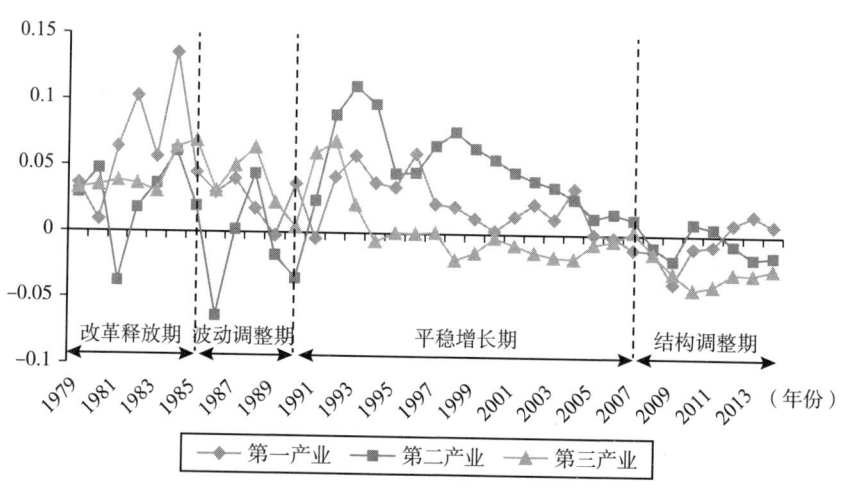

图4-1 中国三次产业全要素生产率增长率变动（1978~2014年）

表4-5列出了不同阶段三次产业产出、要素份额变动度与全要素生产率增长率变化情况。结合图4-1和表4-5，可以看到，1978~1985年，三次产业TFP增长虽然波动剧烈，但呈爆发式提升趋势，全要素生产率平均增长率分别为6.47%、2.54%、4.41%，这证明了改革开放对解放生产力有显著的促进作用。其中第一产业表现突出，这可能与中国经济体制改革始于农业有关，特别是农业"大包干"政策和家庭联

产承包责任制等政策措施极大促进了农业生产的积极性。从效率来源看，第一产业技术效率对TFP的贡献更突出，这也证实了上述结论。同时，伴随农业生产力的解放，从要素份额变动来看，劳动力、资本等生产要素开始向第二产业、特别是第三产业集中，其生产率也得到较大提升，表现出一定的"结构红利"。总体而言，这一阶段改革开放所释放的"制度红利"效果更加显著。

表4-5　不同阶段三次产业产出、要素变动度与TFP增长率变化

时段	产业结构	产出	劳动力	资本	EFFCH（%）	TECH（%）	TFP（%）
1978~1985年	第一产业	0.03	-1.01	-0.43	4.29	3.63	6.47
	第二产业	-0.62	0.44	-0.18	2.80	-0.20	2.54
	第三产业	0.59	0.57	0.61	-0.73	5.31	4.41
1986~1990年	第一产业	-0.01	-0.40	-0.16	-0.98	3.74	2.46
	第二产业	-0.47	0.49	-0.10	1.66	-2.92	-1.30
	第三产业	0.48	-0.09	0.26	4.00	-0.52	3.44
1991~2007年	第一产业	-0.81	-1.11	-0.21	-0.25	2.66	2.16
	第二产业	0.33	0.32	-0.13	-0.01	5.23	5.13
	第三产业	0.48	0.79	0.34	0.77	-0.45	0.28
2008~2014年	第一产业	-0.22	-0.94	-0.06	-5.07	4.96	-0.41
	第二产业	-0.48	0.38	0.40	-0.59	-0.10	-0.74
	第三产业	0.69	0.57	-0.34	-4.33	1.46	-2.97

注：产业变动度表示产业结构份额变化的幅度，第i产业平均变动度$=(S_{it}-S_{i0})/t$，其中S表示产出、劳动力、资本占总产出、劳动力、资本的份额比重，t和0分别表示报告期和基期。

1986~1990年，三次产业全要素生产率增长率均有所下降且波动剧烈。这一时期中国经济改革重心开始转向城市，生产要素进一步向第二、第三产业转移，其中第一产业劳动力与资本份额年均减少0.40个百分点和0.16个百分点，第二产业劳动力份额平均增加0.49个百分点，第三产业资本存量份额平均增加0.26个百分点，这进一步释放了农业生产潜力，加之农业机械化生产水平的提高，全要素生产率年均提高2.46%。而第二、第三产业技术进步并不理想，技术效率改进对全要素生产率提升贡献突出。特别是第三产业表现相对较好，全要素生产率年均增长率达3.44%，

其技术效率贡献尤其显著,这可能是由于随着中国经济发展活力提高,与之相配套的生活、生产性服务业在这一时期得到政策支持发展迅速。

1991~2007年,中国三次产业结构水平提高显著,生产要素继续向第二产业特别是第三产业集中,其中第一产业劳动力份额、资本份额年均减少1.11个百分点和0.21个百分点,第二、第三产业产出份额年均提高0.33个百分点和0.48个百分点。与前两个阶段相比,第二产业技术进步提升迅速,年均提高5.23%,极大促进了第二产业全要素生产率的提高。然而对第一、第二产业而言,这一时期以制度变迁、组织管理模式优化为主的技术效率对TFP促进作用表现较差,表明伴随城市化、工业化进程加快,进城务工收益远超务农收益,农民从事农业生产积极性有所减弱。虽然国有企业改革带动非公有制经济迅速发展激发了市场活力,但由于改革并不彻底,导致第二产业技术效率表现一般。与前者不同,在国家宏观经济政策支持下,现代服务业特别是金融、房地产及交通运输等生产性服务业蓬勃发展,技术效率对第三产业全要素生产率的促进作用相对较高,但由于过于依赖资本、劳动力等要素投入,粗放型发展方式没有改变。总体上,这一时期生产要素加速流动下的"结构红利"进一步得到释放,技术进步较快,但技术效率改进较差,"制度红利"没有得到充分发挥。

2008年以来,中国经济总体保持稳中有降的增长率,生产要素继续向第二、第三产业转移,第三产业份额进一步提高且超过第二产业产值,产业结构不断优化,但却没有相应的生产率水平提高,三次产业全要素生产率均呈负增长,主要表现为技术效率负增长。一方面,2008年国际金融危机冲击下中国三次产业内部结构问题逐渐暴露出来,同时经济增长速度开始回落;另一方面,为应对金融危机影响,中央政府采取了积极的财政和货币政策,特别是4万亿元投资计划的实施,严重抑制三次产业TFP的提高。总体而言,大规模要素驱动导致结构转型停滞,结构变迁对经济增长的贡献让位于技术进步。

二、中国省际三次产业TFP变动的区域差异

从东、中、西、东北四大地区来看,1978~2014年,无论是第一、第二、第三产业,中部地区产出增长率均低于东部、西部、东北地区,同时TFP增长率及其贡献率与东部、西部、东北地区相比也处于明显的劣势地位,中部地区成为经济效率的中间"凹地"(见表4-6)。

表4-6　1978~2014年中国省际三次产业全要素生产率增长率及其贡献率

地区	第一产业			第二产业			第三产业		
	TFP	GDP	贡献率	TFP	GDP	贡献率	TFP	GDP	贡献率
北京	4.90	3.20	153.18	7.40	9.19	80.55	6.70	12.44	53.87
福建	2.80	5.89	47.55	1.90	15.67	12.12	1.40	13.18	10.62
广东	2.10	5.23	40.14	0.80	15.46	5.18	1.60	13.85	11.56
海南	5.90	8.44	69.89	1.40	13.52	10.36	0.70	13.48	5.19
河北	2.50	5.10	49.00	1.60	11.76	13.60	0.10	12.43	0.80
江苏	2.60	4.75	54.74	2.20	13.89	15.83	3.60	14.21	25.33
山东	3.10	5.65	54.87	0.80	13.70	5.84	3.00	13.05	22.98
上海	5.60	1.26	445.84	4.20	9.36	44.88	3.90	11.79	33.07
天津	6.50	5.70	113.98	2.30	11.91	19.31	1.70	11.80	14.41
浙江	2.80	3.84	73.01	1.80	15.00	12.00	0.80	13.36	5.99
东部地区	3.11	5.56	56.04	2.44	12.95	18.85	2.35	12.96	18.13
安徽	2.30	4.84	47.56	2.10	13.92	15.09	-2.40	13.03	-18.42
河南	1.20	5.83	20.57	1.50	13.33	11.25	-0.80	13.05	-6.13
湖北	0.50	4.90	10.19	2.80	13.01	21.52	-0.80	12.65	-6.32
湖南	0.50	4.48	11.17	1.00	12.41	8.06	-0.40	11.75	-3.40
江西	3.00	5.34	56.16	1.90	13.27	14.32	-0.10	11.47	-0.87
山西	0.80	4.06	19.70	1.40	10.53	13.30	0.40	11.69	3.42
中部地区	1.38	4.91	28.18	1.78	12.74	13.99	-0.68	12.28	-5.57
甘肃	1.80	5.73	31.41	-1.30	9.68	-13.43	-1.00	12.84	-7.79
广西	0.30	5.98	5.01	3.10	13.69	22.64	-2.30	10.40	-22.11
贵州	2.00	4.92	40.68	2.30	11.89	19.35	-0.50	12.47	-4.01
宁夏	1.20	5.89	20.39	3.50	11.30	30.97	0.60	10.90	5.50
青海	2.80	3.91	71.69	6.10	10.80	56.49	-1.80	10.10	-17.84
陕西	2.60	5.29	49.16	3.70	12.41	29.81	1.10	13.00	8.46
四川	0.70	4.83	14.51	1.80	13.12	13.72	0.30	12.19	2.46
西藏	1.70	4.94	34.38	4.40	13.12	33.55	4.30	15.78	27.25
新疆	5.90	7.40	79.70	5.10	10.41	49.01	1.30	13.56	9.59

续表

地区	第一产业			第二产业			第三产业		
	TFP	GDP	贡献率	TFP	GDP	贡献率	TFP	GDP	贡献率
云南	3.10	5.33	58.16	1.60	11.31	14.14	0.00	12.73	0.00
西部地区	2.21	5.42	40.76	3.03	11.77	25.74	0.20	12.40	1.61
黑龙江	3.50	5.46	64.04	0.60	8.90	6.74	-0.40	11.26	-3.55
吉林	-1.80	6.28	-28.65	4.40	12.02	36.62	-0.70	12.45	-5.62
辽宁	1.20	5.72	20.97	0.30	10.10	2.97	1.40	12.28	11.40
内蒙古	3.20	6.70	47.77	5.40	13.57	39.78	4.10	14.44	28.39
东北地区	1.53	6.04	25.24	2.68	11.15	24.00	1.10	12.61	8.73

注：考虑到北京、上海、天津产业结构特征，在计算第一产业 TFP 贡献率时，将上述城市第一产业数据剔除。

从第一产业 TFP 变动的地区差异来看，东、中、西、东北四大地区 TFP 年均增长率分别为 3.11%、1.38%、2.21%、1.53%，全要素生产率贡献率分别为 56.04%、28.18%、40.76%、25.24%，而 2014 年上述地区第一产业占总产值比重分别为 5.75%、11.07%、12.30%、10.70%，由此可以看出，中部、东北地区作为传统主要农产区，第一产业增长主要依靠要素投入，粗放型发展方式较为严重。区域内部来看，东部地区除北京、天津、上海等三直辖市外，海南第一产业 TFP 表现最好，年均增长率达 5.90%，对第一产业贡献率高达 69.89%，同时其占 GDP 比例高达 23.12%，说明海南第一产业具有一定的技术集约化水平；虽然山东、河北、江苏第一产业比重并不高，但作为农业资源总量大省，全要素生产率表现同样十分突出。中部地区的安徽、江西也充分发挥其农业主产区比较优势，而湖北、湖南、山西表现较差。虽然西部地区并非农业主产区，但全要素生产率表现较好。东北地区是粮食主产区，黑龙江依托其规模化生产，第一产业效率对经济增长贡献率高达 64.04%。而同样作为重要粮食生产基地的吉林，TFP 总体呈负增长趋势。进一步分析发现，这主要归结于 2000 年以来吉林第一产业全要素生产率增长率出现严重下降，而这可能与"新东北现象"有关（虽然黑龙江同处东北地区，但其农业规模化、机械化生产水平却要远高于吉林，农产品生产成本低、市场竞争力更强）。总体而言，由于区域自然资源禀赋不同，区域第一产业 TFP 存在较大差异，但结合表 4-2、表 4-3 来看，中国第一产业经济增长的技术进步贡献值得肯定，但其规模效率缺失仍然是其进一步提升的主要障碍。

从第二产业全要素生产率变动的地区差异来看，东、中、西、东北地区TFP增长率分别为2.44%、1.78%、3.03%、2.68%，全要素生产率贡献率分别为18.85%、13.99%、25.74%、24%，值得关注的是，东部地区第二产业总量规模与增速较快，但其全要素生产率增长率和贡献率并没有表现出明显的领先优势，这在一定程度上说明总体上东部地区第二产业发展主要依靠投资拉动，而技术进步对其作用仍然偏低，这也是当前东部地区经济增速严重下滑背景下产业转型压力之所在。从区域内部来看，东部的北京、上海第二产业全要素生产率增长率及贡献率都显著领先，而山东、广东两个工业大省处于落后位置，说明劳动力、资本等基本要素投入仍是后者第二产业增长的重要部分。中部地区第二产业发展迅速，但全要素生产率增长率低于其他地区，粗放型发展方式仍然突出。第二产业全要素生产率表现最显著的为西部地区，这主要归于2000年以来西部大开发战略实施对西部地区的带动作用，不仅为其第二产业发展提供了资本，同时带来了先进技术和管理经验，为西部工业化起飞及后发优势的发挥奠定了基础。东北地区辽宁、黑龙江深陷国企改革和重化工业转型升级困境，全要素生产率表现很差，这与其当前面临的经济严重下滑问题相符。吉林、内蒙古全要素生产率表现突出，说明二者取得经济转型升级阶段性成果。

从第三产业全要素生产率变动的地区差异来看，东、中、西、东北地区全要素生产率增长率分别为2.35%、-0.68%、0.2%、1.10%，全要素生产率贡献率分别为18.13%、-5.57%、1.61%、8.73%，由此可以看出，东部地区无疑是中国当前和未来经济发展的重要引擎，对产业结构转型升级起到重要引领作用。从区域内部来看，北京、上海、山东、江苏等省份第三产业总量、增长率及TFP增长率均具有显著优势，但浙江、海南、河北第三产业TFP增长率及贡献率则相对落后，这表明虽然浙江、海南分别是金融业和旅游业大省，但其发展仍然相对粗放。而河北则由于紧邻服务业中心北京，其高端服务业发展受到一定的影响，导致其第三产业TFP增长率明显低于其他省份。

与东部地区相比，虽然中部地区第三产业保持相对较高增长率，但其全要素生产率增长率及其贡献率都明显落后。对比二者生产要素结构发现，中部地区劳动生产率显著低于东部地区（甚至低于西部地区，以2012年为例，东、中、西部地区第三产业劳动生产率分别为11.8万元/人、6.03万元/人、7.05万元/人），这说明，中部地区第三产业仍然以生活性服务业为主，而生产性服务业发展较为粗放。西部地区第三产业 TFP 表现同样较差，虽然伴随西部地区工业进程深入，其现代生产性服务业在西部欠发达地区"后发优势"得以较好发挥，如西藏、新疆等地的交通运输、旅游等产业发展迅速。但由于政府决策干预严重超过地区经济发展阶段，导致甘肃、广西、青海等地区第三产业全要素生产率总体呈现负增长。东北地区依托现有经济基础，第三产业经济效率总体表现优于中、西部地区，其中辽宁、内蒙古伴随近年来交通运输、旅游业、金融业等相关产业深度发展，其第三产业 TFP 提升明显。但黑龙江、吉林 TFP 呈现负增长趋势，现代服务业发展仍然落后。

第五节 中国三次产业经济效率变动的影响因素实证分析

一、逻辑框架与变量选择

由前面分析可知，不同地区、不同产业经济效率差异性显著，为进一步探讨经济效率变化的影响因素，本书构建面板数据模型对其进行实证分析。影响经济效率因素较多，本书主要从上述分析反映出的结构变动、经济发展水平、经济开放程度、人力资源禀赋、政府干预程度等问题探讨其对经济效率变动的影响。

（一）变量选择理论依据

1. 结构变动效应

一方面，产业结构变动为区域资源要素流动提供条件，即劳动力、资本等从第一产业向第二、第三产业流动，对三次产业经济效率产生不同影响；另一方面，产业结构变动隐含着技术进步带来的经济效率演进，有助于整体经济效率的提升。本书选择第一与第三产业（$indc13$）、第二与第三产业（$indc23$）产值比重乘积交互项作为结构变动效应变量，同时以非农人口比重（$ufar$）作为结构变动效应的辅助变量。

2. 经济发展水平

区域经济发展水平与其经济效率存在着密切的联系，区域经济发展水平越高的地区，其经济效率相对较高。但对于不同产业而言，其对经济效率的影响可能出现较为显著的差异，这主要是由于区域产业结构状况内生决定了其经济发展水平。本书选择人均国内生产总值衡量区域经济发展水平（$pgdp$）。

3. 经济开放程度

地区开放水平决定其与外界资源要素交换强度，是经济效率变动的重要影响因素。但是由于要素交换结构差异，导致内含的技术进步水平差异，其对不同产业经济效率可能会产生差别化的影响。本书选择地区进出口总额占地区生产总值比重作为经济开放程度的衡量指标（$open$）。

4. 人力资源禀赋条件

现代经济增长理论认为，智力资源对现代经济增长产生深远影响。本书选择万人在校大学生数量作为衡量地区人力资源禀赋状态（hum）。

5. 政府干预程度

市场与政府对资源配置起到重要作用，对经济效率变动影响深远。但由于市场调控与政府干预都存在"失灵"情况，从结构层面而言二者对三次产业经济效率的提升作用可能会出现差异。本书选择地方政府消费支出占地区生产总值比重来衡量政府干预程度（gov）。

（二）变量数据来源

上述变量数据主要来自《新中国六十年统计资料汇编》，部分年份数据来自各省份统计年鉴（1979~2014年）。同时对部分地区缺失数据进行补充。如对中间年份缺失数据，本书取前后相邻年份指标均值进行补充。对西藏"政府消费支出"，缺失1978~1998年数据，本书用四川、甘肃对应指标对其进行回归补充。

二、回归模型构建

基于Tobit回归原理，本书构建中国三次经济效率影响因素的DEA-Tobit面板模型，运用极大似然法对系数β进行估计，具体计量模型如下：

$$EFF_{it} = c + \beta_1 indc13_{it} + \beta_2 indc23_{it} + \beta_3 \ln ufar_{it} + \beta_4 \ln pgdp_{it}$$
$$+ \beta_5 \ln open_{it} + \beta_6 \ln hum_{it} + \beta_7 \ln gov_{it} + \varepsilon \quad (4-4)$$

式中，i表示地区，t为时间，EFF表示地区静态综合效率值，c为常数项，ε为随机扰动项。

三、实证结果分析

由表 4-7 估计结果可以看出，不同产业经济效率在不同地区所受影响具有较为明显的差异特征，因此不同产业发展所面临的问题也存在异质性，这与现实基本相符。

表 4-7　　　　中国三次产业经济效率影响因素估计结果

产业	地区	变量							
		$indc13$	$indc23$	$lnufar$	$lnpgdp$	$lnopen$	$lnhum$	$lngov$	c
第一产业	全国	0.951*** (2.78)	0.288 (1.02)	0.210*** (8.79)	-0.094*** (-5.76)	0.041*** (4.88)	0.024* (1.67)	-0.051*** (-2.89)	1.422*** (11.27)
	东	1.663*** (2.86)	-0.168 (-0.35)	0.229*** (5.54)	-0.117*** (-4.36)	0.058*** (4.21)	0.060** (2.41)	-0.003 (-0.10)	1.693*** (8.20)
	中	1.123 (1.33)	-0.806 (-1.18)	0.250*** (4.73)	-0.070* (-1.80)	0.079*** (4.28)	0.014 (0.39)	0.017 (0.37)	1.791*** (5.63)
	西	0.652 (1.46)	-0.294 (-0.56)	0.154*** (4.91)	-0.041 (-1.60)	0.072*** (5.03)	0.008 (0.33)	-0.158*** (-5.61)	1.001*** (5.05)
	东北	0.602 (0.73)	-1.479** (-2.14)	0.237*** (4.04)	-0.140*** (-3.26)	0.047*** (2.95)	0.128*** (3.06)	0.046 (1.02)	1.956*** (6.97)
第二产业	全国	-2.447*** (-9.36)	0.465** (2.18)	-0.006 (-0.36)	-0.007 (-0.55)	0.025*** (4.00)	-0.024** (-2.11)	-0.022 (-1.66)	0.802** (8.09)
	东	-2.407*** (-5.32)	0.456 (1.29)	-0.023 (-0.72)	-0.017 (0.82)	0.026*** (2.35)	-0.014 (-0.76)	0.001 (0.07)	0.867*** (5.40)
	中	-2.630*** (-4.07)	1.612*** (3.10)	-0.037 (-0.86)	-0.031 (-1.37)	0.038** (2.45)	-0.021 (-0.73)	0.001 (0.03)	0.933*** (3.87)
	西	-1.762*** (-4.98)	0.084 (0.19)	0.041* (1.67)	0.036 (1.54)	0.039*** (3.36)	-0.017 (-0.89)	-0.102*** (-4.52)	0.428*** (2.68)
	东北	-4.651*** (-7.86)	-1.840*** (-3.63)	-0.174*** (-4.17)	0.051* (1.80)	0.041*** (3.46)	-0.051* (-1.84)	0.146*** (4.63)	1.106*** (5.63)
第三产业	全国	2.477*** (7.40)	2.729*** (10.06)	0.061*** (2.65)	0.119*** (7.28)	-0.032*** (-4.06)	-0.120*** (-8.42)	0.016 (0.94)	-0.327*** (-2.62)
	东	1.794*** (3.03)	2.496*** (5.41)	0.113*** (2.66)	0.120*** (4.49)	-0.033** (-2.36)	-0.136*** (-5.48)	0.046* (1.47)	-0.076 (-0.36)

续表

产业	地区	变量							
		indc13	indc23	lnufar	lnpgdp	lnopen	lnhum	lngov	c
第三产业	中	0.860 (1.22)	1.636*** (2.86)	0.080* (1.71)	0.103*** (3.27)	-0.035** (-2.13)	-0.129*** (-4.14)	0.073* (1.81)	0.197 (0.74)
	西	2.294*** (4.87)	3.480*** (6.31)	0.013 (0.40)	0.129*** (4.35)	-0.003 (-0.20)	-0.140*** (-5.34)	-0.079*** (-2.59)	-0.601*** (-2.85)
	东北	2.150*** (2.87)	2.227*** (3.24)	-0.006 (-0.10)	0.009 (0.25)	-0.004 (-0.27)	0.008 (0.22)	-0.057 (-1.35)	-0.011 (-0.04)

注：***、**、*表示回归系数在1%、5%、10%下的显著性水平，括号内为统计量 z 值；限于篇幅，表中省略面板 Tobit 模型参数 sigma_u，sigma_e。

具体来看，第一产业经济效率的影响因素从全国及分区域表现较为一致，但影响程度有所差别。其中第一、第三产业交互变化对第一产业经济效率产生正向影响，说明随着产业结构升级，第一产业集约化发展水平逐渐提高，推动生产率提升。然而第二、第三产业交互变化及人均 GDP 增长对其产生负向影响，说明虽然第二、第三产业发展促进了整体产业结构及经济发展水平提升，却在一定程度上对第一产业发展的优质资本、技术等资源产生"挤压效应"，特别对处于工业化中期经济赶超阶段的区域（东北地区最显著，中部、西部地区也较为严峻），限制了农业经济效率的提升，可从农业人力资本禀赋变化进行验证。

人力资本禀赋对第一产业产生正向影响，但总体并不显著，改革开放以来中国农村总体人力资本禀赋逐渐提升，平均受教育年限超过9年，农业人力资本水平虽在提升，但平均受教育年限不足8年，说明中国仍缺乏农业专业技术人才支撑（刘宁，2014），这证明了上述"挤压效应"推断。非农化发展及地区经济开放程度对第一产业经济效率产生显著的正面影响，随着中国工业化进程深入，城市化率由1978年17.92%提升到2014年54.77%，农村剩余劳动力迅速转向第二、第三产业，推动第一产业经济效率提升；同时随着地区经济开放水平的提升，一方面农产品价格国际化水平逐渐提高，另一方面国际贸易日益频繁使得农业生产工具与经营方式也逐渐改善，促进了农业转型升级。此外，从全国来看，政府干预对第一产业效率提升产生负面影响，这说明 GDP 导向下的政府干预加剧了第二、第三产业对第一产业"挤压效应"，但中部和东北地区表现为正，这与该地区享受惠农政策支持强度大有关。

从第二产业估计结果来看，总体上第二、第三产业交互影响促进了第二产业经济效率改进，这说明生产性服务业迅速发展对第二产业形成有效的互补支撑。但同时第三产业对优质资源要素吸引强度越来越明显，影响了第二产业技术进步的提升，表明未来中国第二产业发展应该更加注重资源配置效率的提升（Lau and Brada，1990）。而东北地区第二、第三产业交互影响对第二产业经济效率产生负面作用，主要是由于长期以来东北地区重化工业发展比重大，截至2014年，东北地区第二产业产值比重仍超过第三产业7.3个百分点，第二、第三产业尚未形成互补发展格局，表明东北地区存在产业结构转型升级问题，这与前述分析结果吻合。

非农化水平提升意味着农村剩余劳动力大规模向非农产业转移，但随着工业部门资本密集型倾向不断深化，吸纳劳动力的能力降低，粗放发展方式和"人口规模红利"已经不足以支撑第二产业内部结构层次的提升（沈可和章元，2013），对第二产业经济效率改进产生负向影响，人力资源禀赋对其产生的抑制作用更能验证这一判断。经济发展水平方面，改革开放以来中国人均GDP以8.7%年均增长率持续提升，2014年超越7480美元，按照钱纳里标准已经进入工业化中期阶段，但由于其工业结构转型升级困境，经济发展水平提升与工业结构转型升级矛盾突出，并未促进第二产业经济效率提高。对外开放程度对第二产业效率提升具有显著正向影响，说明全面对外开放战略促进了第二产业技术升级及附加值提升。此外，政府干预对第二产业效率产生区域差别化影响，特别是西部地区在政府主导下第二产业发展存在显著效率损失，然而东、中、东北地区表现却相反，这表明合理的政府干预对区域产业结构的提升具有一定效果，不能对其全面否定，但需要以地区经济发展总体阶段为前提。这从其对第三产业效率的影响亦可得到验证。

从第三产业估计结果来看，结构变动效应、经济发展水平、政府干预对第三产业经济效率存在正向影响，而对外开放程度和人力资源禀赋对其产生负向影响。与第二产业不同，虽然自改革开放以来中国服务业发展迅速，但直到2012年第三产业增加值比重才开始超越第二产业，当前正处于经济总量规模扩张向内涵式发展转型阶段。这表明，随着中国经济发展水平和产业结构水平的不断提升，第三产业对优势要素的吸引作用越来越显著，对经济效率提升产生积极影响。人力资源禀赋对第三产业效率产生负面作用，且比第二产业表现更为显著，同时对外开放并未促进第三产经济效率提升，这一方面说明第三产业对人力资本质量要求相对第二产业更高，当前人力资本结构没有体现出外部性作用，与高端服务业发展不相适应（梁文泉和陆铭，2016）；另一方面当前中国第三产业发展仍然粗放，尚未有效承接服务业国际转移，国际竞争力较弱，对服务业人力资本提升及其效率演进均产生负面影响。政府干预层面，总体上中国第三产业发展离不开政府适当引导，但超越地区产业结构水平的过度引导也会起到显著的反作用。进一步综合三次产业对政府干预的响应发现，西部、东北地区产业经济效率演进受政府干预负面影响尤为突出。区域经济均衡增长理论表明，对经济发展水平落后地区而言，政府作用应该是引导资本等要素在区域间流动，超越市场作用力过度干预资源在产业之间的配置将影响其效率发挥。当前中国西部、东北地区市场化进程虽然在不断提升，但与其他省区相比处于显著劣势地位，特别是 2008～2011 年宽松刺激政策，更是阻碍了其市场化进程（王小鲁等，2017），其中吉林、云南、贵州等省份 2014 年市场化进程排名与 2008 年相比均后退 4 位，而甘肃、青海、新疆、西藏等省份场化指数得分则不同程度下降。总体来看，上述地区尚未确立市场对资源配置的决定性作用，这无疑对其产业结构升级产生显著负面影响。

第六节 主 要 结 论

现代经济增长是伴随产业结构调整的经济效率提升过程。本章旨在从一个较长时期内考察产业结构变迁与经济效率演进之间的互动过程，系统分析当前中国经济结构转型背景下不同产业经济效率演进及其影响因素，具有重要意义。本章主要结论如下：

改革开放以来，三次产业均已经积累了较高总量规模，且具备一定的规模效率，但与第二、第三产业相比，第一产业规模效率仍有较大提升空间。1978～2014 年中国三次产业 TFP 对其经济增长均具有一定的贡献率，但不同产业之间具有较大差异，其中，第一产业全要素生产率对其经济增长的贡献率最高，而第三产业贡献率偏低。技术进步作用比技术效率更显著，技术效率改进开始由以纯技术效率为主转向以规模效率为主。

将中国三次产业全要素生产率变动大致划分为四个阶段，分别为 1978～1985 年的改革释放期、1986～1990 年的波动调整期、1991～2007

年的平稳发展期及 2008~2012 年的结构调整期。伴随上述四个阶段，制度、要素、结构、政策等红利对经济增长相继发挥重要作用，但在结构调整阶段，制度与结构红利让位于技术进步。

三次产业 TFP 变动表现出显著的区域差异性，东部地区三次产业 TFP 对经济增长的贡献在全国范围内仍具有一定的优势，而中部地区则成为中国三次产业经济效率的中间"凹地"，东北地区第二、第三产业 TFP 变化反映出严峻的结构转型升级问题。

三次产业经济效率影响因素表现出区域相对一致性及部门差异性特征。其中第一、第三产业结构变动、非农化水平、对外开放程度、人力资源禀赋等对第一产业经济效率产生显著正向作用，对外开放程度显著促进第二产业经济效率提升，而对外开放程度、人力资源禀赋对第三产业经济效率产生显著的负面影响。

第五章

中国区域经济效率扭曲机制
——基于土地财政的创新抑制视角

第一节 土地财政捆绑的产业链与价值链分离现象

毋庸置疑，改革开放以来中国取得世界瞩目的经济增长奇迹，同时也伴随全要素生产率提升的事实。但全要素生产率提升对经济增长的贡献受到质疑，这与土地财政驱动下的中国城市经济增长模式密不可分（李郇等，2013）。从要素视角来看，一方面土地资源是土地城市化的重要载体（王丰龙和刘云刚，2013），城市经济高速增长离不开土地要素的大规模投入；另一方面分税制改革后国有土地出让所带来的预算外收入，作为一种经济安全"稳定器"更被地方政府所推崇。自土地"招拍挂"、住房制度等市场化改革以来，土地财政缓解了地方政府的财政压力，为财政分权后地方政府晋升激励提供了一剂良药。同时由于地方政府对经济总量的增长追求，而寻求通过土地财政扩张推动城市基础建设，大规模投资驱动为中国工业化和城市化进程注入了助推剂。特别是通过土地市场带动以房地产为主导产业的经济发展模式，助推地方经济发展。2008年金融危机后，为保持经济稳定增长，土地财政更是被进一步作为地方政府财政收入的主要来源，"脱实向虚""房地产经济"甚嚣尘上，强化了"土地财政—房地产—地方经济"的捆绑效应。

为此，党的十九大报告指出，"推动经济发展质量变革、效率变革、动力变革，提高全要素生产率"是提升中国经济创新力与竞争力的重要基础，符合内生经济增长理论的基本规律。同时提出"必须把发展经济的着力点放在实体经济上"、坚持"房子是用来住的，不是用来炒的"的定位。在此背景下，如何客观认识土地财政对中国经济增长带来的影响？该影响是否具有持续性？通过何种影响机制发挥作用？不同地区与城市有何差异？能否实施一刀切的土地财政转型政策？对上述问题进行分析，或可为中国城市土地财政转型与经济可持续增长带来启示意义。

既有研究主要集中在土地财政对国民经济增长的影响。一种观点认为土地财政对经济增长具有促进作用（中国经济增长前沿课题组，2011）。邹秀清（2013）研究发现，现阶段土地财政指标与经济增长之间存在着单调递增的关系。夏方舟等（2014）选择43个大中城市动态面板数据构建土地财政与经济增长、产业发展的计量模型，指出土地财政主要通过促进产业结构调整进而推动经济增长。王先柱等（2019）研究了土地财政、房价上涨和产业结构升级三者间的关系，发现在土地财政和房价上涨的互动作用下，通过改变劳动力供给结构和产业转移，实现产业结构升级。岳树民等（2016）在新古典经济增长理论的框架下，将经济体划分为马尔萨斯部门和索洛部门，并在模型中考虑土地财政的因素，得出土地财政会促进经济增长的结论。默（Mo，2018）认为土地出让收入代表地方政府信用水平，而那些具有更高初始土地收入份额的县区经济增长更快。

另一种观点则认为，土地财政对经济增长有显著抑制作用。周彬等认为土地财政和房地产业的繁荣会吸引原本应当投入工业制造业的资源要素，这样工业的发展受到限制，使得中国出现提前去工业化现象，长期来看对经济增长产生不利影响（周彬和周彩，2018）。刘凯（2018）基于多部门动态一般均衡框架进行分析，认为公有制土地制度优于非公有制，但土地财政导向下的公有制土地供给结构扭曲了中国实体经济，推高了房价、房租以及商业经营成本，从而抑制了中国经济增长。陈淑云等（2017）认为，保持低价土地供给有利于经济增长，但由于土地财政依赖所导致的资源浪费与错配，抑制了城市生产率的提高。

纵观上述研究，土地财政对经济增长到底会产生何种影响，尚未达成共识。这是因为，一方面在中国情境下的土地财政兼备正向的规模经济效应与资源错配的技术进步抑制效应；另一方面当前研究集中于中国整体或局部规律探讨，然而由于中国区域之间经济发展水平差异，不同地区或城市的土地财政政策取向有所差异，导致在规模效应与资源配置效应方面必然有所取舍，因此不同地区以及不同城市的土地财政对全要素生产率提升的影响也可能有不同表现。此外，当前影响机制研究主要着重于产业结构、金融发展、公共设施建设等单一视角（Tang et al.，2019；Fan et al.，2016），而对不同层次作用路径及多渠道传导机制关注不足，虽然可以反映出内在作用规律，但由于土地财政对经济增长的影响过程具有系统性、复杂性特征，可能难以把握全貌而得出有偏结论。现代经济增长理论表明，全要素生产率提升决定了经济增长的能动性与可持续性。因此，土地财政虽然助推了宏观经济规模扩张，但能否对经济内生增长动能即全要素生产率提升产生影响，需要进行多层次多角度的深入研究（梁强，2017）。

基于此，本章从以下方面丰富现有文献：首先，区别于以往文献主要对总量经济增长的关注，本章聚焦于中国城市土地财政规模扩张对全要素生产率提升的影响，并从理论与实证层面分析其内在作用机理。其次，在理论机制层面，区别于以往单一机制分析框架，本章初步构建了多层次多机制传导分析框架。具体来看，将理论机制分为直接作用路径与间接传导机制，前者主要考察土地财政规模扩张对规模效率、技术进步等直接作用路径，后者主要考虑土地财政引发的投资挤占效应（房地产开发投资）与成本拉动效应（房价与工资成本）等多渠道间接传导机制，可客观多角度识别土地财政规模扩张对经济效率的影响过程与机理。再次，研究对象层面，由于尺度效应的存在，省级或主要中心城市样本难以全面捕捉土地财政政策取向的区域异质性。为此，本章建立了包含土地财政、房价等地级以上城市面板数据集，从时间变化与空间格局演化两个维度，系统分析了2005~2015年中国285座地级以上城市土地财政规模演化特征。最后，在实证检验层面，充分考虑区域内部一致性及城市个体异质性特征，将研究样本划分为东部地区、中部地区、西部地区、东北地区、超特大城市、Ⅰ型大城市、Ⅱ型大城市及中小城市等类别，并运用固定效应模型对理论机制假说进行实证检验，以求为不同层面区域发展提供理论与实践支撑。

第二节 土地财政对区域经济效率作用的理论机制

一、技术抑制的直接作用路径

（一）规模经济效应

财政分权改革后，地方政府面对财权与事权的不匹配的纵向竞争压力，纷纷预算外收入来源，土地财政成为多数地方政府的选择（陶然等，2007）。这有效缓解了地方政府财政压力，扩大了地方经济发展空间。但更重要的是，地方政府竞争的投资冲动，以地生财、土地融资行为带来土地财政规模快速扩张。土地财政成为地方政府获得经济增长而承担经济职能的主动行为。一方面，为吸引外资进入，在土地财政支撑下，地方政府积极推动基础设施建设，以求为城市经济规模化增长提供有利的基础环境；另一方面，地方政府通过采取大量工业用地优惠政策，形成有效的土地供给，建立各种类型的产业区以"筑巢引凤"，谋求经济集约化、规模化发展。整体来看，土地财政规模扩张，极大地缓解了地方政府财政预算约束，为地方经济实现规模化增长奠定了必要的物质基础。为此，本章提出第一个假说：

假说1：土地财政推动中国城市经济规模增长，带来规模经济效应。

（二）技术抑制效应

在上述背景下，一方面，地方政府为获取土地出让收入，其中的产业甄别选择过程被弱化甚至忽视。即地方政府为谋求短期经济增长效果，更加注重规模产出效率，而很有可能降低门槛，忽视企业创新能力，进而对地方整体的技术进步改进产生不利影响。另一方面，地方政府可充分利用不同土地利用类型的溢价潜力，以高溢价商服用地出让来弥补较低的工业用地出让价格带来的财政收入损失，助推了整体土地出让价格的提升，进而推高房价与人力成本（陈彦斌和刘哲希，2017）。这在一定程度上提高了地方企业生产成本，压缩利润空间，进而挤出企业必要的研发创新投资空间。这无疑将对技术进步产生更深层次的不利影响。为此，本章提出第二个假说。进一步，综合土地财政对地方经济增长的规模经济效应与技术抑制效应，本章提出第三个假说。

假说2：土地财政规模扩张抑制了技术进步的提升，导致城市全要素生产率下降。

假说3：土地财政规模扩张整体上抑制了城市全要素生产率的提升。

二、创新挤出的间接传导机制

（一）投资挤占效应

土地财政本质是要解决城市财权事权不匹配带来的财政约束问题。但如前所述,由于地方政府要弥补工业用地出让收入损失,需要通过部分高溢价土地出让换取财权累积空间。而房地产业伴随中国快速城市化进程经历了前所未有的高速发展,其高投资回报率更是受到各方企业青睐。因此,房地产业成为高溢价土地的最佳归宿。此外,由于房地产业上下游行业关联性强的特征突出,可有效带动基建、商服等行业发展,对刺激地方经济增长不失为有效选择,并成为多数城市主导产业。为此,地方政府与房地产业形成高度"默契",地方政府借此获取土地出让收入,而房地产业则进行资产规模扩张与融资抵押,由此实现丰厚的现金利润回报,形成"土地财政—房地产开发"的闭环式发展模式。然而,无论是地方政府土地出让的"寅吃卯粮"行为,还是房地产业扩张的融资抵押行为,都极大地占用了有限的金融资源,进而会对工业企业产生替代,尤其是会加剧恶化中小企业和民营企业的融资环境,狭窄的实体经济投资渠道受到限制(吕炜和高帅雄,2016)。一些企业通过炒作或者持有房地产赚取的利润远远超过投资工业的利润(岳树民和卢艺,2016)。总体上,房地产业作为高回报率而低生产率部门快速扩张,将产生严重的资源错配效应,不足以支撑城市整体的生产率提升。为此,本章提出第四个假说:

假说4:土地财政驱使地方政府倚重房地产业对高溢价土地接受能力,拉动房地产开发投资扩张,而对工业企业发展与资源配置产生挤占效应,进而抑制城市全要素生产率提升。

(二)成本拉动效应

房价上升固然与市场总需求关系密切,但考虑到中国城市化道路中地方政府对土地资源掌控能力,房价快速上涨又和土地财政有着千丝万缕的联系而饱受诟病。如前所述,"土地财政—房地产开发"闭环发展模式实际上成为隐性"政企合谋"。这一方面体现在,地方政府为获取土地财政而对商业及住宅用地的有限供给和高地价,推高了房价、房租以及商业经营成本(陈彦斌和刘哲希,2017);另一方面还表现为房地产业为维持稳定利润增长空间,以高地价为基础进一步拉升住房价格,进一步衬托出土地供给的稀缺性。一个直接结果是,诸多实体企业由于追求利润回报的理性投资偏好,将资本大量配置到土地市场,并向房地产行业转型,导致严重的资源错配,且进一步推高土地价格及房价。

与此同时,高房价带来城市工资水平相应上涨。相关研究表明,2003年以来,中国房价水平快速攀升,同时居民工资水平快速上涨(蔡昉,

2010)。主要逻辑是,土地财政推动下的房价快速上升,导致居民生活成本大幅度提高。为保证劳动力供给,企业将为此支付更高工资成本。诚然,根据新古典经济增长理论,工资水平上升来源于劳动生产率提升引致的经济增长。然而房价作为生活成本的主要组成部分,也会通过成本效应推升工资,而偏离真实的劳动生产率水平,尤其是中西部等欠发达地区更是如此。这将冲击企业的成本和盈利,从而迫使企业经营者加速资本对于劳动力的替代,甚至引起一些企业退出生产(陆铭等,2015),从而出现与发达国家相比较早"去工业化"的发展态势。总体来看,房价上升与工资成本提高,均将对企业生产带来冲击,进而影响城市经济持续增长能力。为此,本章提出第五个假说:

假说5:土地财政规模扩张不仅加速推高房价,助推理性投资偏好,同时还导致工资成本大幅上升,产生成本拉动效应,压缩企业利润空间及城市创新驱动发展潜力,进而抑制城市全要素生产率增长。

第三节 研究方法与数据来源

一、固定效应回归模型

由于本章城市样本量较大(大N),而时间长度较短(小T),属于短面板(short panel),时间周期变化不明显,但城市个体异质性较强。为此采用个体固定效应模型,以解决不随时间而变但随个体而异的遗漏变量问题。具体模型如下:

$$\ln TFP_{it} = \alpha_0 + \alpha_1 \ln landfinance_{it} + \alpha_2 控制变量_{it} + \alpha_3 城市特征变量_{it} + \mu_i + \varepsilon_{it} \quad (5-1)$$

$$机制变量_{it} = \beta_0 + \beta_1 \ln landfinance_{it} + \beta_2 控制变量_{it} + \beta_3 城市特征变量_{it} + \mu_i + \varepsilon_{it} \quad (5-2)$$

$$\ln TFP_{it} = \gamma_0 + \gamma_1 机制变量_{it} + \gamma_2 控制变量_{it} + \gamma_3 城市特征变量_{it} + \mu_i + \varepsilon_{it} \quad (5-3)$$

式中,i为城市数量,t为年份,α、β、γ分别表示不同模型变量回归系数,μ_i为个体效应,ε_{it}为残差项。其中模型(5-1)为基准模型,以检验土地财政规模扩张对经济效率的影响;模型(5-2)、模型(5-3)为机制检验模型，首先检验土地财政规模扩张对相关机制变量的影响，进而检验机制变量对经济效率的影响。为解决遗漏变量问题，本章在模型中加入控制变量，以强化核心解释变量对被解释变量的解释力度，同时加入城市特征变量，以尽可能控制不同城市属性特征。

二、变量选择与数据来源

被解释变量：城市全要素生产率。经济增长的全要素生产率驱动已经成为学界共识，可以成为衡量城市经济高质量发展的基准。同时，本章将城市全要素生产率分解为技术进步变化（$TECH$）、规模效率变化（$SECH$）、纯技术效率变化（$PECH$）（李汝资等，2017），以观测土地财政规模扩张对经济增长影响的直接作用路径。其中投入变量为劳动力与资本存量，产出变量为城市 GDP，各变量具体选择与核算过程参考徐淑丹（2017）。为此，本章运用基于 DEA 的 Malmquist 生产率指数方法测算城市全要素生产率并进行分解，限于篇幅，具体参考法尔等（Färe et al.，1994）。

核心解释变量：土地财政规模（$landfinance$）。参考相关研究，本章使用土地出让金收入作为土地财政规模的代理变量（孙秀林和周飞舟，2013；邹薇和刘红艺，2015），这主要是因为，土地出让金收入在土地出让中份额最大（与土地出让税相比）。同时属于政府预算外收入，更能反映地方政府发展辖区经济的实际禀赋和在借贷市场进行规模融资的谈判能力（邵朝对等，2016）。

传导机制变量：房地产投资（$houseinvest$），本章用房地产开发投资规模作为房地产业投资的代理变量。工资成本（$salary$），选取城市平均工资衡量工资成本。房价（$houseprice$），选择城市住宅年平均价格作为房价的代理变量。

其他控制变量：政府财政支出规模与结构。当财政支出用于教育投入和改善基础设施等方面时有利于促进地区技术进步，而当把财政支出用于行政管理上时可能会导致资源配置的扭曲，进而造成效率损失。本章采用财政支出占 GDP 的比重衡量财政支出规模（$fiscal$），进一步用财政科学研究支出占财政支出份额衡量财政支出结构（$scifiscal$）。制度变量，主要反映地区市场化程度。本章采用个体和私营部门职工数占本地从业人员总数比重来衡量制度水平（$ownership$）（李江龙和徐斌，2018）。对外开放水平，运用进出口总额占GDP比重来表示（trade）。产业结构水平（structure），用第三产业产值与第二产业产值比重表示。此外，考虑城市特征变量：城市绿化水平（green），用绿地面积表示；交通条件（pubt），用公共交通工具数量表示；基础设施水平（roaddensity），用单位行政面积内公路里程密度表示；信息化水平（internet），用互联网接入户数表示（见表5-1）。

表5-1　　　　　　　　　变量描述性统计

变量	名称（单位）	样本量	均值	标准差	最小值	最大值
tfp	全要素生产率	3135	1.027	0.0620	0.763	1.613
landfinance	土地出让金（亿元）	3135	65.99	133.9	0.0112	1531
landrely	土地出让金依存度	3135	29.27	26.78	0.0698	218.2
tech	技术进步	3135	1.029	0.0413	0.830	1.235
pech	纯技术效率	3135	0.993	0.0533	0.441	1.772
sech	规模效率	3135	1.006	0.0369	0.818	2.194
houseinvest	房地产投资规模（亿元）	3135	182.1	365.1	0.482	4226
salary	平均工资水平（万元）	3135	3.200	1.417	0.641	11.11
houseprice	平均房价（元/m²）	3135	3598	2460	779	33441
ownership	非国有就业比重（%）	3135	7.694	5.151	0.289	43.53
structure	三二产业比值	3135	0.818	0.417	0.0943	4.052
scifiscal	科技占财政支出比重（%）	3135	1.214	1.168	0.0268	9.883
fiscal	财政支出比GDP	3135	1.612	0.905	0.353	10.27
trade	进出口额与GDP比值	3062	1.401	2.751	0.0003	32.90
roaddensity	单位面积公路密度（km/km²）	3135	0.930	0.481	0.0297	2.430
pubt	公共交通数量（万辆）	3135	1.231	2.329	0.0110	23.67
green	绿地面积（hm²）	3135	5903	13353	23	141041
internet	互联网接入数（千户）	3131	491.6	727.6	0.237	7660

考虑到数据可获得性与面板数据完整性，本章选择2005~2015年中国285座地级以上城市数据作为研究样本。核心变量土地出让金来自2006~2016年《中国国土资源统计年鉴》，房价、工资、房地产投资等数据来自

CEIC 中国经济数据库。由于缺乏相应价格指数，土地出让金运用基于城市 GDP 指数构造城市 GDP 折算指数平减，房价、工资运用省份消费者价格指数（CPI）进行平减，房地产开发投资运用省份固定资产价格指数平减。其他变量数据主要来自《中国城市统计年鉴》（2006~2016）。对异常值数据进行 Winsor 处理，个别缺失数据运用插值法进行补充。

第四节　中国城市土地财政规模扩张对经济效率的影响

一、中国城市土地财政规模扩张时空演化

土地财政规模扩张核密度分布展示其时间变化特征（见图 5-1）。中国城市土地财政整体呈现出规模扩张过程，2015 年土地财政总规模达到 2.5 万亿元（2005 年可比价格），是 2005 年的 4.3 倍。但与 2010 年相比，2015 年土地财政整体规模出现明显的收缩趋势，这说明在此阶段，由于各地土地财政及与此关联的房价等问题逐步暴露，引起中央与地方政府重视，尤其是 2014 年国务院开展全国土地财政大审计，导致全国土地出让速度有所减缓。

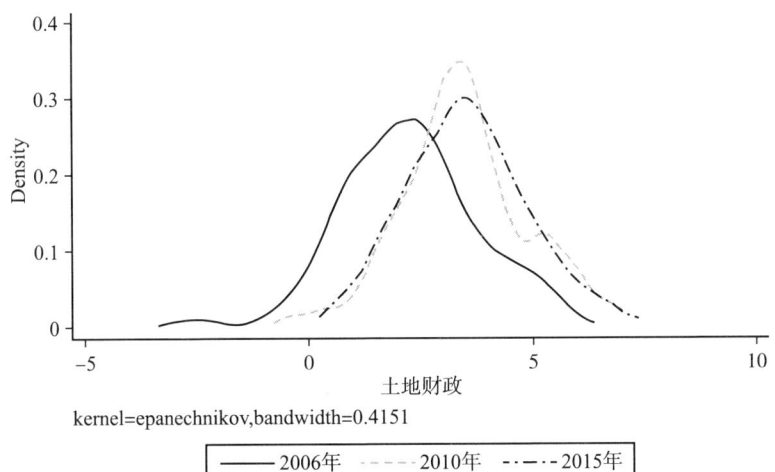

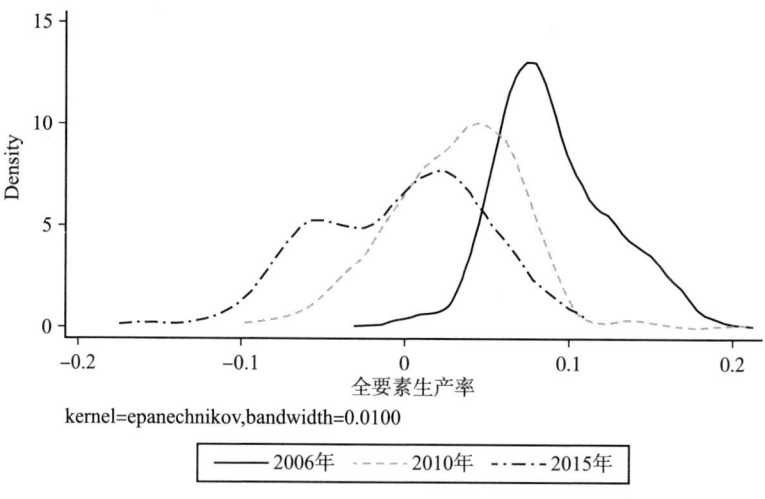

图 5-1 中国城市土地财政规模与 TFP 核密度

与此同时,由全要素生产率增长的核密度分布图可以看出,中国城市 TFP 增长率整体表现为逐步衰退趋势。2006 年全国全要素生产率主要集中于增长区间,而 2015 年呈现出增长与衰退的双峰分离状态。这一方面与产业结构调整、经济新常态下增速回落有关,同时也表明在长期的土地财政规模扩张进程中,经济增长质量提升可能受到一定影响。需要通过实证进一步检验。

从城市土地财政规模的空间格局来看,东部沿海城市土地财政规模总体高于内陆城市。这既与东部城市经济规模有关,又与其人口城市化水平与速度关系密切。但另外,2006 年城市土地财政规模高值区主要集中于京津冀、辽中南、山东半岛、长三角、海峡西岸、珠三角等主要城市群地区,而与之相比 2015 年其分布则较为均衡。与 2006 年相比,2015 年土地财政规模扩张进一步向内部城市扩散,中部城市出现大规模土地财政高值区域。这表明,伴随中国经济增长与城市化进程不断深入,土地财政成为越来越多城市谋求地方经济发展的重要工具。

与土地财政规模扩张格局不同,城市全要素生产率表现出更加分散的空间特征,且经济发展水平与经济效率提升的非协调性特征较为突出,经济发展方式较为粗放。2006 年全要素生产率较高增长区域主要集中于华北地区、东北地区与西南地区等相关城市,2015 年东部沿海地区全要素生产率相对内陆城市有所提升,但整体如前所述却有所下滑。整体而言,上述土地财政规模较高城市,并未表现出应有的 TFP 增长水平。这可能意味着,土地财政的规模扩张,加剧了中国城市经济粗放型增长,对经济转型形成一定阻碍效应。

二、中国城市土地财政规模扩张的经济效率响应

基于上述分析,进一步由土地财政规模扩张与TFP变动的散点图可以看出(见图5-2),伴随着中国城市土地财政规模扩张,城市全要素生产率表现出一定下降趋势,土地财政规模扩张与全要素生产率增长存在简单的负相关关系。但城市全要素生产率增长衰退是否由土地财政规模扩张导致?不同地区与城市是否有差异?需要进一步通过实证进行检验。为此,基于公式(5-1),本章运用固定效应模型对上述影响进行实证分析。

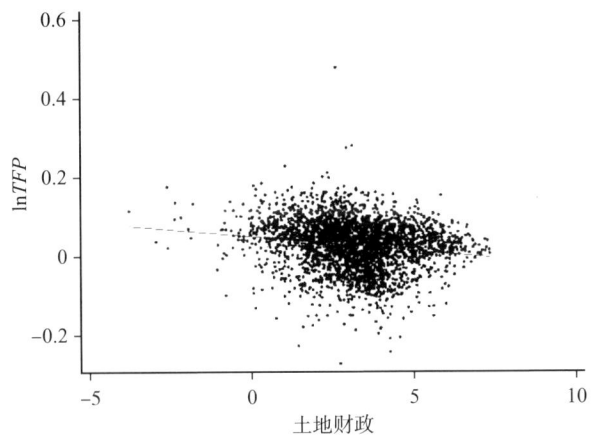

图5-2 中国城市土地财政与全要素生产率散点图

注:图中拟合曲线方程为,lntfp = -0.0048788 × lnland + 0.0402815(adj R^2 = 0.0153)。

表5-2报告了城市土地财政规模扩张对经济效率影响的基准结果。就全国而言,在控制了一系列影响城市全要素生产率提升的相关变量后,土地财政规模扩张对城市全要素生产率提升仍然表现为显著的负向影响。这印证了本章前述分析,即伴随城市寻求经济增长,越来越多依赖土地财政这一政策工具,虽然保证了较为平稳的经济规模增长,但却难以掩盖粗放发展方式带来的城市经济问题,难以持续。同时,本章也发现,个体与私营经济比重越高、财政科学支出比重越高、对外开放水平越高,越有利于城市全要素生产率增长。而政府财政支出规模越大,可能产生的资源错

配效应越大,将对城市全要素生产率提升产生不利影响。此外,当前中国产业结构对全要素生产率提升产生负向影响,表明虽然中国城市第三产业比重越来越高,但却因土地财政驱动而主要集中于房地产等低效率部门,存在"脱实向虚"的现象,发展水平仍然较低,反而表现为过早"去工业化"的被动挤出效应,对当前经济增长有所影响。这在后续的机制检验中得到进一步证实。

表5-2 按区域类型划分的城市土地财政对经济效率影响基准回归结果

解释变量	全国	东部地区	中部地区	西部地区	东北地区
ln*landfinance*	-0.00938*** (-6.17)	-0.00487* (-1.96)	-0.0155*** (-4.57)	-0.00726*** (-2.80)	-0.0159*** (-3.19)
ownership	0.000706** (2.23)	0.00335*** (3.37)	0.00138*** (2.95)	0.000455 (0.73)	0.0000604 (0.07)
ln*structure*	-0.00754 (-1.43)	-0.0245** (-2.35)	-0.0170 (-1.55)	-0.0273** (-2.46)	0.00586 (0.37)
ln*scifiscal*	0.00443*** (2.95)	0.00263 (1.20)	0.000493 (0.16)	0.0112*** (3.45)	0.0106** (2.12)
ln*fiscal*	-0.0575*** (-7.66)	-0.0761*** (-5.54)	-0.0461*** (-2.73)	-0.0475*** (-3.91)	-0.0282 (-1.17)
ln*trade*	0.0107*** (5.10)	0.0248*** (5.37)	0.0126*** (2.98)	0.00776** (2.20)	0.0110* (1.72)
roaddensity	0.0761*** (13.51)	0.101*** (12.11)	0.0971*** (10.15)	0.0303** (2.21)	0.0415* (1.90)
ln*pubt*	-0.000236 (-0.07)	0.00833* (1.72)	-0.00188 (-0.34)	-0.0186** (-2.57)	0.000424 (0.03)
ln*green*	-0.00536 (-1.64)	-0.0109** (-2.23)	0.00199 (0.27)	-0.00507 (-0.91)	-0.00837 (-0.57)
ln*internet*	-0.0318*** (-12.24)	-0.0199*** (-5.71)	-0.0452*** (-7.97)	-0.0304*** (-5.83)	-0.0312*** (-3.18)
_cons	0.224*** (8.33)	0.123*** (2.73)	0.193*** (3.28)	0.232*** (5.04)	0.310** (2.55)
N	3058	952	876	856	374

注:括号中为t统计量,*、**和***分别表示在10%、5%和1%水平上显著。

分区域来看，土地财政规模扩张对中国四大经济区域的全要素生产率增长均产生负向影响。但对东部地区城市全要素生产率提升影响较小，且仅在10%水平上显著。而土地财政规模扩张对西部、中部、东北地区全要素生产率增长的影响更加显著，且作用梯次增强。

进一步，从城市规模角度来看（见表5-3），超特大城市、Ⅰ型大城市土地财政规模扩张对全要素生产率提升影响极不显著，上述城市基本涵盖了中国直辖市及发达省会与计划单列市等新一线发达城市。而Ⅱ型大城市、中小城市土地财政规模扩张对全要素生产率提升影响极为显著，上述城市主要属于中西部大城市和全国范围的中小城市。这表明，从经济发展水平角度来看，东部地区整体超过其他地区，而Ⅰ型以上大城市整体优于其他规模城市，上述地区虽然在一定程度上依赖于土地财政支持地方经济增长（我们仍能看到有一定的负向影响），但由于其经济内涵式发展相对较优，可部分化解对土地财政依赖导致的粗放发展劣势。而中部地区、西部地区及东北地区，Ⅱ型大城市及以下中小城市，由于经济发展水平限制，但又迫于寻求经济增长的路径突破，过于依赖土地财政规模扩张，导致粗放型经济发展方式难以转变，陷入"路径依赖"陷阱。这尤其在Ⅱ型大城市的经济赶超发展过程中体现得更加淋漓尽致。

表5-3 按城市规模类型划分的城市土地财政对经济效率影响基准回归结果

解释变量	超特大城市	Ⅰ型大城市	Ⅱ型大城市	中小城市
ln$landfinance$	-0.00648 (-0.93)	-0.00659 (-1.18)	-0.0144*** (-4.85)	-0.00825*** (-4.34)
$ownership$	0.000363 (0.11)	0.00113 (0.84)	-0.000123 (-0.16)	0.00105*** (2.83)
ln$structure$	0.0995** (2.57)	0.0104 (0.37)	0.0345*** (2.95)	-0.0167*** (-2.60)
ln$scifiscal$	0.00660 (1.12)	-0.00291 (-0.55)	0.00733*** (2.91)	0.00555*** (2.65)
ln$fiscal$	-0.0904** (-2.43)	-0.0442 (-1.26)	-0.0680*** (-4.47)	-0.0471*** (-5.06)
ln$trade$	0.0229** (2.23)	0.0627*** (4.23)	0.0237*** (4.64)	0.00681*** (2.78)
$roaddensity$	0.101*** (4.23)	0.167*** (5.71)	0.0612*** (6.68)	0.0837*** (11.28)

续表

解释变量	超特大城市	Ⅰ型大城市	Ⅱ型大城市	中小城市
ln*pubt*	-0.0565** (-2.23)	-0.0126 (-0.74)	-0.000415 (-0.06)	0.000542 (0.14)
ln*green*	-0.0260* (-1.69)	0.0186 (1.28)	-0.0195** (-2.31)	-0.00264 (-0.68)
ln*internet*	-0.0229* (-1.93)	-0.0192** (-2.12)	-0.0113*** (-2.65)	-0.0441*** (-12.34)
_cons	0.472*** (2.79)	-0.176 (-1.18)	0.276*** (3.83)	0.238*** (7.69)
N	132	163	666	2097

注：括号中为 t 统计量，*、** 和 *** 分别表示在 10%、5% 和 1% 水平上显著；根据 2016 年底中国地级以上城市的城区人口规模划分，本书定义城区人口在 100 万人以上为大城市，共 88 座，包括超大城市（4 座）、特大城市（8 座）、Ⅰ型大城市（15 座）及Ⅱ型大城市（61 座）。城区人口在 100 万人以下为中小城市，共 197 座。

三、中国城市土地财政规模扩张对经济效率的直接作用路径

为明确城市土地规模扩张对经济效率影响机制，在前述理论机制分析基础上，本章从土地财政对规模效率、纯技术效率及技术进步等角度实证探讨了其直接作用路径。

通过表 5-4 可以看出，全国层面，土地财政规模扩张的规模经济效应与技术进步抑制效应均在 1% 水平上显著，即显著提升了城市规模效率，但却在更大程度上影响了城市技术进步。因此，总体上，土地财政主要通过抑制技术进步进而影响城市全要素生产率提升。分地区而言，伴随土地财政规模扩张，对东部、中部、西部、东北等地区技术进步均存在较强的抑制作用，且均在 1% 水平上显著。进一步印证了前面理论假说，伴随土地财政规模扩张，地方政府追求规模经济效应，在招商引资过程中缺乏对企业技术门槛限制，同时，以高溢价出让商服用地，带动房地产市场扩张，带来一定资源错配效应，并提高企业生产成本，挤出企业研发投入，影响技术进步，尤其是中部地区更为明显。这在间接传导机制分析中可进一步得到验证。

回顾表 5-2 土地财政对全要素生产率增长影响的地区差异，结合直接作用路径结果可知，这一方面主要是由于各地区受到的技术进步影响差

异;另一方面土地财政规模扩张给各地区城市带来的规模效率与纯技术效率提升差异较大。综合来看,东部地区纯技术效率得到显著提升而规模效率提升不显著,而中部地区规模效率提升显著,东北地区纯技术效率却受到进一步抑制。这表明,对东部地区,土地财政扩张挤出技术投资,但并非其经济财政工具,与追求经济规模增长相比,主要是用来改善地方发展环境。然而中部地区则将土地财政作为经济增长支撑工具,依托土地财政支撑经济规模发展,但却带来更严重的技术进步抑制效果。东北地区虽然也在追求土地财政背景下经济增长路径,但其制度安排、组织效率却进一步固化。

表 5-4　不同区域城市土地财政规模扩张对经济效率直接作用路径

被解释变量	解释变量:$\ln landfinance$				
	全国	东部地区	中部地区	西部地区	东北地区
$\ln SECH$	0.00279 *** (3.07)	0.00262 (1.50)	0.00316 ** (2.13)	0.00210 (1.16)	0.00406 (1.62)
$\ln PECH$	0.00218 (1.39)	0.00654 *** (2.75)	-0.000832 (-0.24)	0.00405 (1.33)	-0.0102 ** (-2.30)
$\ln TECH$	-0.0143 *** (-13.34)	-0.0140 *** (-6.62)	-0.0178 *** (-8.25)	-0.0134 *** (-7.44)	-0.00974 *** (-3.18)

注:括号中为 t 统计量,*、** 和 *** 分别表示在 10%、5% 和 1% 水平上显著;不同地区分样本回归,限于篇幅,未报告控制变量结果。

从规模城市角度(见表 5-5),我们也看到,土地财政主要通过影响技术进步来抑制全要素生产率提升的,这与全国及分区域层面表现是一致的。但由于不同规模等级城市职能定位及经济发展水平等差异,其作用路径稍有差别。具体来看,土地财政并非对超特大城市及I型大城市没有影响,反而其技术进步损失较大。但与I型大城市相比,超特大显著性并不高。同时,土地财政规模扩张没有给I型及以上大城市带来规模效率及纯技术效率提升。这表明,土地财政规模扩张并非是超特大城市及I型大城市追求经济规模增长的主要工具,典型事实依据是其土地财政扩张对房地产开发投资规模带动作用显著低于II型及中小城市。而与I型大城市相比,超特大城市带来更大程度上工资水平与房价上涨,对企业创新行为挤出效应更加显著,导致其相对的技术进步损失较大。这可由后续的间接传导机制进一步证实。

表 5-5　不同规模城市土地财政规模扩张对经济效率直接作用路径

被解释变量	解释变量：ln*landfinance*			
	超特大城市	Ⅰ型大城市	Ⅱ型大城市	中小城市
ln*SECH*	0.0118 (1.61)	0.00487 (1.03)	0.00620 *** (3.41)	0.00130 (1.21)
ln*PECH*	0.000888 (0.21)	0.00385 (1.05)	-0.00295 (-1.21)	0.00375 * (1.79)
ln*TECH*	-0.0191 ** (-2.41)	-0.0153 *** (-3.33)	-0.0177 *** (-7.30)	-0.0133 *** (-10.60)

注：括号中为 t 统计量，*、** 和 *** 分别表示在 10%、5% 和 1% 水平上显著；不同规模城市分样本回归，限于篇幅，未报告控制变量结果。

与上述城市相比，Ⅱ型大城市的独特性更加明显，突出表现为对房地产部门的依赖性显著高于其他城市，表明其利用土地财政的主要目标之一就是换取一定程度规模经济增长。但由于土地财政极大地推动了房地产大规模开发，同时会带来对研发等部门的投资挤出效应，且影响其制度安排、企业组织等，使得纯技术效率有一定损失，因此与中小城市甚至Ⅰ型大城市相比，受土地财政规模扩张的负面影响更大。而与其他城市相比，中小城市利用土地财政，一定程度上改善了地方制度环境，带来一定的纯技术效率改进，但仍然避免不了土地财政规模扩张带来的技术进步抑制。

四、中国城市土地财政规模扩张对经济效率的间接传导机制

上述分析明确了土地财政规模扩张对经济效率的直接作用路径主要是技术进步抑制效应。那么，其深层次原因是什么？具体来看是通过哪些渠道进行传导的呢？为此，本章从投资挤占效应及成本拉动效应两方面，进一步检验了土地财政影响经济效率的房地产开发、工资成本及房价等间接传导机制作用[1]。

---

[1] 不失一般性与可比性，本书仍然用 TFP 增长作为被解释变量来观测土地财政的传导机制，可全面反映对经济内生增长的影响，同时也能反映对技术进步的作用。由于本书技术进步由 TFP 增长分解而来，由前文分析可以发现土地财政对技术进步的影响更为显著，被解释变量替换为技术进步，将出现更加显著的效果。感兴趣读者可向作者索取。

我们由图 5-3、图 5-4 及图 5-5 房地产投资规模、工资水平、住宅价格等与城市全要素生产率的关系可以看出，上述变量与城市全要素生产率增长均表现出负向关系。表 5-6 进一步展示了全国城市土地财政规模扩张对全要素生产率提升的间接传导机制，与理论机制分析一致，土地财政带来房地产开发投资、房价与工资水平的提升，而房地产开发投资、房价与工资水平提升进一步抑制城市全要素生产率增长。具体来看，首先，土地财政规模扩张拉动了房地产开发投资规模的显著增长，而房地产开发投资的增加对地方高效率实体经济部门产生挤出效应，进而导致城市全要素生产率显著降低。

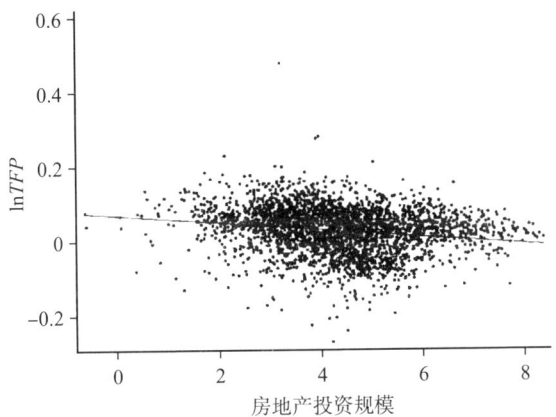

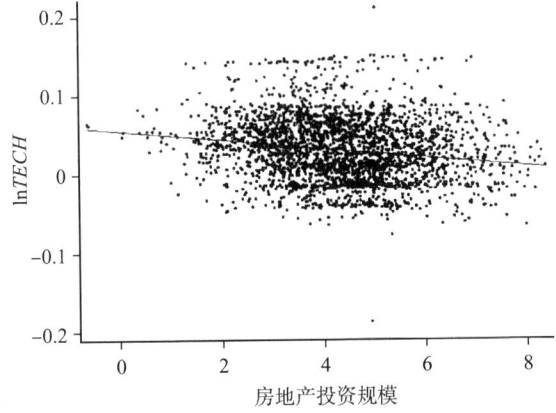

图 5-3 房地产投资与全要素生产率、技术进步

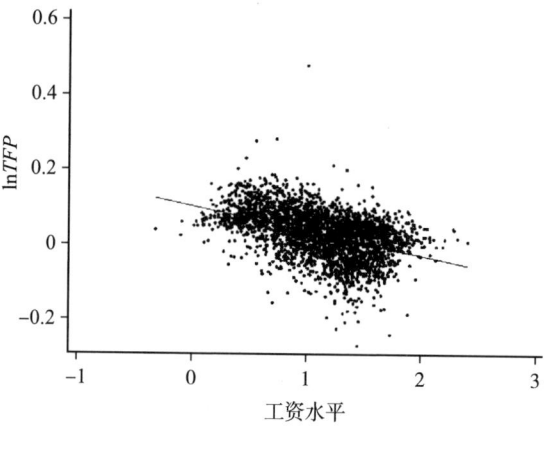

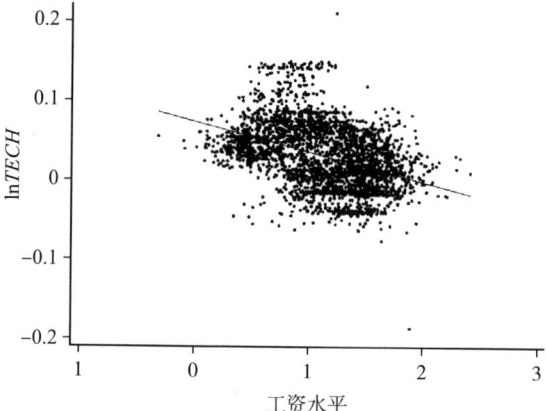

图 5-4 工资水平与全要素生产率、技术进步

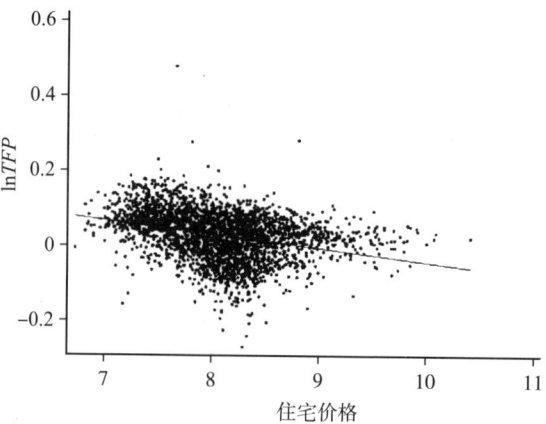

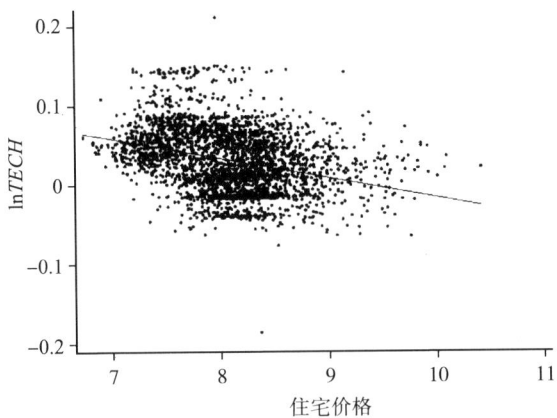

图 5-5 住宅价格与全要素生产率、技术进步

表 5-6　中国城市土地财政规模扩张对经济效率间接传导机制

变量	ln*houseinvest*	ln*TFP*	ln*salary*	ln*TFP*	ln*houseprice*	ln*TFP*
ln*landfinance*	0.189*** (17.84)		0.0490*** (11.83)		0.0700*** (14.36)	
ln*houseinvest*		-0.0268*** (-10.52)				
ln*salary*				-0.0761*** (-11.36)		
ln*houseprice*						-0.0639*** (-11.35)
ownership	0.00485** (2.20)	0.000852*** (2.73)	0.00663*** (7.70)	0.00123*** (3.92)	0.00663*** (6.55)	0.00115*** (3.67)
ln*structure*	-0.242*** (-6.56)	-0.0120** (-2.29)	0.0134 (0.93)	-0.00385 (-0.75)	-0.0185 (-1.09)	-0.00640 (-1.24)
ln*scifiscal*	0.157*** (14.97)	0.00807*** (5.24)	0.0739*** (18.07)	0.00932*** (5.97)	0.0608*** (12.63)	0.00767*** (5.06)
ln*fiscal*	0.501*** (9.57)	-0.0479*** (-6.41)	0.376*** (18.38)	-0.0340*** (-4.36)	0.297*** (12.34)	-0.0429*** (-5.69)
ln*trade*	-0.132*** (-8.99)	0.00780*** (3.70)	-0.0810*** (-14.11)	0.00536** (2.50)	-0.0562*** (-8.32)	0.00783*** (3.74)

续表

变量	lnhouseinvest	lnTFP	lnsalary	lnTFP	lnhouseprice	lnTFP
roaddensity	0.107*** (2.71)	0.0789*** (14.17)	0.0896*** (5.84)	0.0828*** (14.85)	0.0692*** (3.83)	0.0804*** (14.47)
lnpubt	0.218*** (9.55)	0.00522 (1.60)	0.0968*** (10.89)	0.00664** (2.03)	0.0680*** (6.50)	0.00368 (1.14)
lngreen	0.0777*** (3.41)	-0.00400 (-1.24)	0.0802*** (9.01)	-0.000196 (-0.06)	0.0510*** (4.87)	-0.00292 (-0.91)
lninternet	0.307*** (16.96)	-0.0250*** (-9.31)	0.194*** (27.38)	-0.0189*** (-6.59)	0.192*** (23.05)	-0.0212*** (-7.61)
_cons	0.954*** (5.07)	0.252*** (9.47)	-1.074*** (-14.63)	0.146*** (5.31)	6.110*** (70.78)	0.618*** (14.29)
N	3058	3058	3058	3058	3058	3058

注：括号中为t统计量，*、**和***分别表示在10%、5%和1%水平上显著。

其次，土地财政规模扩张显著拉动了城市房价水平的提高，而房价上升显著降低了城市全要素生产率。一方面，房价提高可能会带来资源配置的扭曲效应，无论是居民还是企业，均力图将资产配置在住房等具有一定价值增值空间但低生产率领域（陈斌开等，2015），转而降低了社会整体创新资源配置，影响城市经济效率提升（王文春和荣昭，2014）；另一方面，土地财政规模扩张引发房价快速上涨，由于金融市场的非完全理性以及银行系统存在信贷对象选择偏好（崔莹莹等，2018），将提高实体经济企业融资成本（Chen et al.，2015）。与此同时，土地财政规模扩张也显著提高了城市平均工资水平，推高企业人力成本，降低工业企业利润率，进而抑制经济增长。

从分区域机制检验结果来看，亦可验证前述理论假说（表5-7～表5-10）。通过对比不同区域传导机制，可进一步发现传导机制的区域差异性特征。首先，各区域土地财政均主要通过房地产开发投资对城市TFP变动产生显著负向影响，表明房地产开发投资成为各地区主要的间接传导机制，对高生产率部门投资产生挤占效应。但相比较而言，东部地区土地财政对房地产开发投资拉动作用最小，而西部、中部、东北地区则房地产投资作用依次增强，这主要源于土地财政催生的房地产经济受到地方政府极大青睐，但显然内陆地区由于经济增长方式相对单一化，使得其对房地产经济依赖性更强。这同时也进一步证明了表 5-2 所得到影响效果的区域差异性结论。

表 5-7 东部地区城市土地财政规模扩张对经济效率间接传导机制

变量	ln*houseinvest*	ln*TFP*	ln*salary*	ln*TFP*	ln*houseprice*	ln*TFP*
ln*landfinance*	0.157*** (9.50)		0.0403*** (5.86)		0.104*** (12.47)	
ln*houseinvest*		-0.0329*** (-6.90)				
ln*salary*				-0.0909*** (-7.73)		
ln*houseprice*						-0.0387*** (-4.17)
控制变量	是	是	是	是	是	是
_cons	2.222*** (7.42)	0.197*** (4.38)	-0.310** (-2.49)	0.0905** (2.12)	7.060*** (46.65)	0.393*** (4.82)
N	952	952	952	952	952	952

注：括号中为 t 统计量，*、** 和 *** 分别表示在 10%、5% 和 1% 水平上显著；限于篇幅，未报告控制变量结果。

表 5-8 中部地区城市土地财政规模扩张对经济效率间接传导机制

变量	ln*houseinvest*	ln*TFP*	ln*salary*	ln*TFP*	ln*houseprice*	ln*TFP*
ln*landfinance*	0.178*** (8.11)		0.0583*** (6.97)		0.0563*** (5.64)	
ln*houseinvest*		-0.0334*** (-6.38)				
ln*salary*				-0.0947*** (-6.84)		
ln*houseprice*						-0.0889*** (-7.62)
控制变量	是	是	是	是	是	是

续表

变量	ln$houseinvest$	lnTFP	ln$salary$	lnTFP	ln$houseprice$	lnTFP
_cons	−0.428 (−1.12)	0.203 *** (3.52)	−1.475 *** (−10.18)	0.0790 (1.28)	5.750 *** (33.29)	0.731 *** (8.44)
N	876	876	876	876	876	876

注：括号中为 t 统计量，*、** 和 *** 分别表示在 10%、5% 和 1% 水平上显著；限于篇幅，未报告控制变量结果。

表 5−9　西部地区城市土地财政规模扩张对经济效率间接传导机制

变量	ln$houseinvest$	lnTFP	ln$salary$	lnTFP	ln$houseprice$	lnTFP
ln$landfinance$	0.163 *** (9.03)		0.0426 *** (6.21)		0.0524 *** (5.94)	
ln$houseinvest$		−0.0189 *** (−3.86)				
ln$salary$				−0.0571 *** (−4.30)		
ln$houseprice$						−0.0579 *** (−5.64)
控制变量	是	是	是	是	是	是
_cons	1.202 *** (3.74)	0.265 *** (5.80)	−0.875 *** (−7.18)	0.194 *** (4.11)	5.961 *** (38.02)	0.587 *** (7.84)
N	856	856	856	856	856	856

注：括号中为 t 统计量，*、** 和 *** 分别表示在 10%、5% 和 1% 水平上显著；限于篇幅，未报告控制变量结果。

表 5−10　东北地区城市土地财政规模扩张对经济效率间接传导机制

变量	ln$houseinvest$	lnTFP	ln$salary$	lnTFP	ln$houseprice$	lnTFP
ln$landfinance$	0.267 *** (6.75)		0.0194 (1.61)		0.0422 *** (3.33)	
ln$houseinvest$		−0.0211 *** (−3.23)				
ln$salary$				−0.0474 ** (−2.07)		

续表

变量	lnhouseinvest	lnTFP	lnsalary	lnTFP	lnhouseprice	lnTFP
lnhouseprice						-0.0675*** (-3.17)
控制变量	是	是	是	是	是	是
_cons	1.890* (1.97)	0.369*** (3.04)	-1.721*** (-5.86)	0.257** (1.99)	5.703*** (18.49)	0.720*** (4.22)
N	374	374	374	374	374	374

注：括号中为 t 统计量，*、** 和 *** 分别表示在 10%、5% 和 1% 水平上显著；限于篇幅，未报告控制变量结果。

其次，在土地财政作用下，东部地区房价提升最大，中部、西部、东北地区次之。这表明，伴随土地财政规模扩张，东部地区房价上升速度最快，而中部、西部、东北地区上升速度依次递减，这与中国房价空间格局相一致。但由于东部地区较高的产业结构及生产率水平，其对高房价承受能力更强，加之更开放包容的制度环境，对全要素生产率提升影响较小。而其他地区尤其是中部和东北地区在追随高房价的过程中，由于没有相适应的产业支撑，导致其对 TFP 抑制效应更为强烈。

从工资成本角度来看，东部地区并不是工资水平上涨最快的区域，反而中西部地区工资水平上涨相对较大。而东北地区工资水平受土地财政规模扩张影响并不显著。这可能是由于东北地区个体与私营部门比重较低，工资刚性特征突出，因此土地财政对工资成本拉动作用不显著。而中部地区由于房地产经济快速增长，伴随房价上升带来工资成本也相应上升，但由于其相对劳动生产率并不高，因此土地财政更大程度上推动了工资成本提升，压缩了企业成长空间，显著抑制了城市 TFP 提升。

从城市规模角度来看（表 5-11~表 5-14），无论是超特大城市，还是Ⅰ型、Ⅱ型及中小城市，其土地财政均通过房地产开发投资带来的投资挤占效应及房价、工资上涨等带来的成本推动效应，对城市全要素生产率产生较为明显的抑制作用，且大多在 1% 以上水平显著。但不同规模城市差距较大，其中土地财政扩张对房地产开发投资的影响程度由Ⅰ型大城市、超特大城市、中小城市、Ⅱ型大城市依次增强，而对房价水平的影响由超特大城市、Ⅱ型大城市、中小城市、Ⅰ型大城市依次减弱，对工资水平的影响由Ⅱ型大城市、超特大城市、Ⅰ型大城市、中小城市依次减小。其中Ⅱ型大城市表现尤为突出。

表 5-11　超特大城市土地财政规模扩张对经济效率的间接传导机制

变量	ln houseinvest	ln TFP	ln salary	ln TFP	ln houseprice	ln TFP
ln landfinance	0.167*** (4.32)		0.0563*** (2.75)		0.107*** (5.27)	
ln houseinvest		-0.0744*** (-5.23)				
ln salary				-0.168*** (-6.25)		
ln houseprice						-0.0806*** (-2.87)
控制变量	是	是	是	是	是	是
_cons	-0.734 (-0.78)	0.440*** (2.93)	-3.427*** (-6.85)	-0.0925 (-0.55)	5.417*** (10.89)	0.917*** (3.98)
N	132	132	132	132	132	132

注：括号中为 t 统计量，*、** 和 *** 分别表示在 10%、5% 和 1% 水平上显著；限于篇幅，未报告控制变量结果。

表 5-12　Ⅰ型大城市土地财政规模扩张对经济效率的间接传导机制

变量	ln houseinvest	ln TFP	ln salary	ln TFP	ln houseprice	ln TFP
ln landfinance	0.141*** (4.91)		0.0405** (2.40)		0.0522*** (3.30)	
ln houseinvest		-0.0261* (-1.72)				
ln salary				-0.0569** (-2.09)		
ln houseprice						-0.0799*** (-2.84)
控制变量	是	是	是	是	是	是
_cons	5.380*** (7.04)	-0.0427 (-0.25)	1.253*** (2.78)	-0.115 (-0.76)	7.615*** (18.00)	0.427 (1.63)
N	163	163	163	163	163	163

注：括号中为 t 统计量，*、** 和 *** 分别表示在 10%、5% 和 1% 水平上显著；限于篇幅，未报告控制变量结果。

表 5-13　Ⅱ型大城市土地财政规模扩张对经济效率的间接传导机制

变量	ln$houseinvest$	lnTFP	ln$salary$	lnTFP	ln$houseprice$	lnTFP
ln$landfinance$	0.238*** (11.85)		0.0659*** (7.43)		0.0960*** (9.27)	
ln$houseinvest$		-0.0452*** (-8.63)				
ln$salary$				-0.101*** (-7.93)		
ln$houseprice$						-0.0840*** (-7.89)
控制变量	是	是	是	是	是	是
_cons	0.494 (1.01)	0.297*** (4.28)	-0.994*** (-4.60)	0.172** (2.43)	6.532*** (25.91)	0.822*** (8.30)
N	666	666	666	666	666	666

注：括号中为 t 统计量，*、** 和 *** 分别表示在 10%、5% 和 1% 水平上显著；限于篇幅，未报告控制变量结果。

表 5-14　中小城市土地财政规模扩张对经济效率的间接传导机制

变量	ln$houseinvest$	lnTFP	ln$salary$	lnTFP	ln$houseprice$	lnTFP
ln$landfinance$	0.174*** (12.91)		0.0389*** (8.16)		0.0570*** (9.76)	
ln$houseinvest$		-0.0195*** (-6.33)				
ln$salary$				-0.0582*** (-6.48)		
ln$houseprice$						-0.0503*** (-6.93)
控制变量	是	是	是	是	是	是
_cons	0.726*** (3.30)	0.259*** (8.42)	-1.098*** (-14.16)	0.182*** (5.63)	5.934*** (62.44)	0.544*** (10.37)
N	2097	2097	2097	2097	2097	2097

注：括号中为 t 统计量，*、** 和 *** 分别表示在 10%、5% 和 1% 水平上显著；限于篇幅，未报告控制变量结果。

就超特大城市而言（见表5-11），土地财政扩张对其房价提升作用最大，同时房价上升也带来较多的全要素生产率损失。然而与其他类型城市相比，对房地产投资规模、工资水平等增长却没有表现出独特之处。这进一步验证了我们在直接作用路径得到的结论（见表5-5），即超特大城市并不是将土地财政作为经济增长工具使用，但其扩张的确带来前所未有的房价上涨，拉动企业生产成本，对企业研发投资产生较强的挤出效应，故而其技术进步损失最大。而对Ⅰ型大城市（见表5-12），无论是房地产开发、房价水平还是工资水平，与其他城市相比受土地财政规模扩张影响都相对较小，这主要由于Ⅰ型大城市主要是省会及计划单列市，享受相对较多的优势制度资源，而土地财政作用相对弱化。

就Ⅱ型大城市而言（见表5-13），与前述一致，其TFP提升显然受土地财政规模扩张影响更大。无论是房地产开发投资拉动产生的投资挤占效应，还是房价上升与工资水平提高带来的成本拉动效应，均显著高于Ⅰ型大城市及中小城市。且与Ⅰ型大城市和中小城市相比，其房地产投资、房价上升及工资提高对全要素生产率提升的负向影响也更加剧烈。这再次印证前文观点，在过去十余年经济发展过程中，无论是超特大城市、Ⅰ型大城市、Ⅱ型大城市还是中小城市均对土地财政产生一定依赖。但在经济增长的城市锦标赛竞争格局中，Ⅱ型大城市尤其尴尬。既相对缺少超特大城市与Ⅰ型大城市等一线城市相对丰富的经济基础与制度资源优势，又不能如中小城市"坦然接受"难以冲破的区域等级体系。Ⅱ型大城市为实现经济与政治地位跨越（如向国家级或者区域级中心城市转变），占据区域经济发展格局中的有利地位，承担了更为突出的经济增长与政治晋升压力。为此，在土地财政规模扩张过程中，Ⅱ型大城市更加注重财政政策推动的规模经济效率，而在一定程度上忽视了经济增长方式的及时转变，这也证实了表5-5回归结果。

第五节 主要结论

回顾中国改革开放40余年历程，土地财政为地方经济实现规模增长奠定了重要基础，但同时也出现"土地财政—房地产—地方经济"捆绑效应，土地财政能否助推经济增长备受关注。基于现有研究，本书构建了基于规模经济效应与技术进步抑制效应的直接作用路径以及投资挤占效应与成本推动效应的间接传导机制等多层次多机制理论框架，并运用固定效应模型实证检验了中国地级以上城市土地财政对全要素生产率提升的影响过程及区域差异特征。有助于更加全面客观地认识土地财政对地方经济增长的影响，具有一定理论与现实意义。具体来看，本章得出以下主要结论：

首先，整体来看，2005年以来中国城市土地财政规模呈现出逐步扩张的态势，但从2014年中央政府开展大规模土地审计开始，土地财政规模扩张有所收缩。从空间来看，东部地区土地财政规模较中西部地区更加庞大，但随着土地财政对经济规模经济驱动效果越来越显著，土地财政需求已经向内陆城市扩散，呈现遍地开花的态势，而这将对中国经济增长产生严重的潜在负面影响。与此同时，中国城市全要素生产率却呈现出逐步衰退的趋势。

其次，通过固定效应模型基准回归发现，土地财政规模扩张的确对中国城市 TFP 提升产生显著负向影响，且对东部、西部、中部、东北等地区的影响依次增强。从不同规模城市来看，超特大及 I 型大城市全要素生产率提升受土地财政影响并不显著，而对 II 型大城市影响明显大于中小城市。直接作用路径表明，从全国范围来看，土地财政规模扩张在一定程度上有助于地方经济规模增长，但主要还是通过抑制技术进步阻碍城市 TFP 提升。

分样本回归显示，中部地区、II 型大城市技术进步抑制效应最为明显。进一步从间接传导机制来看，土地财政规模扩张主要通过房地产经济引发投资挤占效应，同时房价、工资水平上涨带来的成本拉动效应也显著影响全要素生产率提升。中部、东北地区及 II 型大城市、中小城市主要是投资挤占效应抑制全要素生产率增长，东部地区、超特大城市则主要受房价与工资水平带来的成本拉动效应影响更大。

第六章

产业链扭曲对全要素生产率的影响
——脱实向虚的去工业化视角

第一节 去工业化与再工业化

新中国成立70多年来，中国工业经济增长取得举世瞩目的成就，为"中国速度""中国奇迹"到"中国质量"演变奠定了重要基础。新时期，中国经济发展面临诸多机遇和挑战。从内部来看，一方面，中国工业增加值占GDP比重由新中国成立之初不足17%，波动增加到1978年的近44%，之后经历市场化改革与调整，稳定在40%左右。而后从2006年开始，进入产业结构调整通道，工业增加值比重由40.03%下降到2018年33.89%。特别是2012年以来中国进入工业后期与经济发展的换挡期（黄群慧，2018；陶长琪等，2019；赵昌文等，2015），此时服务业比重已超过制造业，呈现出"去工业化"的特征（见图6-1）。另一方面，第二产业从业人员比重于2012年达到30%的最高点，之后开始缓慢下降，而第三产业从业人员比重已经接近50%（见图6-2）。可以说，中国经济经历70多年发展，已经完成从一个"农业大国"向"工业大国"转变。

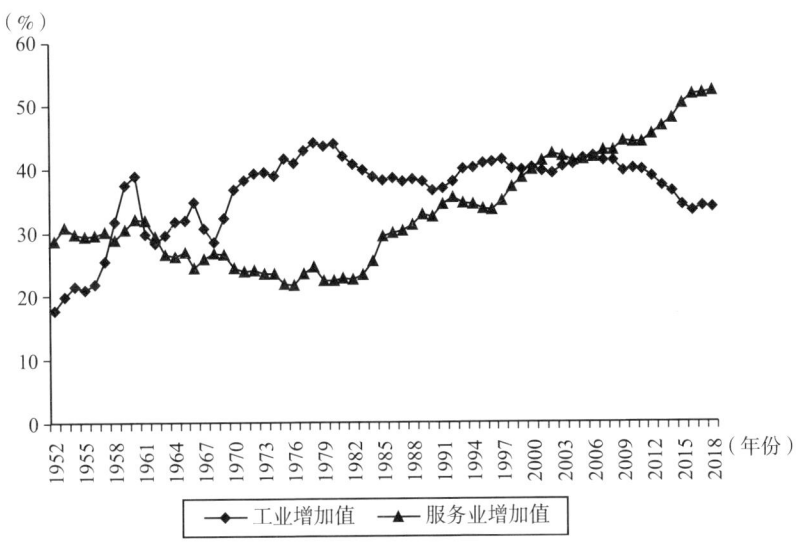

图6-1 新中国成立以来中国工业与服务业增加值占比

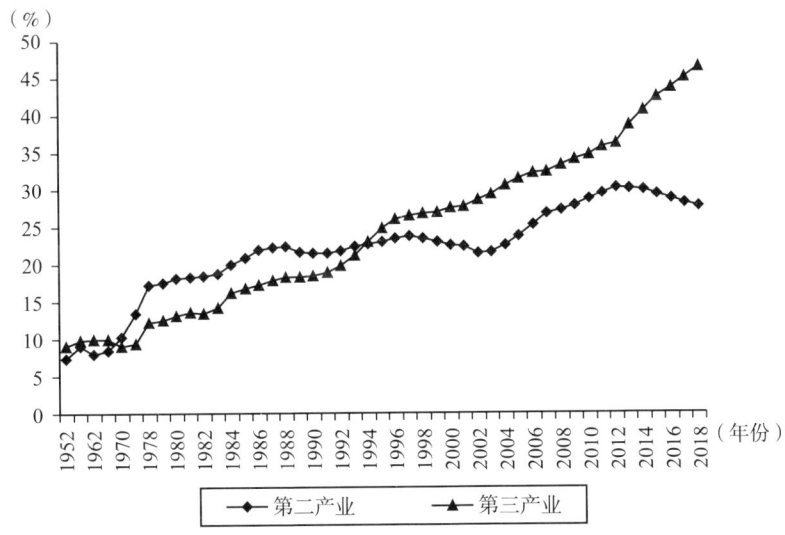

图6-2 新中国成立以来中国第二、第三产业从业人员占比变化

然而,从外部环境来看,中国经济增长正在面临贸易摩擦与产业转型带来的双重压力。美国发动的中美贸易摩擦持续至今,企图以此遏制中国由"制造业大国"向"制造业强国"转变的步伐,维护美国在技术创新领域的持久领导地位(王霞,2019;杨飞等,2018;余振等,2018),对

中国制造业发展提出极大挑战。与此同时，美国在一直强调制造业回归的"再工业化"战略，极力推动制造业企业由国际市场向国内化生产转移。在此背景下，地方政府尤其是中部、西部地区城市为稳定经济增长短期目标，面临全球价值链低端嵌入约束而采取简单的去工业化策略、推进服务业扩张的"脱实向虚"发展模式，不仅会对中国未来经济增长带来严重影响，而且将可能影响区域就业质量与收入水平的提升。

更重要的是，历次工业革命带来的国际经济发展经验表明，工业制造业一直是技术进步与生产率演进的重要引擎。虽然中国去工业化带来服务业部门扩张，对经济增长贡献率日渐提升，但伴随新常态经济增长放缓，全要素生产率增长率也出现下滑趋势（刘世锦等，2015；尹向飞和欧阳峣，2019；余泳泽等，2019），尤其是在面临实体经济下行、成本上升、生态环境压力等问题，支撑中国快速工业化的传统比较优势趋于弱化，越来越多的制造业企业开始拓展非制造业活动，出现了"脱实向虚"的趋势（黄群慧等，2017）。内生经济增长理论证明全要素生产率可以较好地度量区域经济发展的质量水平。随着经济不断发展，全要素生产率水平的提升成为必然要求。但从诸多实证研究来看，一方面，近年来中国全要素生产率增速有所下降（刘伟和张立元，2018；朱子云，2017）；另一方面，由于中国各地区经济发展水平不同，全要素生产率的变动在区域间具有显著差异性（白重恩和张琼，2015；郭庆旺等，2005；余泳泽，2015；陶长琪和齐亚伟，2010）。而区域产业结构的变化会对全要素生产率变动产生直接而深入的影响，其中包括技术进步（刘秉镰和李清彬，2009；李小平和李小克，2018；王卫和綦良群，2017）、对外开放（陈明和魏作磊，2018；刘舜佳，2008；邱斌等，2008）、企业准入成本（Barseghyan et al.，2011）等作用路径。但目前仍然缺乏从实证角度直接探讨去工业化对全要素生产率变动的影响。

那么，在经济转型关键时期与"经济新常态"背景下，中国去工业化历程是否意味着合理的产业结构升级过程？尤其是当前中国正处于中等收入阶段，脱离制造业的去工业化发展能否有效支撑中国全要素生产率的增长？内在机制如何？进一步，一些城市片面追求产业结构的"表面高级化"，导致区域发展的新动能不强、服务业带动力不足及传统比较优势尚未发挥作用的拔苗助长现象，去工业化是否需要考虑中国广阔的经济腹地与区域经济梯度差异？是否有必要进行全面的去工业化？对以上问题的解答，可以有助于避免经济发展不均衡性的可能误区，助推经济转型，同时进一步夯实中国制造业强国地位,具有一定现实意义。

经典发展经济学理论——卡尔多定律（Kaldor's Law）认为,现代经济增长伴随产业结构高级化与合理化的有序演变,制造业与全要素生产率均保持长期协调增长（黄群慧等,2017）。但与其他国家相比,中国工业化历程又有其独特性,是否能够完成由"工业大国"向"工业强国"的稳定转型,需要进行深入分析与科学决策。具体而言,与欧美等发达国家和地区相比（见图6-3、图6-4、图6-5）,中国去工业化过程整体上表现出与收入水平、工业效率不匹配的早熟特征（乔晓楠和杨成林,2013;王展祥和魏琳,2013;高文静,2016）以及金融危机影响下金融、房地产等服务业粗放式扩张的被动与消极特点（黄永春等,2013）,同时还伴随着区域性去工业化过程的差异特征（王一新和杜骐臻,2011;魏后凯和王颂吉,2019）。中国制造业就业比重在达到15%左右的峰值后出现下降趋势,此时对应的人均收入大约为5000美元,不仅远远低于发达国家10000美元的转折点,且相应制造业就业比重也仅为其他国家峰值的一半左右（王文和孙早,2017）。进一步由拉美地区发展中国家经济发展的历史经验来看,大多数过早进入去工业化的发展中国家,其经济不均衡发展激发的区域差距矛盾剧烈,甚至落入"中等收入陷阱"带来经济增长停滞（Lee et al.,2014;Meglio et al.,2018;Grabowski,2017）。与此同时,以美国为典型的发达国家,面对日益复杂的国内国际经济环境,重新强调制造业回归的"再工业化"战略,应该引起中国等发展中国家的关注。

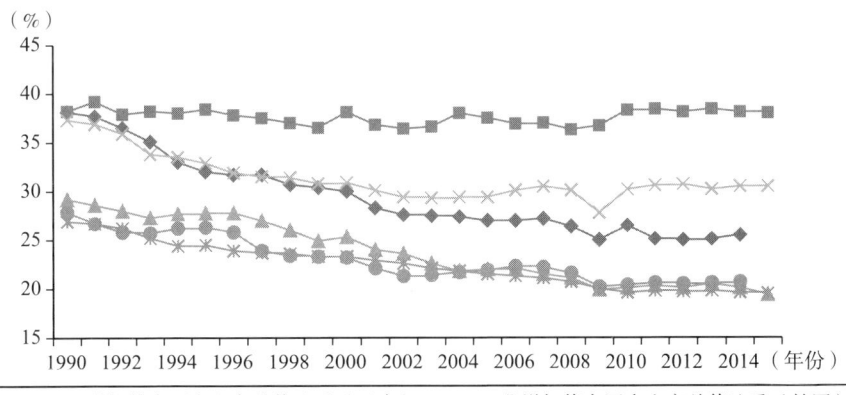

图6-3 日、韩、英、德、法、美六国工业增加值占GDP比重变动趋势

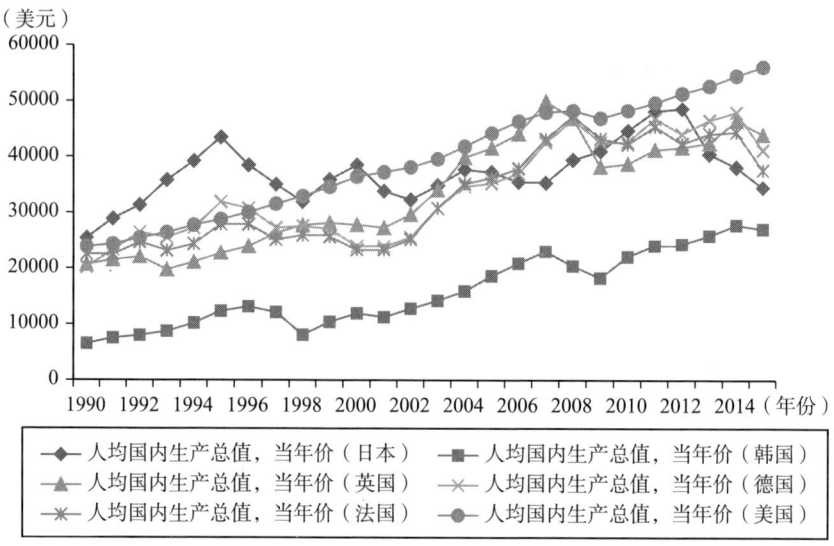

图6-4 日、韩、英、德、法、美六国人均生产总值变动趋势

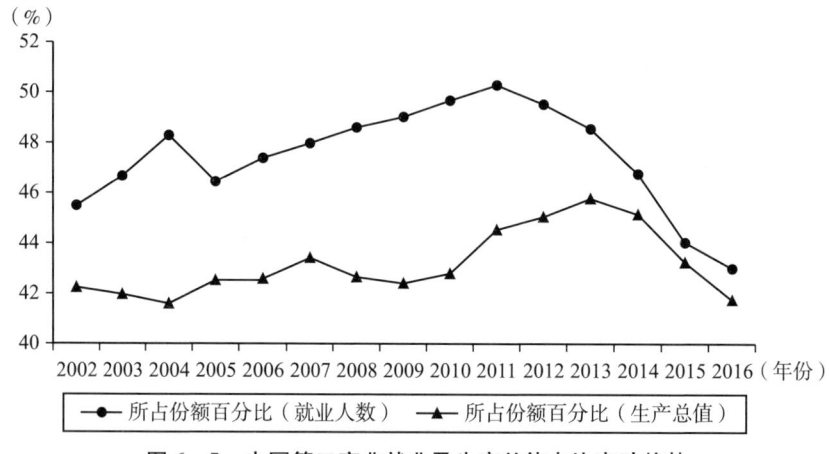

图6-5 中国第二产业就业及生产总值占比变动趋势

综上所述，本章认为，当前中国区域产业结构演变中的去工业化过程，存在被动的、过早的"拔苗助长"现象，可能会对全要素生产率产生不利影响，但其影响程度、区域差异及作用机制需要进行深入考察，以为现实经济发展提供理论支撑。为此，基于以往文献，本章做了如下拓展研究：首先，从直接作用和间接传导两方面，构建中国去工业化对全要素生产率影响的理论框架，从而探究二者之间具体的作用机制，以丰富产业结

构演变的理论内涵；其次，考虑中国区域经济梯度差异特征，从整体及分区域视角探讨去工业化对全要素生产率变动的不同影响及传导机制，为产业结构演变理论提供中国经验事实，亦可为地方经济发展及全国合理分工格局的形成提供有益借鉴；最后，考虑研究尺度差异，中国省份内部仍存在较大差异，将研究尺度缩小到城市层面可更好反映区域问题，为此，本章建立 2002~2016 年中国 242 个地级及以上城市面板数据集，利用固定效应模型与中介模型对相关理论假说进行实证检验，以提高研究结论的稳定性与完整性。

第二节 理论分析与研究假说

影响宏观经济以及产业部门全要素生产率变化的因素主要可以分解为两个效应——技术效应和结构效应（蔡跃洲和付一夫，2017）。其中技术效应主要是指技术进步的相关影响，而结构效应是指产业结构调整所造成的影响，可以从要素流动、要素配置效率方面考量。

一、中国去工业化历程对全要素生产率的直接影响

当前中国的去工业化相比发达国家和地区，由于仍处于中等收入阶段，整体表现出偏离收入水平的早熟去工业化以及被动去工业化，对地区经济发展不利。这主要表现在以下三个方面：首先，在需求疲软以及成本上升的情况下，中国工业部门利润率持续降低，乃至低于从其他部门获得的利润。工业资本将退出制造业领域，进入利润率高的部门（服务业等）。然而目前中国高端服务业发展不足，并没有形成有效的产业带动作用（宣烨和余泳泽，2017），反而过早地将高质量生产要素（如土地供应、人力资本投入等）吸引到其他部门，一方面，使得工业制造业生产率降低；另一方面，服务业生产率并没有有效提升，整体上将导致生产率降低。这种去工业化将通过结构效应中的要素流动对全要素生产率变动造成影响。

其次，劳动密集型产业在中国制造业中起到重要地位，在去工业化背景下，中国劳动力工资水平上升，要素成本比较优势逐渐丧失。与劳动力成本的上升相比，劳动生产率却未有明显上升。这种去工业化的表现形式将通过结构效应中的要素配置效应对全要素生产率变动造成影响。

在去工业化背景下,中国工业制造业发展面临的一个较为突出的问题,就是低附加值产业一方面开始失去原有的"人口红利"带来的成本竞争力,另外又难以依托技术进步向高附加值产业转型升级。这种去工业化的表现形式将通过技术效应对全要素生产率变动造成影响。

最后,从区域经济差异梯度格局来看,由于中国东、中、西三大地带经济发展水平差异显著,其制造业发展进程有所不同(陶长琪等,2019;毛中根和武优勐,2019)。东部地区制造业与生产性服务业形成较好的关联效应,服务业扩张有效促进了制造业的技术升级。而中、西部地区仍然处于制造业产业承接阶段,其生产性服务业尚未形成有效的产业集聚效应(张虎等,2017),在这种背景下去进行工业化,对经济发展将产生不利影响。由此本章提出以下假说:

假说H1:中国去工业化进程表现为过早去工业化,整体上不利于全要素生产率提升。但从三大地带来看,东部、中部、西部地区去工业化对全要素生产率的影响差异性显著。

二、要素流动与全要素生产率——投资挤占效应

如前面所述,中国的去工业化是被动的。在这种并非是内生力量驱动而是外部力量冲击的去工业化背景下,对工业企业来说,去工业化提升了要素成本使得企业融资成本上升,进而影响生产效率,降低产出(王文、孙早,2017)。另外相对粗放的服务业以及缺乏规模化的农业暂时无法担负经济持续稳定增长的重任,从长期来看降低了生产效率,资源的长期错配不利于经济环境的良好运行。深究其根源,工业企业并没有在去工业化导致成本优势丧失之前形成技术优势。在经济的长期发展中,缺乏高新技术产业及高端服务业作为支撑,去工业化最终会损害经济发展(王秋石等,2011)。在农业方面,失去工业化的农业将无法推动经济发展(程晓农等,2004);在房地产行业,高房价吸引了大量资本和企业,从而挤出了制造业等其他低收益经济部门中的投资。而较之于实体经济部门,房地产业等虚拟经济部门不存在技术溢出效应,这会使得房地产业全要素生产率偏低。由此,一方面投资从高生产率的制造业中被挤出;另一方面这些投资又大量流入生产率普遍较低的房地产等相关行业,两个负的效应相叠加,对中国整体的全要素生产率增长有不利影响。这说明在产业对接中,虚拟经济部门(如金融业,服务业)中流入的大量原本在实体经济部门中

的资本并未得到合理的利用,反而助推了行业投机,阻碍了经济的发展。为此,本章提出以下假说:

假说H2:中国去工业化使得资本大量集中在房地产等虚拟经济部门,难以支撑起经济发展,从而抑制全要素生产率的增长。

三、要素成本与全要素生产率——成本拉动效应

由于近年来中国劳动力等要素成本不断上升,许多企业从制造业逃离转投于其他生产领域。而生产成本的上升使得劳动力等要素成本实现了区域间的动态转移,东部地区原先具有的劳动力成本的比较优势逐渐消失,西部地区的劳动力要素禀赋优势开始凸显(蔡昉等,2009)。相比而言,东部地区劳动密集型产业发展受到了阻碍,生产效率停滞。但由于地区间劳动力工资水平差异较小,这种差异并不能驱动产业转移到中西部地区(贺胜兵等,2012),中西部地区无法依靠劳动力工资水平上的差距承接东部地区的大规模产业,意味着生产效率的流失。而劳动力成本及土地价格的上升对工业相对产值具有"挤出效应"(陈斌开等,2018),其中劳动力成本上涨带来的"挤出效应"更为明显(杨亚平等,2013)。同时,依据"巴拉萨—萨缪尔森效应"的传导机制,倘若将中国的制造业部门看成是可贸易部门,其他部门(如服务业)看成是不可贸易的部门,制造业部门劳动力工资由于在去工业化影响下通过供求关系产生的上升会导致服务业等部门的劳动力工资上升,最终使得整个行业的工资水平都有所上升。而这种工资水平的整体上升并不能与经济增长同步,劳动者报酬的增长同样也不能与劳动生产率的提高同步,这种失衡势必将影响经济的稳定运行。而劳动密集型产业是最容易出现去工业化的产业(蔡跃洲和付一夫,2017)。本章在此提出以下假说:

假说H3:中国去工业化提高了生产部门的劳动力工资水平,提升用人成本,降低生产效率,进而抑制全要素生产率增长。

四、创新价值链与全要素生产率——技术挤出效应

创新价值链是指能够为企业创造价值的活动。可分为两个阶段,技术研发阶段以及成果转化阶段。所谓技术研发阶段是指科技研发中所投入的资本与劳动,一般使用R&D人员总量或R&D经费支出总额衡量;成果转

化阶段则是指研发最终的产出成果，一般使用发明专利数或专利授权数衡量。而成果转化阶段的全要素生产率明显低于研发阶段且部分制造行业全要素生产率已经出现下降趋势（赵玉林和谷军健，2018）。中国嵌入全球价值链主要由两种方式驱动，一方面是以生产者的角色嵌入，其中涉及加工贸易；另一方面是以采购者的角色嵌入，主要以代工贴牌的形式。而中国企业大多处于全球价值链低端，产品附加值低且失去主导能力（洪银兴，2017）。在价值链低端生产环节中的核心技术大多都不属于中国，加之劳动成本及土地价格上升使得中国失去原先的比较优势，进一步影响了生产能力。由于和其他国家的贸易往来当中，中国出口中大多为劳动密集型产品，科技含量低，主要依靠加工制造；产品附加值较低。这种低端产业模式将中国锁定在价值链的低端，对经济结构的优化作用极其有限（王展祥，2012）。另外当某一产业（大多为制造业）参加的是以生产者角色为主导的全球价值链条时，那么核心技术能力和产品质量才是提高生产效率的关键（张辉等，2004；王思语和郑乐凯，2019）。去工业化使得中国制造业在国民经济中所占份额下降，缺乏资金投入支撑科技研发，从而使得价值链由低端向中高端攀升变得更为艰难，影响经济内生增长。本章提出以下假说：

假说 H4：中国去工业化不利于制造业科技创新水平的提升，从而使产品质量处于低端，在整体上抑制了全要素生产率的提升。

五、区域性去工业化与全要素生产率

中国作为一个仍处于社会主义初级阶段的发展中国家，各地区发展水平不均衡。在东部地区的绝大部分省份技术水平较为先进，且产业结构安排较为合理，在去工业化的过程中实体经济部门和虚拟经济部门之间的产业衔接过程能够完成较好的过渡，东部地区已处于"深度工业化"（魏后凯等，2019），此时发生的去工业化对经济发展有利。且由于区位优势，东部地区很大一部分经济依靠国际贸易带动，而随着产品定位高端化，科技水平的提升，东部地区基本摆脱了价值链锁定在低端化的颓局。相对而言，在中西部地区处于"浅度工业化"，要素成本较低，理应加快工业化进程，大量引进外商投资进入实体经济部门，在技术优势不足时充分利用成本优势。而此时在房地产经济全国范围的蔓延推动下，"被动去工业化"使得要素不能集中反而大量从工业部门流出，相对分散的虚拟经济部门缺乏有效支撑,并不能完成产业对接,资本在虚拟经济部门无法得到有利配置,将不利于经济的长期发展。据此,本章提出以下假说:

假说 H5:中国去工业化在东部地区对全要素生产率的提升作用主要是通过价值链的攀升,而在中西部地区主要是通过要素错配以及劳动力成本上升使得全要素生产率水平下降。

第三节 模型设计与数据来源

一、计量模型设定

相关文献表明,劳动力质量(edu)、外商投资(fdi)、进出口贸易(ix)、政府干预度(gov)及基础设施水平($road$)等是影响全要素生产率增长的重要因素,故将其作为控制变量。为了探究去工业化(DR)对全要素生产率水平(TFP)的直接影响,本章建立以下基准计量模型:

$$\ln TFP_{it} = \alpha_0 + \alpha_1 \ln DR_{it} + \alpha_2 \ln edu_{it} + \alpha_3 \ln fdi_{it} + \alpha_4 \ln ix_{it} \\ + \alpha_5 \ln gov_{it} + \alpha_6 \ln road_{it} + \mu_i + v_t + \varepsilon_{it} \qquad (6-1)$$

其中,i 表示具体城市,t 表示具体年份,TFP 表示全要素生产率,DR 表示去工业化。v_t 表示时间固定效应,用来解决不随个体而变但随时间变化的遗漏变量问题,μ_i 是城市固定效应,解决因城市个体而异的遗漏变量。ε_{it} 表示随机干扰项。我们重点关注参数 α_1 的系数,预期为负。

另外,如前面指出,中国去工业化可能是偏离收入水平而提前出现的工业制造业比重下降的情形,即过早去工业化。为此,我们进一步考虑异质性情形,对比东、中、西三大地带去工业化对生产率影响的差异,将模型(6-1)进行扩展,加入代表城市收入水平的人均 GDP($pgdp$)以及收入水平与去工业化水平的交互项,以检验收入水平对全要素生产率的影响,以及在不同收入水平下去工业化对全要素生产率影响的区域异质性特征。

$$\ln TFP_{it} = \alpha_0 + \alpha_1 \ln DR_{it} + \alpha_2 \ln edu_{it} + \alpha_3 \ln fdi_{it} + \alpha_4 \ln ix_{it} + \alpha_5 \ln gov_{it} \\ + \alpha_6 \ln road_{it} + \alpha_7 \ln pgdp_{it} + \alpha_8 \ln pgdp_{it} + \ln DR_{it} + \mu_i + v_t + \varepsilon_{it}$$

$$(6-2)$$

进一步,结合理论机制分析中的相关假说,去工业化主要通过投资挤占、成本拉动及技术挤出等方式作用于全要素生产率水平。为探究具体作用机制,本章建立如下中介效应模型:

$$\ln M_{it} = \gamma_0 + \gamma_1 \ln DR_{it} + \gamma_2 \ln X_{it} + \mu_i + \upsilon_t + \varepsilon_{it} \quad (6-3)$$

$$\ln TFP_{it} = \varphi_0 + \varphi_1 \ln DR_{it} + \varphi_2 \ln M_{it} + \varphi_3 \ln X_{it} + \mu_i + \upsilon_t + \varepsilon_{it} \quad (6-4)$$

其中,M 为中介变量,分别表示房地产投资额 fin、平均工资 $wage$、发明专利数 pat 等中介变量,X 表示控制变量。本书同时考虑部分中介与完全中介情形,中介效应检验的基本步骤为(邵帅等,2019):第一步,首先根据模型(6-1)检验去工业化对全要素生产率的直接效应,若 α_1 显著,则继续进行第二步;第二步,根据模型(6-3)、模型(6-4),检验去工业化对中介变量的作用效果,以及同时考虑去工业化与中介变量对全要素生产率的影响,若 γ_1 和 φ_2 同时显著,则表示存在中介效应。若二者仅有一个显著,则进行 Sobel 检验(蔡海亚和徐盈之,2017),若其统计量 Z 值通过检验,则表示存在部分中介效应,否则不成立。此外,在满足 γ_1 和 φ_2 同时显著的条件下,若 φ_1 不显著,则表示存在完全中介效应,否则为部分中介效应。将模型(6-1)、模型(6-3)、模型(6-4)联立,可得去工业化对全要素生产率影响的总效应、中介效应,总效应满足 $\alpha_1 = \varphi_1 + \gamma_1\varphi_2$,中介效应满足 $\gamma_1\varphi_2 = \alpha_1 - \varphi_1$,中介效应占总效应比重为 $\gamma_1\varphi_2/\alpha_1$。

为了检验中介效应估计结果的可靠性,本章采用偏差校正的非参数百分位 Bootstrap 方法进行检验。设定抽取 2000 个 Bootstrap 样本,可得到 2000 个系数乘积的估计值,按照数值由小到大排列将系数进行排列,如果在 95% 的置信区间内不包含 0,则说明系数乘积显著,中介效应成立(贺建风和张晓静,2018)。

二、变量测度和数据处理

(一)被解释变量

全要素生产率。本章采取 DEA – Malmquist 方法测算中国 242 个地级以上城市 2002~2016 年的全要素生产率。其中投入变量为劳动力与资本存量,产出变量为城市 GDP。劳动力选用各城市从业人员来衡量,资本存量采用永续盘存法进行测度,基础投资数据为城市固定资产投资,具体测度方法参见刘帅(2019)。GDP用各城市GDP指数以2002年为基期进行平滑缩减。同时,运用索洛余值法测算城市全要素生产率作为稳健性检验。

(二) 核心解释变量

去工业化程度(DR)。本章定义去工业化为制造业就业比重(IR)持续下降的过程。这主要是因为,一方面,去工业化是一种要素流动表现(黄永春等,2013),而非简单的制造业产值比重下降问题,就业比重下降更具有一般性,符合经典的配第—克拉克定律(Rodrik,2016);另一方面,目前劳动力由制造业向服务业转移并非完全由生产率提升导致(魏后凯等,2019),反之即制造业仍可(至少在中西部地区)承载一定规模就业人口。因此,在目前人口红利逐渐减退情景下,工业制造业发展的劳动力甚至人力资本支撑显得尤为珍贵,以制造业就业比重下降来代表去工业化过程,可以兼顾劳动力要素与人力资本要素的内涵,以衡量是否与生产率水平一致的制造业就业水平。为此,在借鉴王文和孙早(2017)研究基础上,本章以非制造业就业人数占比衡量城市去工业化程度,即$DR = 1 - IR$。

(三) 中介变量

根据假说H2、假说H3、假说H4,分别采用房地产开发投资额(fin)、在岗职工平均工资($wage$)及发明专利数量(pat)作为代理变量。

(四) 控制变量

劳动力质量,采用高等学校在校生人数(edu)来表示。国际贸易,采用外商直接投资利用额(fdi)占GDP比重、进出口贸易总额占GDP比重(ix)作为代理变量。政府干预程度,采用一般财政预算支出占GDP比重(gov)。基础建设水平,采用城市道路面积($road$)作为代理指标。

其中发明专利数据来自中国知网专利全文数据库,房地产投资额、平均工资、外商直接投资、进出口总额、城市道路面积等指标数据来自CEIC中国经济数据库,其他指标数据来自《中国城市统计年鉴》。以上变量均做自然对数处理。表6-1为各变量描述性统计结果。

表 6-1　　　　　　　　　　　变量描述统计

变量	指标	样本数	均值	最小值	最大值	标准差
被解释变量	全要素生产率（TFP）	3585	1.011	0.196	4.606	0.171
核心解释变量	非制造业就业占比（DR）	3585	0.540	0.156	0.955	0.135
中介变量	房地产投资额（fin）	3585	0.096	0.011	0.575	0.072
	在岗工人平均工资（wage）	3585	3.348	0.641	11.307	1.457
	发明专利数（pat）	3585	3.400	0.001	128.225	9.184
控制变量	高等学校学生人数（edu）	3585	90.669	0.231	1044.221	154.669
	外商直接投资占比（fdi）	3585	0.057	0.009	0.663	0.691
	进出口总额占比（ix）	3585	0.239	0.001	2.239	0.395
	一般政府预算支出（gov）	3585	0.146	0.004	0.688	0.081
	城市道路面积（road）	3585	16.553	0.580	285.670	12.091

第四节　过早去工业化与价值链扭曲的经济效应

一、中国经济发展水平与去工业化的空间分布格局

人均 GDP 指标很大程度上反映了一个国家或地区的总体财富水平，成为国际上判断经济发展阶段最为通用的指标。根据钱纳里对区域经济发展阶段的划分标准，整体上，中国在 2002 年、2009 年及 2016 年分别处于初级产品生产阶段、工业化中期阶段、工业化后期阶段。从城市空间分布来看，东部、中部、西部城市区域经济差异较大。2002 年，东部沿海城市及内陆中心城市已经进入工业化阶段，而中西部多数城市仍处在初级产品生产阶段。到 2009 年，城市整体发展水平得到极大提升，东部沿海城市多数已经进入工业化中期阶段，而内陆城市较多为工业化初级阶段。2016 年，东部沿海城市及内陆中心城市则基本完成工业化，进入工业化后期阶段，而内陆城市则多数处于工业化中期阶段。

而从去工业化状态来看，与区域发展阶段的空间结构表现出一定的空间错位特征。一方面，从时间截面来看，无论从 2002 年、2009 年还是 2016 年来看，除北京、上海、杭州、深圳等城市外，东部地区绝大多数城

市均保持了相对较低的非制造业就业比例,意味着具有较高的制造业规模,而内陆多数城市非制造业就业比例相对较高,制造业发展水平较薄弱;另一方面,从动态变化来看,整体上随着人均GDP提高,非制造业就业比重逐步提升,表现出去工业化特征。具体来看,2002年内陆城市非制造业就业比例相对较高,可能归结于该时期内陆城市仍然多数处于初级产品生产阶段,尚未开展大规模工业化。但到2016年,虽然人均GDP已经获得较大提升,而其制造业发展仍然没有显著改善,反而出现非制造业就业比重继续提高,制造业比例开始逐步下降的去工业化趋势,尤其是中部地区的山西、河南、江西等省份的部分城市以及西部地区四川、云南、广西、贵州及甘肃、陕西等大多数城市。

换言之,相对来看,东部地区城市工业化与经济发展水平表现出较好的协同性,而中西部地区城市在还没有进入工业化中后期阶段时,相较于经济发展水平,已经较早进入了去工业化阶段。那么这种变化会对区域经济增长产生何种影响?东部、中部、西部城市表现有何差异?需要进行实证检验。

二、中国区域去工业化对经济效率的影响

基准模型的回归结果如表6-2所示。首先,从全国层面来看,去工业化对全要素生产率影响系数为-0.0237,在1%以上水平显著,说明中国整体的去工业化不利于全要素生产率的提升,即制造业劳动力就业占比每下降1%,全要素生产率下降0.0237%。这表明当前中国经历的工业份额不断下降的趋势,并非是合理的产业升级过程,反而对城市全要素生产率的提升产生负面影响。这验证了本章假说H1。

进一步,本章将人均GDP,以及人均GDP与去工业化水平的交互项加入模型,以检验上述去工业化是否有偏离收入水平的过早去工业化现象。结果发现,在全国层面上,平均而言,随着城市人均收入水平提高,城市全要素生产率也相应提高。而收入水平与去工业化交互项系数为负,随着整体的制造业份额下降,中国工业化开始偏离了人均收入水平,呈现出早熟的去工业化特征,对内生经济增长造成了不利影响,假说H1进一步得到验证。

表 6-2 基准模型回归结果

变量	被解释变量 lnTFP							
	全国	东部	中部	西部	全国	东部	中部	西部
lnDR	-0.0237*** (2.627)	0.0103*** (2.935)	-0.0229*** (-3.006)	-0.0187** (-2.117)	-0.0131*** (3.138)	0.0064*** (2.597)	-0.0248*** (-2.636)	-0.0154*** (-2.720)
lnedu	0.0195** (2.170)	0.0219** (2.422)	0.0117** (2.041)	0.0082** (2.006)	0.0097** (2.226)	0.0147*** (2.604)	0.0116** (2.196)	0.0077** (2.204)
lnfdi	0.0085*** (2.664)	0.0138*** (2.916)	0.0069 (1.481)	0.0101** (2.034)	0.0103* (2.048)	0.0208*** (2.802)	0.0093** (1.997)	0.0391 (0.913)
lnix	0.0024*** (2.956)	0.0074** (2.270)	0.0017*** (2.837)	0.0141** (2.171)	0.0024*** (2.956)	0.0074** (2.270)	0.0017*** (2.837)	0.0141** (2.171)
lngov	-0.0094*** (-3.904)	-0.0072** (-2.117)	-0.0144** (-2.435)	-0.0162*** (-2.517)	-0.0104*** (-2.723)	-0.0065** (-2.009)	-0.0082** (-2.065)	-0.0130** (-2.211)
lnroad	0.0021* (1.981)	0.0046** (2.531)	0.0073*** (2.686)	0.0029*** (2.725)	0.0031 (1.641)	0.0022** (2.091)	0.0107* (1.966)	0.0119** (2.301)
lnpgdp					0.0522*** (4.882)	0.0961*** (2.917)	0.0449*** (4.224)	0.1172*** (2.650)
lnpgdp × lnDR					-0.0410*** (-2.860)	0.0227*** (2.591)	-0.0912** (2.218)	-0.0367*** (2.303)

续表

变量	被解释变量 lnTFP							
	全国	东部	中部	西部	全国	东部	中部	西部
截距项	-0.2360*** (-4.916)	-0.0402** (-3.684)	-0.1018*** (-4.516)	-0.0591*** (-3.770)	-0.0170*** (-6.643)	-0.0402*** (-5.014)	-0.1018*** (-3.021)	-0.0591*** (-4.991)
城市固定效应	Yes	Yes	Yes	Yes	Yes	Yes	Yes	Yes
时间固定效应	Yes	Yes	Yes	Yes	Yes	Yes	Yes	Yes
Adjusted R^2	0.130	0.161	0.193	0.199	0.134	0.167	0.208	0.207
N	3630	1395	1440	795	3630	1395	1440	795

注：括号内的数字为 t 统计量，***，** 和 * 分别代表1%、5%和10%的显著性水平。

其次,从分地区样本来看,各地区表现出不同的特点。在东部地区,去工业化对 TFP 的影响系数为 0.0064,且在 1% 水平显著。这表明东部地区城市的去工业化提升了全要素生产率。而人均 GDP 与去工业化交互项系数为正,表明东部地区去工业化进程与其收入水平相适应,表现为较为理性的主动去工业化特征。而在中、西部地区,去工业化对全要素生产率的影响系数分别为 -0.0229、-0.0187,均在 1% 水平显著,说明发生在中、西部地区的去工业化抑制了全要素生产率的增长。而人均 GDP 与去工业化的交互项则显著抑制了全要素生产率的提升,表明中、西部地区呈现出过早偏离区域收入水平的去工业化态势,不利于长期经济增长。整体上,假说 H5 得到验证。

再次,从东、中、西三大地带去工业化对全要素生产率影响的对比来看,中国区域经济差异梯度格局尤其显著。东部地区去工业化的正向效应表明,该地区整体已经具备较好的产业升级条件,可以将部分制造业转移出去,提升制造业创新能力。而中、西部地区去工业化的负向效应表明,该地区仍然需要工业制造业的有力支撑,提升区域生产率。尤其是中部地区城市,去工业化对全要素生产率的负向影响最大,这表明中部地区在产业承接转移方面并没有发挥应有作用。因此,面对上述差异,基于广阔的经济腹地差异,落实区域间产业转移与承接战略,提升制造业发展规模与质量,对中、西部地区而言具有重要意义。

最后,从控制变量结果来看,模型表现出较好的一致性规律。除政府干预度以外,其余各变量前系数均为正,这说明随着地区劳动力受教育水平的逐步提升,对城市全要素生产率将产生显著的正向影响,对外进出口贸易在一定程度上推动全要素生产率提升,同时,伴随城市基础设施水平逐步完善,对城市全要素生产率也同样产生正向影响。而政府对经济干预过多,则不利于经济的发展。这与以往文献研究结论相吻合。

第五节 不同地区传导机制异质性

一、全国去工业化通过成本拉动与创新要素挤占抑制效率提升

限于篇幅,本章机制检验部分,仅汇报中介效应模型(6-3)、模型

(6-4) 回归结果，模型 (6-1) 回归结果见表 6-2 中未考虑交互项部分。第一步检验中，去工业化程度影响系数为负，在 1% 水平显著，这说明中国整体的去工业化对全要素生产率影响存在中介效应。进一步通过模型 (6-2)、模型 (6-3) 联合检验投资挤占效应、成本拉动效应与技术挤出效应等传导机制，可以看到中国去工业化推动房地产开发投资、劳动力工资成本等提升，而抑制了技术研发，进而房地产投资、工资上涨对全要素生产率产生负面影响，而技术研发则对全要素生产率产生正向影响。

根据中介效应模型，本章计算出房地产投资效应占总效应的比例为 16.22%，在岗职工平均工资的成本效应占总效应的 17.31%，发明专利数的技术效应占总效应的 6.86%。从上述中介效应检验结果来看，前面假说 H2、H3、H4 均成立。这说明了中国整体性去工业化对全要素生产率影响机制中解释程度最强的是要素成本的变化。而从直接效应和间接效应之间的关系来看，全国层面的三个中介效应检验均体现出去工业化对全要素生产率的影响既有显著的直接作用，也有通过各变量产生中介效应对全要素生产率水平进行的作用（见表 6-3）。

表 6-3 全国层面中介效应检验

变量	投资挤占效应		成本拉动效应		技术挤出效应	
	lnfin	lnTFP	ln$wage$	lnTFP	lnpat	lnTFP
lnDR	0.2089*** (3.843)	-0.0244*** (-2.667)	0.2173*** (2.719)	-0.0241*** (-2.830)	-0.1413*** (2.910)	-0.0246*** (-2.667)
lnfin		-0.0184 (-1.192)				
ln$wage$				-0.0192 (-1.624)		
lnpat						0.0115*** (2.904)
控制变量	Yes	Yes	Yes	Yes	Yes	Yes
截距项	Yes	Yes	Yes	Yes	Yes	Yes
城市固定效应	Yes	Yes	Yes	Yes	Yes	Yes
时间固定效应	Yes	Yes	Yes	Yes	Yes	Yes

续表

变量	投资挤占效应		成本拉动效应		技术挤出效应	
	lnfin	lnTFP	ln$wage$	lnTFP	lnpat	lnTFP
Bootstrap 检验	Z = −3.914, P = 0.000		Z = −5.203, P = 0.000		NO	
Adjusted R^2	0.326	0.317	0.299	0.263	0.206	0.317
N	3630	3630	3630	3630	3630	3630

注：括号内的数字为 t 统计量，***、** 和 * 分别代表1%、5%和10%的显著性水平。

综合来看，现阶段中国整体的去工业化并不是完全建立在制造业技术进步和生产率大幅提升基础之上的，一方面出现了资本偏向房地产等低效率部门的资源错配，进而对企业技术研发产生较强的挤出效应；另一方面由图6-6可以进一步看出，中国制造业劳动生产率与工资水平比值不断下降，主要是由于去工业化带来服务业快速扩张，导致工资—价格螺旋上升的部门传染效应，进而带来工业制造业工资成本拔高，与劳动生产率并不相适应，对城市经济产生显著的负面影响。这也是中国去工业化表现为制造业就业人数大规模下降的原因。

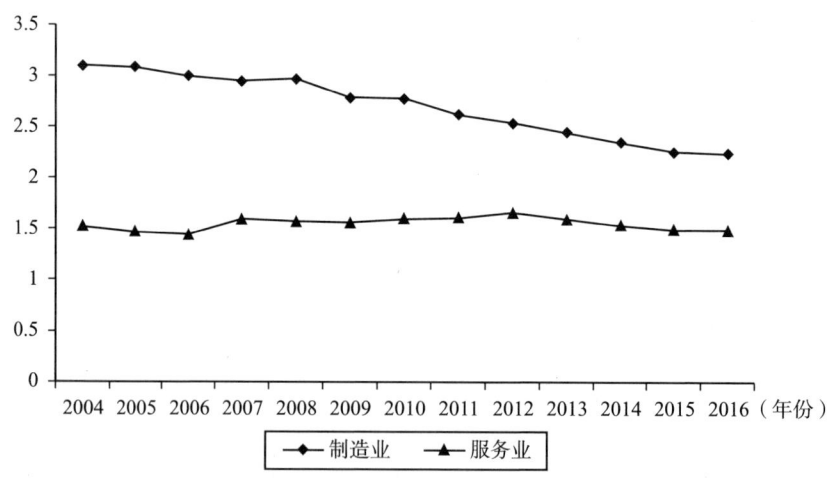

图6-6 劳动生产率与工资水平比值变化

二、东部地区去工业化表现为产业高级化促进效率提升

前面基准回归结果表明，东部地区去工业化对 TFP 产生正向影响，意

味着其去工业化是较为合理的产业升级过程,是一种主动去工业化(王文和孙早,2017),与其经济发展水平相适应。这可进一步由中介渠道的正向传导效应证实。

由表6-4可知,东部地区中介效应检验和全国层面检验结果不同。东部地区在岗职工工资及房地产开发投资的提升有助于全要素生产率水平的提升。通过计算可以得出其中介效应占总效应的比例分别为6.78%、13.66%。上述结果与全国层面不同,可能原因是在东部地区工资的上升与其劳动生产率保持较好的适应水平,同时极大地增强了劳动力工作的积极性,由于东部地区往往集中了更多的高素质人才,带来了更大的效率提升,这种效率的提升作用强于企业要素成本上升带来的效率下滑作用,故整体而言对全要素生产率的提升有促进作用。而发明专利数中介效应占总效应的比例为14.92%。这说明,一方面,伴随东部地区工业化水平提升,生产率得到极大提高,生产要素逐步向服务业转移;另一方面,高质量的工业制造业发展带来了技术研发水平提高,整体推动区域创新水平的提升,提高产品科技含量,改善价值链结构,从而达到提升全要素生产率的作用,假说H5中关于东部地区的假说得到了验证。

表6-4　　　　　　　　东部地区中介效应检验

变量	投资挤占效应		成本拉动效应		技术挤出效应	
	lnfin	lnTFP	ln$wage$	lnTFP	lnpat	lnTFP
lnDR	0.1781*** (2.592)	0.0096*** (3.923)	0.1663* (1.791)	0.0272*** (2.577)	0.1829*** (2.910)	0.0176*** (2.872)
lnfin		0.0079*** (2.690)				
ln$wage$				0.0042 (1.408)		
lnpat						0.0084 (1.524)
控制变量	Yes	Yes	Yes	Yes	Yes	Yes
截距项	Yes	Yes	Yes	Yes	Yes	Yes
城市固定效应	Yes	Yes	Yes	Yes	Yes	Yes

续表

变量	投资挤占效应		成本拉动效应		技术挤出效应	
	ln*fin*	ln*TFP*	ln*wage*	ln*TFP*	ln*pat*	ln*TFP*
时间固定效应	Yes	Yes	Yes	Yes	Yes	Yes
Bootstrap 检验	No		Z = 4.203, P = 0.000		Z = 6.311, P = 0.000	
Adjusted R^2	0.337	0.294	0.344	0.283	0.336	0.287
N	1395	1395	1395	1395	1395	1395

注：括号内的数字为 t 统计量，***、**和*分别代表1%、5%和10%的显著性水平。

此外，从工业内部结构可进一步证明上述机制的合理性。如图6-7、图6-8所示，虽然东部地区正在经历主动的去工业化过程，但无论从产值对比，还是就业吸纳能力比较，重工业相对轻工业仍然保持较好的比例优势，整体保持上升趋势。这意味着，东部地区工业就业人员比例的下降，主要来源于轻工业规模缩减导致的去工业化，而重工业反向持续发展，既保证了经济增长的潜力与创新力，同时也具备一定的就业吸纳能力。这表明，相较于简单的被动去工业化，东部地区去工业化实际是保证了产业内部结构的合理性与高级化。因此，结合前述机制来看，一方面

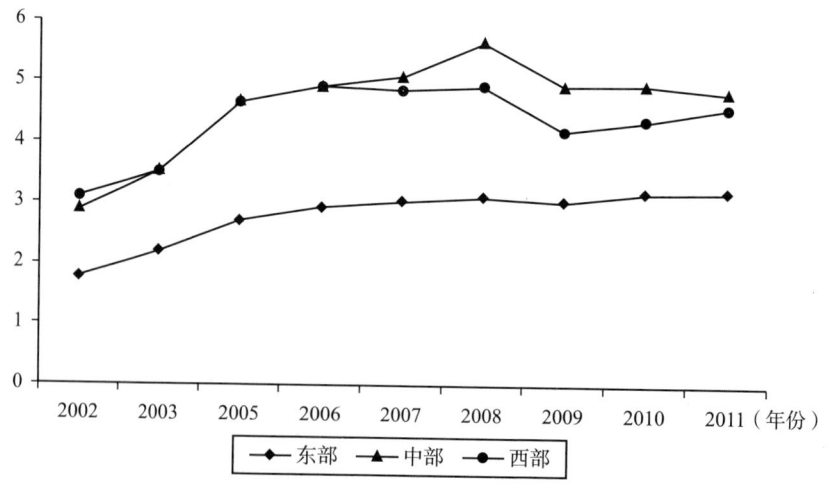

图6-7 东、中、西三大地带重工业与轻工业产值之比

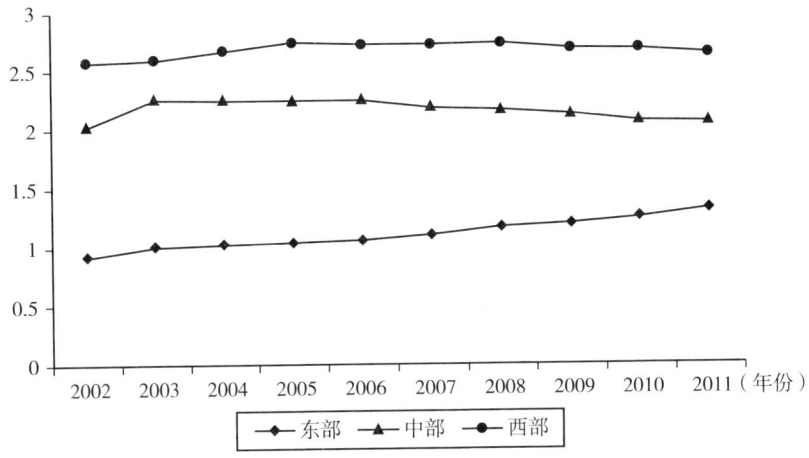

图 6-8　东、中、西三大地带重工业与轻工业平均用工人数之比

东部地区去工业化可以带动区域研发水平的提升；另一方面，无论是房地产投资还是劳动力成本上升，均得到价值增值能力更强的重工业的有效支撑。

三、中部地区去工业化严重挤出技术研发抑制效率提升

中部地区中介效应检验结果如表 6-5 所示。中部地区去工业化对房地产开发投资及在岗工人平均工资均有提升作用，中介效应占总效应的比例分别为 12.82%、17.13%。从房地产开发来看，随着中部地区出现偏离收入水平的过早去工业化，我们可以看到中部地区房地产开发投资保持稳定增长，其增速多数年份超过东部、西部地区（见图 6-9），这意味着大量资本进入房地产领域，可能会带来一定的资源错配效应。同时，就工资成本而言，一方面，由于劳动力流动背景下东部地区工资水平快速上涨，中部地区劳动力工资水平也相应提高（见图 6-10）；另一方面，由于去工业化导致服务业领域扩张较快，进一步带来工资水平上升。然而，中部地区发展水平限制，其劳动生产率与工资水平并不相适应，使得去工业化带来的工资上涨，严重提高企业生产成本，导致整体 TFP 降低。

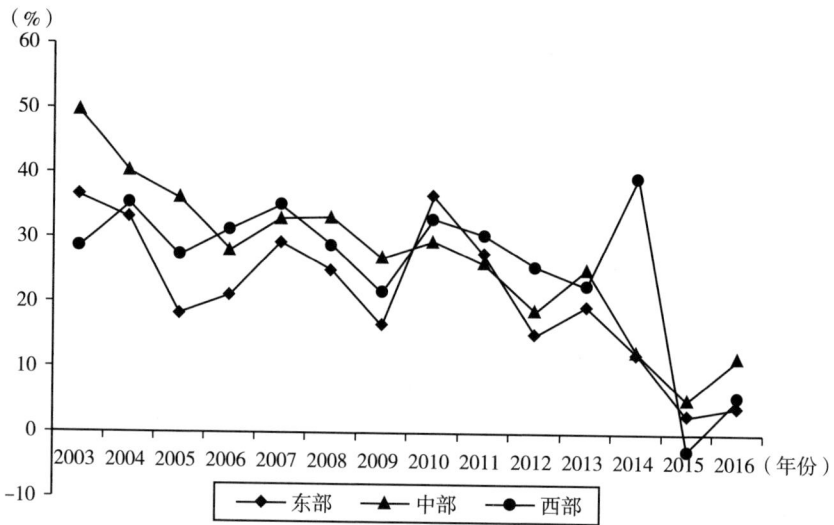

图6-9 东、中、西三大地带房地产开发投资增速（当年价）

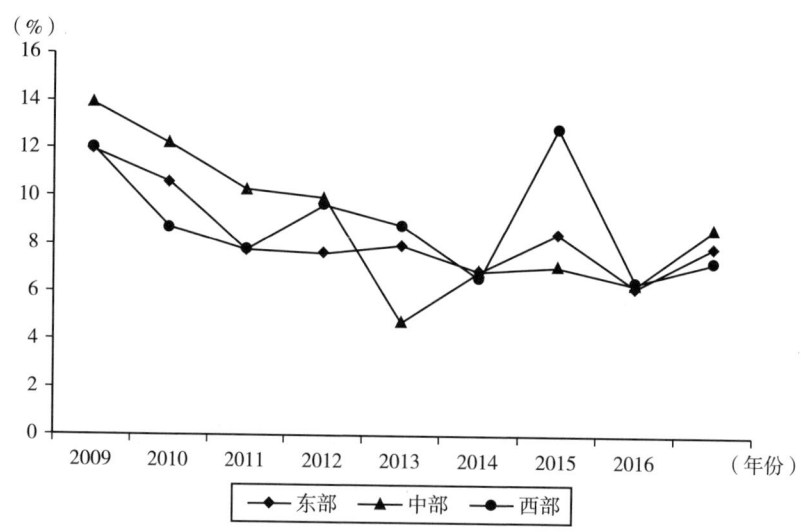

图6-10 东、中、西三大地带平均实际工资增速

表6-5 中部地区中介效应检验

变量	投资挤占效应		成本拉动效应		技术挤出效应	
	lnfin	lnTFP	ln$wage$	lnTFP	lnpat	lnTFP
lnDR	0.2719*** (3.486)	-0.0204** (-2.437)	0.2043*** (2.862)	-0.0216*** (-2.577)	-0.1167*** (-4.019)	-0.0213*** (-2.593)

续表

变量	投资挤占效应		成本拉动效应		技术挤出效应	
	ln*fin*	ln*TFP*	ln*wage*	ln*TFP*	ln*pat*	ln*TFP*
ln*fin*		−0.0108 (−1.307)				
ln*wage*				−0.0192** (−2.180)		
ln*pat*						0.0099 (1.524)
控制变量	Yes	Yes	Yes	Yes	Yes	Yes
截距项	Yes	Yes	Yes	Yes	Yes	Yes
城市固定效应	Yes	Yes	Yes	Yes	Yes	Yes
时间固定效应	Yes	Yes	Yes	Yes	Yes	Yes
Bootstrap 检验	Z=−3.772, P=0.000		NO		Z=−4.930, P=0.000	
Adjusted R²	0.340	0.294	0.297	0.231	0.246	0.217
N	1440	1440	1440	1440	1440	1440

注：括号内的数字为 t 统计量，***、** 和 * 分别代表 1%、5% 和 10% 的显著性水平。

发明专利数的中介效应检验与房地产投资、工资水平上涨等中介作用的主要不同，在于去工业化对中部地区发明专利的数量提升有抑制作用，进而影响城市 TFP 的提升，其中介效应占总效应的比例为 5.05%。通过图 6-11 我们可以看到，中部地区每位研发人员拥有发明专利数与东部地区差距较大，虽然与东部地区保持较一致的增长速度，但由于工业制造业的支撑乏力，仍然表现出相对的技术挤出效应。

同样，从工业内部结构亦可证实上述结论。通过工业内部结构变化可以看出，与东部地区相反，中部地区重工业与轻工业产值之比在 2008 年以后开始出现持续下降态势，表明重工业相比轻工业出现较严重的衰退，因此，整体上工业制造业的增值能力与创新力不足。而就业吸纳能力表现来看，2003 年后重工业与轻工业用工数之比开始下降，但 2008 年之后保持平稳，结合图 6-7 可以推测，轻工业就业吸纳能力不足，而重工业衰退导致就业能力更加衰弱。总体上，中部地区实际是在工业化仍未达到与经济发展水平相适应的过早去工业化，表现为去重工业化"有余"而轻工业"力不足"，导致投资挤占的资源错配、成本推动的生产率"倒挂"以及产业支撑不足的技术挤出。综合上述分析，中部地区去工业化对全要素生产率的抑制作用主要是通过提升要素成本以及资本配置的低效率实现的。这也与假说 H5 中的相关假设相符合。

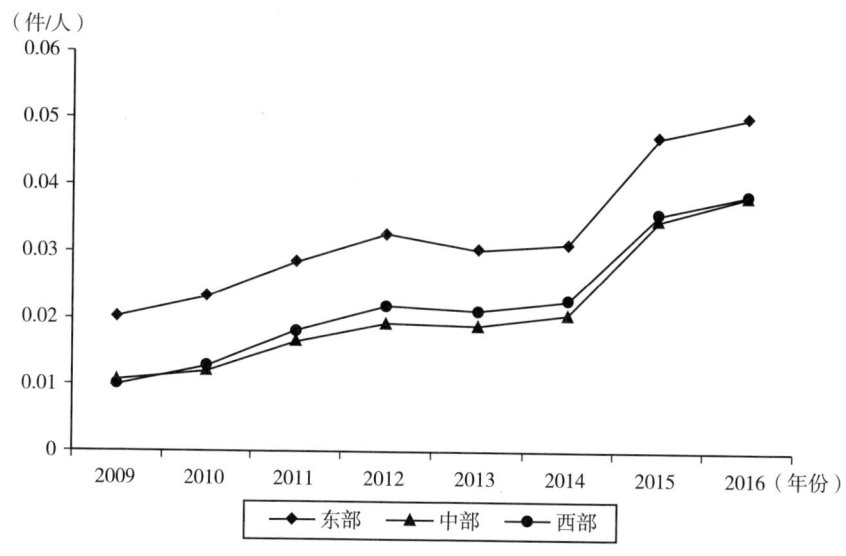

图 6-11 东、中、西三大地带每位研发人员拥有发明专利

四、西部地区脱实向虚导致工资成本扭曲抑制效率提升

西部地区中介效应检验结果与中部地区类似（见表 6-6）。但与中部地区相比，一方面，由于其人口规模与城市资源禀赋条件均与东、中部有较大差距，因此其投资挤占效应相对较弱；另一方面，由于西部地区劳动力输出导致的工资水平上涨，在近年来劳动力回流效应下，与当前西部地区去工业化带来的工资拔高效应相叠加，使得西部地区成本上涨幅度相对较高。综合来看，西部地区房地产开发投资的中介效应占总效应的比例为 12.43%。在岗职工平均工资的中介效应占总效应的比例为 15.85%。发明专利数的中介效应占总效应的比例为 3.68%。这说明西部地区去工业化对 TFP 的抑制作用和中部地区类似，同样主要是通过要素成本的上升以及资本过多集中于低效率生产部门造成的。前文假说 H5 中相关内

容得到验证。

表6-6　　　　　　　　　西部地区中介效应检验

变量	投资挤占效应		成本拉动效应		技术挤出效应	
	lnfin	lnTFP	ln$wage$	lnTFP	lnpat	lnTFP
lnDR	0.1722** (2.430)	-0.0184** (-2.176)	0.2087*** (2.624)	-0.0183*** (2.601)	-0.0931*** (-4.019)	-0.0179*** (2.593)
lnfin		-0.0135** (-2.118)				
ln$wage$				-0.0142 (-1.273)		
lnpat						0.0074 (1.524)
控制变量	Yes	Yes	Yes	Yes	Yes	Yes
截距项	Yes	Yes	Yes	Yes	Yes	Yes
城市固定效应	Yes	Yes	Yes	Yes	Yes	Yes
时间固定效应	Yes	Yes	Yes	Yes	Yes	Yes
Bootstrap 检验	No		Z=-3.917, P=0.000		Z=-3.911, P=0.000	
Adjusted R^2	0.224	0.305	0.249	0.322	0.240	0.228
N	795	795	795	795	795	795

注：括号内的数字为t统计量，***、**和*分别代表1%、5%和10%的显著性水平。

与中部地区情形类似，一方面从工业内部结构来看，西部地区重工业也出现一定衰退，但与中部地区相比有一定反转趋势，特别是2009年以后，重工业相对轻工业有一定提升。而就业吸纳能力在重工业提升作用下，保持较稳定态势。但整体上，与东部及自身经济发展水平相比，仍然属于过早的去工业化，因此对城市全要素生产率产生抑制作用。因此，我们可以看到，无论是房地产开发投资增长，还是平均工资水平增速，于东部地区相比均处于"超前"发展的"错配""倒挂"状态，而发明专利变化速度相对东部地区则处于产业支撑不足的相对"萎缩"状态。

第六节 稳健性检验

首先,运用索洛余值法重新估计中国城市全要素生产率水平,并替换基于 DEA - Malmquist 生产率指数的全要素生产率,进行固定效应模型回归,结果如表 6 - 7 所示。与表 6 - 2 结果进行比较可以看出,全国层面、中部地区、西部地区城市去工业化仍然抑制全要素生产率提升,而东部地区去工业化有利于全要素生产率提升。表明本课题估计结果具有一定稳健性。

表 6 - 7　　　　　　基准模型稳健性检验结果 (1)

变量	被解释变量 lnTFP_Solow			
	全国	东部	中部	西部
ln*DR*	-0.0188 *** (3.078)	0.0105 ** (2.412)	-0.0233 *** (-2.896)	-0.0194 ** (-2.339)
ln*edu*	0.0112 ** (2.062)	0.0172 *** (2.814)	0.0206 *** (2.609)	0.0161 ** (1.994)
ln*fdi*	0.0103 ** (2.331)	0.0192 *** (2.861)	0.0146 ** (2.371)	0.0274 (1.550)
ln*ix*	0.0024 ** (1.982)	0.0118 *** (2.671)	0.0097 ** (2.536)	0.0081 ** (2.114)
ln*gov*	-0.0160 *** (-2.813)	-0.0095 ** (-2.193)	-0.0172 ** (-2.337)	-0.0118 ** (-2.506)
ln*road*	0.0044 (1.091)	0.0083 ** (2.312)	0.0107 ** (2.366)	0.0094 (0.916)
ln*pgdp*	0.0613 *** (3.812)	0.0211 *** (3.917)	0.0449 *** (4.224)	0.0925 *** (2.006)
ln*pgdp* × ln*DR*	-0.0703 ** (-2.481)	0.0127 *** (2.773)	-0.0662 ** (2.405)	-0.0923 ** (2.303)
截距项	-0.0093 *** (-4.643)	-0.0126 *** (-3.434)	-0.1018 *** (-4.004)	-0.0961 *** (-5.391)
城市固定效应	Yes	Yes	Yes	Yes
时间固定效应	Yes	Yes	Yes	Yes

续表

变量	被解释变量 lnTFP_Solow			
	全国	东部	中部	西部
Adjusted R²	0.192	0.201	0.198	0.221
N	3630	1395	1440	795

注：括号内的数字为 t 统计量，***、** 和 * 分别代表1%、5%和10%的显著性水平。

其次，由于解释变量和被解释变量互为因果以及解释变量和随机扰动项相关可能会带来内生性问题，为此，我们采取两种常用方法以尽量解决该问题。一方面，我们将核心解释变量滞后一期，以替换原核心变量纳入模型（刘修岩等，2017；张睿等，2018），继续运用双向固定效应模型进行检验，其基本逻辑是，被解释变量可能会影响核心解释变量未来的变化，但却难以影响上一期的结果。通过表6-8固定效应模型检验结果可以看出，去工业化对全要素生产率的影响在全国层面及东、中、西三大地带均与前面一致，表明本课题检验结果具有一定稳健性。

另一方面，我们考虑动态面板模型以进一步缓解可能的内生性问题，采用SYS-GMM方法对模型重新进行估计。回归结果如表6-8所示。从模型的联合显著性来看，所有模型的Wald卡方值均在0.1%的显著性水平下拒绝"解释系数变量为0"的原假设，这说明整体上回归模型是显著的；就工具变量的过度识别角度而言，由于Hansen检验的p值均大于0.3，这说明无法拒绝"工具变量有效"的原假设，本章选取的工具变量和残差项不相关；而至于回归检验的一致性，由各回归模型的AR(1)及AR(2)的p值可知，随机扰动项一阶相关而二阶不相关，符合随机扰动项不存在自相关的要求。对比固定效应模型与SYS-GMM回归，在一定程度上缓解了内生性问题，回归结果较为可靠。

中介效应方面，同样采取核心解释变量滞后一期的固定效应模型及动态面板的SYS-GMM模型，以缓解内生性问题。尤其是对中介效应模型（6-3），具有较强的双向因果关系导致内生性问题。限于篇幅，本书仅汇报全国层面回归结果。由表6-9和表6-10可以看出，在尽可能解决上述内生性问题后，中介效应回归结果较为稳健。需要注意的是，对技术挤出效应方面，在全国层面，发明专利对全要素生产率的影响由原结果的显著变为不显著，但根据本书中介效应检验的基本思路，发明专利仍然表现为稳健的部分中介效应。因此，整体上本章结果较为可靠。

表6-8 基准模型稳健性检验结果（2）

变量	固定效应：核心解释变量滞后一期				动态面板：SYS-GMM			
	全国	东部	中部	西部	全国	东部	中部	西部
$\ln TFP_{t-1}$					0.9217*** (5.002)	0.9034*** (3.817)	0.8829*** (3.661)	0.9384*** (4.292)
$\ln DR$	-0.0097*** (-2.601)	0.0083*** (2.935)			-0.0127*** (-5.145)	0.0096*** (2.821)	-0.0104*** (-2.987)	-0.0093*** (-2.683)
$\ln DR_{t-1}$			-0.0129*** (-3.006)	-0.0184** (-2.117)				
$\ln edu$	0.0195** (2.170)	0.0219** (2.422)	0.0117** (2.041)	0.0082** (2.006)	0.0043*** (2.603)	0.0027*** (2.932)	0.0066*** (2.810)	0.0093*** (2.724)
$\ln fdi$	0.0085*** (2.664)	0.0138*** (2.916)	0.0069 (1.481)	0.0101** (2.034)	0.0062** (2.573)	0.0043*** (2.963)	0.0121** (2.198)	0.0129*** (2.723)
$\ln ix$	0.0024*** (2.956)	0.0074** (2.270)	0.0017*** (2.837)	0.0141** (2.171)	0.0036** (2.556)	0.0042*** (2.701)	0.0033** (2.171)	0.0072** (2.229)
$\ln gov$	-0.0094*** (-3.904)	-0.0072** (-2.117)	-0.0144** (-2.435)	-0.0162** (-2.517)	-0.0742** (-2.034)	-0.0869*** (-2.820)	-0.0663** (-2.421)	-0.0638** (-2.116)
$\ln road$	0.0021* (1.981)	0.0046** (2.531)	0.0073*** (2.686)	0.0029*** (2.725)	0.0011 (1.082)	0.0180** (2.372)	0.0122** (2.337)	0.0163 (0.934)
截距项	-0.2360*** (-4.916)	-0.0402*** (-3.684)	-0.1018*** (-4.516)	-0.0591*** (-3.770)	-0.1823*** (-2.712)	-0.1986*** (-3.467)	-0.1528*** (-2.935)	-0.1931*** (-2.827)

续表

变量	固定效应：核心解释变量滞后一期				动态面板：SYS-GMM			
	全国	东部	中部	西部	全国	东部	中部	西部
城市固定效应	Yes	Yes	Yes	Yes	Yes	Yes	Yes	Yes
时间固定效应	Yes	Yes	Yes	Yes	Yes	Yes	Yes	Yes
Wald chi2					59.26***	47.39***	38.92***	30.69***
AR(1)					0.000	0.000	0.000	0.000
AR(2)					0.245	0.256	0.228	0.273
Hansen(p值)					0.309	0.378	0.383	0.392
Adjusted R^2	0.211	0.161	0.193	0.199	0.463	0.441	0.402	0.419
N	3630	1395	1440	795	3630	1395	1440	795

注：括号内的数字为t统计量，***、**和*分别代表1%、5%和10%的显著性水平。

表6-9 中介效应稳健性检验（1）

变量	投资挤占效应		成本拉动效应		技术挤出效应	
	lnfdi	lnTFP	ln$wage$	lnTFP	lnpat	lnTFP
lnDR_{t-1}	0.0980*** (2.827)	-0.0073** (-2.198)	0.0739*** (2.702)	-0.0082*** (-4.295)	-0.1022*** (-3.619)	-0.0039*** (-2.472)
lnfdi_{t-1}		-0.3023 (-0.472)				
ln$wage_{t-1}$				-0.2819 (-0.203)		
lnpat_{t-1}						0.3340 (0.292)
控制变量	Yes	Yes	Yes	Yes	Yes	Yes
截距项	Yes	Yes	Yes	Yes	Yes	Yes
城市固定效应	Yes	Yes	Yes	Yes	Yes	Yes
时间固定效应	Yes	Yes	Yes	Yes	Yes	Yes
Bootstrap检验	Z=-4.292, P=0.000		Z=-4.829, P=0.000		Z=-6.132, P=0.000	
Adjusted R^2	0.265	0.283	0.210	0.283	0.183	0.228
N	3630	3630	3630	3630	3630	3630

注：括号内的数字为t统计量，***、**和*分别代表1%、5%和10%的显著性水平。

表6-10 中介效应稳健性检验（2）

变量	投资挤占效应		成本拉动效应		技术挤出效应	
	lnfdi	lnTFP	ln$wage$	lnTFP	lnpat	lnTFP
lnTFP_{t-1}		0.9391*** (4.921)		0.9501*** (4.921)		0.9181*** (6.808)
lnDR	0.1887** (2.943)	-0.0184*** (-2.581)	0.1573*** (2.719)	-0.0205*** (-2.581)	-0.1303*** (-2.237)	-0.0215*** (-2.340)
lnfdi		-0.0099 (-0.962)				
lnfdi_{t-1}	0.8472*** (7.293)					

续表

变量	投资挤占效应		成本拉动效应		技术挤出效应	
	ln*fdi*	ln*TFP*	ln*wage*	ln*TFP*	ln*pat*	ln*TFP*
ln*wage*				-0.0074 (-0.325)		
ln*wage*$_{t-1}$			0.7839*** (4.298)			
ln*pat*						0.0106 (1.174)
ln*pat*$_{t-1}$					0.6648*** (2.783)	
控制变量	Yes	Yes	Yes	Yes	Yes	Yes
截距项	Yes	Yes	Yes	Yes	Yes	Yes
城市固定效应	Yes	Yes	Yes	Yes	Yes	Yes
时间固定效应	Yes	Yes	Yes	Yes	Yes	Yes
Bootstrap 检验	Z=-4.004,P=0.000		Z=-3.224,P=0.000		Z=-6.489,P=0.000	
Wald chi^2	30.14***	27.48***	24.99***	28.24***	31.04***	35.25***
AR(1)	0.000	0.000	0.000	0.000	0.000	0.000
AR(2)	0.244	0.301	0.302	0.289	0.218	0.302
Hansen(p值)	0.359	0.322	0.312	0.291	0.378	0.293
Adjusted R^2	0.317	0.492	0.388	0.381	0.300	0.361
N	3630	3630	3630	3630	3630	3630

注：括号内的数字为 t 统计量，***、**和*分别代表1%、5%和10%的显著性水平。

第七节 结论和启示

本章基于2002~2016年中国242座地级以上城市面板数据，运用固定效应模型与中介效应模型研究了去工业化对中国全要素生产率的影响、差异与作用机制。主要结论如下：

首先，中国去工业化整体具有早熟去工业化特征。从整体上看，中国现行的去工业化过程不利于中国整体经济增长，抑制全要素生产率上升。

具体而言，制造业就业份额每下降1%，全要素生产率下降0.131%。而从各地区层面考量，东部地区的去工业化提升了中国全要素生产率水平，中、西部地区的去工业化抑制了中国全要素生产率水平。

其次，通过中介效应模型的机制检验发现，整体性去工业化（包括中、西部地区去工业化）对全要素生产率的抑制作用主要通过投资挤占效应、成本拉动效应以及技术挤出效应实现。而东部地区去工业化对全要素生产率的提升作用则主要是通过产品附加值提高、价值链向高端攀升的机制造成，中、西部地区去工业化对全要素生产率的抑制作用主要由于房地产投资挤占工业资本以及劳动力成本上升造成。

最后，从中介效应作用过程来看，在全国层面以及中、西部地区，去工业化主要通过在岗工人平均工资和房地产开发投资发挥间接传导作用，二者间接效应均在10%~20%，而发明专利数间接效应只占5%~10%。在东部地区，解释程度最大的为发明专利数和房地产开发投资，二者分别为14.916%及13.660%，而在岗平均工资的解释作用仅为6.781%。表明当前中国去工业化带来了严重的资源错配，严重影响了全要素生产率提升。

第七章

全球价值链嵌入对经济效率空间影响的国际比较与经验借鉴

第一节 问题提出

近年来,随着贸易成本降低和信息技术不断进步,国际分工日益深化,产品国际生产的组织形式发生了巨大变化,以全球价值链分工为基础的国际生产网络成为国际经济的基本组织范式(范子杰等,2016)。在参与全球价值链生产形式成为当今主流的分工和贸易选择的同时,如何测度一国在全球价值链中的参与程度,以及参与价值链究竟会对各个国家的经济效率产生怎样的影响,此类问题在近几年引发了许多研究者的关注。

全球化形势下,中间产品跨越多个国界的现象越来越普遍,很多产品的价值来源实际上涉及很多国家或地区,而不是传统贸易统计下,仅由最终出口该产品的国家或地区所有(王直等,2015)。在全球价值链分工背景下,传统贸易统计方法将出口产品的所有价值都统计在价值链的最后一个环节(王岚,2013),因此会出现夸大国家贸易情况的问题,而增加值贸易核算方法可以反映真实的贸易状况,从而有利于客观评价各国在全球价值链中的嵌入情况和生产地位。为此,国际经济组织、各国政府及学术界都试图从增加值核算的角度来探究各国出口中的国内增加值、国外增加值等各个组成部分,进而构建指标以度量各国在全球价值链中的位置及其演变(张定胜等,2015)。关于参与全球价值链的测度,胡梅尔斯等(Hummels et al.,2001)提出,基于一国的投入产出表(IO 表)将一国的出口分解为国内附加值和国外附加值,可用来研究全球价值链与产业升级之间的互动关系，继而提出"垂直专业化指数（VS）"，用以测量一国出口中的国外附加值（熊琦，2016）。库普曼等（Koopman et al., 2008, 2010, 2012）构建了基于国家间投入产出表核算附加值贸易的框架，提出 KWW 法和 KPWW 法，测算出口产品中的国内价值含量，并在丹丁等（Dandin et al., 2009）对一国出口产品全部价值按照全球价值链进行分解的基础上，提出了测度一国产业在全球价值链上分工地位的 GVC 参与指数及 GVC 位置指数。安特拉斯等（Antràs et al., 2013）在美国投入产出表的基础上，通过构建行业上游度（或上游度倒数）及下游度指标来估计一国某产业在全球价值链上的平均位置。王直等（2015）基于后向联系扩展了出口分解模型，提出多个层面（国家—部门层面、双边层面、双边—部门层面）的出口贸易分解法，并建立了从贸易总值统计到贸易增加值统计的完整核算法则。

国内学术界有许多运用增加值核算法研究中国制造业在 GVC 中的参与程度及分工地位的研究，主要运用的方法可以大体分为四类：

第一类运用出口的国内增加值率（domestic value added ratio, DVAR）指标。出口的国内增加值率越高，表明该国单位出口创造国内生产总值（GDP）的能力越强，从而普遍认为较高的 DVAR 意味着较高的国际分工地位。张杰等（2013）、罗长远和张军（2014）均使用该指标评估了中国出口。

第二类借鉴胡梅尔斯等提出的垂直专业化指数（VS）。王玉燕等（2014）借鉴胡梅尔斯等提出的投入产出表法对各国跨国生产分割程度测算的生产非一体化指数，以此作为中国各行业切入程度的度量指数，认为中国工业行业嵌入程度整体呈上升趋势，并且高技术工业嵌入程度远远高于传统工业；工业行业技术进步明显。黄先海和韦畅（2007）采用胡梅尔斯等的垂直专业化测度模型和中国投入产出表数据，从不同产业层面对中国制造业出口的垂直专业化程度进行测度。于津平和邓娟（2014）采用胡梅尔斯等（2001）所提出的衡量办法测算了中国各行业加工贸易、一般贸易和总贸易垂直专业化水平，并利用出口产品国内技术含量衡量中国产业的价值链分工地位。

第三类则是参照库普曼等（2010）所提出的分解方法，以及所构建的指标也即 GVC 地位指数和 GVC 参与指数等来分别衡量一国在特定部门全球价值链上的地位以及一国对全球生产网络的参与程度。岑丽君（2015）基于附加值贸易（TiVA）数据，借鉴库普曼等所提出的指数，比较并探讨了中国出口贸易在全球生产网络中的分工贸易地位及真实贸易利益。结论表明：中国已较大程度地融入全球生产网络，但在全球价值链所处地位较低。王岚和李宏艳（2015）通过对于不同国家融入全球价值链不同位置后的升级方式，认为中国中技术行业位于国际下游位置，因此创造附加值的水平很差。高技术行业也表现出同样的问题。低技术行业位于价值链上游，并且竞争力仍处于不断提升趋势。

第四类基于安特拉斯等（2012）构建的上游度（upstreamness）指标来测度全球价值链的物理地位，即各经济体在何种环节进行生产。苏庆义和高凌云（2015）运用改进的出口上游度指标，研究了出口上游度和人均国内生产总值之间的关系。耿伟和郝碧榕（2018）运用下游度指标刻画一国特定行业在全球价值链中的嵌入位置，分析全球价值链嵌入位置对高技能与低技能劳动收入差距影响的理论机制。张鹏杨和唐宜红（2018）在安特拉斯等（2012）的行业上游度指标的基础上结合出口企业产品种类及每类产品的出口份额，加权测算了企业层面的价值链位置。

中国在全球价值链上的嵌入程度及地位的识别日益成为学术界研究的热点，但是已有文献较少关注价值链嵌入位置的经济效应分析。归纳现有文献发现，现有文献多集中于关注 GVC 嵌入对劳动力收入差距（刘瑶，2016；林玲和容金霞，2016；耿伟和郝碧榕，2018）、技术进步（王玉燕等，2014；沈春苗，2016）、经济周期的联动性（邵朝对等，2018；潘文卿等，2015）、产业升级（刘志彪和张杰，2009；盛斌和陈帅，2015）等方面。除了这些关注点之外，参与全球价值链究竟会对中国以及世界其他国家的经济增长造成什么影响？一国参与全球价值链主要是通过何种渠道影响经济发展水平？这些问题同样值得思考。

实际上，一国参与全球价值链的重要作用还在于对全要素生产率产生影响，并以此影响经济增长。回顾文献可知，关于传统的进出口贸易与全要素生产率之间的关系的研究已经较为成熟，李小平和朱钟棣（2005）将中国 32 个工业行业的全要素生产率增长分解为技术效率和技术进步的增长，分别就出口和进口对生产率增长的影响作了实证分析。吕大国和耿强（2015）从出口贸易的三个组成部分入手分别研究它们对全要素生产率增长的不同影响，研究发现一般贸易和其他贸易显著促进了全要素生产率的增长，而加工贸易阻碍了全要素生产率的增长。邱爱莲等（2014）利用改进的 C-D 模型就生产性服务贸易对中国制造业全要素生产率的影响进行了实证分析，结果显示前者对后者的提升作用显著。

但在全球价值链分工体系下考察价值链贸易对于一国生产率的影响的研究相对比较少，孙学敏和王杰（2016）从微观层面测算了企业嵌入全球价值链的程度，并实证检验了参与全球价值链对企业生产率的影响。邱立成和刘灿雷（2016）利用中国工业企业微观数据，从价值链上下游关系的角度重新考察了外资企业及其任务变迁对内资企业全要素生产率，进而对经济增长的影响作用。吕越等（2017）也是利用企业数据从微观层面分析参与全球价值链是如何影响企业全要素生产率的。姚战琪（2010）根据中国投入产出表，通过构建CES生产函数和超越对数生产函数，就中国工业行业的工业外包、服务外包和总体外包对生产率的影响进行实证检验，并探讨了技术进步对工业行业外包行为选择和生产率增长的影响。可见现有文献大多从某一国或某一行业的角度来考察增加值贸易与生产率之间的关系。刘洪愧和谢谦（2017）在区分不同新兴经济体类型和不同全球价值链参与方式的基础上深入细致地研究了不同类型的新兴经济体如何通过参与全球价值链来提高全要素生产率。福尔克（Falk，2012）根据经合组织14个成员1995~2000年制造业数据，调查国际外包对低收入和高收入国家的全要素生产率增长的影响发现，虽然制造业投入国际外包的范围不大，但国际外包与低工资国家的全要素生产率的变化有显著的负相关。可见，对于不同性质的国家，其参与全球价值链对其全要素生产率的作用并不是可以一概而论的，不同发展水平的国家从全球价值链嵌入中收获的影响可能正负有别，因此，在全球层面系统研究全球价值链嵌入对各个经济体生产率的影响成为本书的研究重点。

第二节 理论机制分析

本书的理论机制探讨将集中于全球价值链的嵌入程度是如何影响经济效率的。

一、全球价值链嵌入对生产率提升的促进作用

全球价值链嵌入的"生产率效应"是指企业在参与国际分工的过程中，通过对国际先进技术的引进、模仿、消化和吸收，从而促进企业生产率的提升（孙学敏和王杰，2016）。归纳已有文献，参与全球价值链可能

会通过以下渠道改善全要素生产率：

第一，世界银行1997年的报告重点指出，发展中国家的企业参与全球性的出口市场，使得发展中国家企业接触到发达国家最先进的生产制造、技术研发与管理方式，直接或间接促进了发展中国家企业生产率的提高（张杰和刘志彪，2009）。鲍德温和颜（Baldwin and Yan，2014）、胡梅尔斯等（2001）的研究发现，对于一些发展中国家的企业，参与全球价值链分工意味着进入更大的市场，通过"技术溢出效应"和"学习效应"，促进了企业的技术进步。戈尔和汉利（Görg and Hanley，2005）研究则是通过单独分析爱尔兰一国的电子企业的情况，其研究成果也验证了参与生产分割产生"学习效应"和知识技术"外溢效应"对企业生产率的重要作用。对于发展中国家来说，所获得技术一方面直接提升生产率；另一方面技术水平差距形成的溢出空间，也刺激了相关人力资本等学习能力方面的投资（李国璋和戚磊，2011）。因此，我们假设全球价值链的嵌入程度影响经济效率的第一个途径为：

假设1：一个经济体通过参与全球价值链分工，与其他国家或地区进行进出口贸易，受到"链中学"效应的作用，得到发达国家的"技术外溢"实现自身的技术进步，进而促进全要素生产率的提高。

第二，产品内国际分工往往伴随着中间品贸易，而进口的中间投入可能包含专业技术知识和国外研发成果，高质量、多种类的进口中间产品应用到生产中可以提高生产效率。对发展中国家而言，这种效应更为明显（胡昭玲，2007）。进口新的中间投入产品能够通过投入产出效应提升进口国的生产率，处于产品内分工价值链的企业能够从全球获得比国内价格低或者质量高的中间投入品，中间产品多样性的增加和质量提升以及隐含在资本品中的先进技术，可以帮助企业逐步形成自身的生产研发能力、并实现技术上的进步和产业升级（肖文和殷宝庆，2011）。

因此，我们假设全球价值链的嵌入程度影响经济效率的第二个途径为：

假设2：企业通过参与价值链得以接触更低廉、更多样或更高质量的中间产品，从而减少成本，节省下来的成本可以更多地投入自主研发等环节，有更多资源开展创新活动，资源配置得以优化，从而有利于生产率的提高（吕越等，2017）。

第三，竞争效应。首先，全球价值链重构的调整机会使得不具备整体优势，却在特定生产阶段上具备比较优势的国家有机会进入全球生产网络，增加了国际竞争的直接参与者。其次，全球价值链重构影响国家竞争行为，加剧了既有参与者之间的竞争，由于分工地位临近或价值链位置相近的国家差异较小，成为潜在的竞争对手，彼此可替代性较大，因而竞争激烈。尤其是发展中国家从事的制造加工等非战略性环节的进入壁垒较低，竞争优势不稳定，竞争异常激烈。高凌云和王洛林（2010）基于三位码工业行业月度数据研究发现，大部分三位码工业行业面临着日益激烈的进口竞争，由此引致了行业内和行业间正向的要素再配置过程，并通过提高技术效率的方式最终促进了工业行业全要素生产率的增长。面对激烈的进、出口市场，微观经济主体不得不通过加大研发投资、购买新的机器设备等创新活动来应对这种压力；市场竞争的优胜劣汰也将促使市场资源得到更优的分配等，这些都有助于生产率的增长（李小平，2008）。

因此，我们假设全球价值链的嵌入程度影响经济效率的第三个途径为：

假设3：参与全球价值链会面临来自国际市场的竞争压力，促使企业提高生产率以应对更高强度的国际竞争（Chiarvesio et al., 2010；吕越等，2017）。

二、GVC嵌入对生产率的影响程度的行业异质性

理论分析表明，产品内国际分工对生产率提高有促进作用，但应该看到的是，其作用程度受行业特性影响，不同性质的行业，产品内国际分工的程度不同，其对生产率影响的程度也不同。胡梅尔斯等（2001）指出，产品内国际垂直专业化的增长主要来自化学、机械等资本密集型行业，并且出口导向部门进口中间投入的增长较之其他部门更为迅速（胡昭玲，2007）。唐东波（2014）的研究发现，垂直专业分工对于高新技术行业的生产率水平的提高作用更加明显。孙学敏和王杰（2016）认为，高资本密集度企业融入全球价值链的生产率效应要高于低资本密集度企业。相对于劳动密集型行业，产品内国际分工对生产率的影响机制在资本密集型行业更为显著。受行业特点的影响，资本密集型行业往往具有较明显的规模经济效应，因此在这类行业产品内分工促进不同生产环节实现规模经济的效果更加突出。并且，在资本密集型行业产品内国际分工下的生产环节转移带来的技术扩散效果也更显著。此外，进口中间投入可以用于生产消费品或投资品，其中投资品在产业链中产业关联度高、产业拉动效应大，而化学、机械等资本密集型行业的进口投入更多地用于资本化投资，因此可以在投入—产出表中产生更明显的循环积累效应（刘志彪和吴福象，2005）。

并且,若某一行业属于资本或知识密集型的行业,则意味着该行业的企业较为重视设备更新和研发投入,由此带来的较高的研发能力可能更能促进企业在融入全球价值链的过程中促进生产率的提升(见图7-1)。故有:

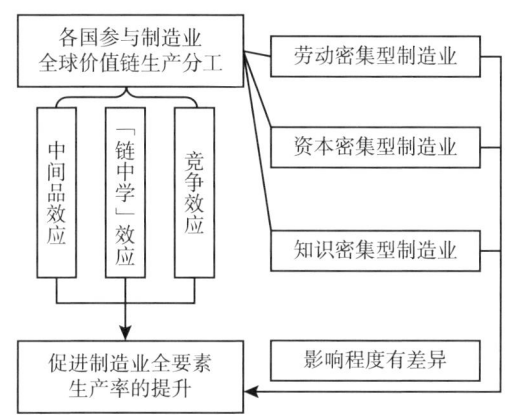

图7-1 参与全球价值链分工对生产效率的作用机理

假设4:在不同性质的行业中,参与全球价值链分工促进生产率的提高的作用存在差异。

第三节 模型设定与数据来源

一、全球价值链嵌入度测算方法

要探讨一国嵌入全球价值链的程度与生产率之间的关系,首先要解决的就是全球价值链嵌入情况的测度。事实上,对于一国在全球价值链中的嵌入情况,不仅要关注该国价值链参与度,还要关注该国在全球价值链中所处的地位。库普曼等(2010)指出,一国的国际分工地位是指该国参与国际分工的生产阶段在价值链中的位置,如果其处于分工上游环节,它将向其他国家提供核心原材料或者中间品,如果处于生产的下游环节,就会大量使用来自国外的中间品生产最终产品(刘海云和毛海欧,2015)。卡普林斯基和莫里斯(Kaplinsky and Morris,2006)指出,嵌入全球价值链的方式分"低端路径"和"高端路径"两种，只有"高端路径"的嵌入方式才可能提升企业的盈利能力和竞争力，而"低端"嵌入的路径将使经济陷入贫困式增长的困境。因此有必要结合全球价值链的参与程度和所处地位，来考量一国在全球价值链中的嵌入情况。

库普曼等（2010）将出口分解为国内附加值出口和国外附加值出口。其中，出口中的国外增加值部分即本国使用其他国家生产的中间品生产并出口，代表其他国家为本国提供中间品。国内附加值出口按其作为最终产品还是中间产品，进一步划分为：

（1）隐含在最终产品、服务出口中的国内增加值。该部分增加值是满足出口到国外作为最终需求而隐含的国内增加值。它不牵涉国外的生产迂回过程，增加值出口是为了满足国外的最终需求。

（2）隐含在中间产品出口中的国内增加值。该部分增加值出口需在国外的生产过程中迂回。若进一步考虑，这些国内增加值是如何和在哪里被最终需求吸收的，可以进一步分为三部分：

a. 直接被伙伴国家吸收。增加值隐含在中间产品出口中，被进口国用来生成满足自己最终需求的产品。国内增加值只跨境一次，没有对第三方国家的间接出口和出口返回活动。

b. 重新返回且被出口国重新吸收的国内增加值。即隐含在中间产品出口的增加值被进口用来生产中间产品或最终产品，最后回流至源头国。

c. 间接被进口伙伴国吸收，并重新出口到第三方国家。中间产品出口中隐含的国内增加值被进口伙伴国用来生产出口的最终需求或第三方国家的中间产品。

全球价值链参与度可以采用多种指标进行度量，本章基于库普曼等（2010）的方法，计算全球价值链参与度指数和全球价值链地位指数，来考察一国的全球价值链嵌入情况。计算的方法如下：

$$GVC\_Participation_{it} = \frac{IV_{it}}{E_{it}} + \frac{FV_{it}}{E_{it}} \qquad (7-1)$$

$$GVC\_Position_{it} = \ln\left(1 + \frac{IV_{it}}{E_{it}}\right) - \ln\left(1 + \frac{FV_{it}}{E_{it}}\right) \qquad (7-2)$$

其中，IV_{it}（indirect domestic content of gross exports）代表 r 国 i 产业增加值出口中的国内间接增加值出口，表示 r 国 i 产业出口的中间品中经一国加工后又出口给第三国的这部分的价值增值；FV_{it}（foreign value added content of gross exports）表示 r 国 i 产业增加值出口中的国外增加值部分，

即 r 国 i 产业出口的最终产品的价值中有多少来自国外的进口中间品的价值；E_{it} 表示 r 国 i 产业以增加值统计的出口额。

若一国属于全球价值链上游的国家，它们主要从事某产业创意、研发、设计、品牌、零部件生产供应等全球价值链上游的生产任务和活动，以向其他国家提供原材料或中间品形式参与全球价值链，对于这样的国家，国内间接增加值出口比率高于国外增加值出口部分，所显示的全球价值链地位指数可能较高；相反，如果一国处于某产业全球价值链的下游（主要指最终产品的组装）环节，就会使用大量来自别国的进口中间品来进行加工，生产最终品进行出口，此时 IV_{it} 可能会小于 FV_{it}，因此其全球价值链地位指数可能较低。

也可以理解为，全球价值链的生产过程不仅有开始和结束阶段，也存在许多中间阶段——因为在全球生产链增值生产活动需要跨越国界。如果一个国家/部门在一个特定的生产阶段参加全球价值链，以前出现的生产阶段越少，该国家/部门在特定的全球价值链中的地位就越处于上游。而全球价值链参与度指数所表示的则是，若该指数越大，说明该国参与全球价值链分工的程度越深，一国或一行业的对外开放水平越高，反之则代表该国较少参与全球价值链分工（余振等，2018）。

我们根据 TiVA 发布的数据，计算了上述两种测度一个经济体的全球价值链嵌入情况的指标，得出了 2000~2014 年全世界 44 个主要国家和地区制造业总体及分行业的全球价值链参与度指数和 GVC 地位指数。

二、全球价值链参与度的前后向分解

全球价值链参与指数分为前向参与度和后向参与度，基于前向联动的参与指数可以理解为"一个国家或部门的生产要素在跨国生产共享活动中所占的比例是多少？"而基于后向联动的参与指数可以被理解为"由全球价值链相关的生产和贸易活动产生的最终产品的百分比是多少？"当一个国家存在某种比较优势，是某种产品或服务的资源大国时，理论上在该种产业领域，其前向参与度将会高于其他国家。相反，若一个国家对于某种资源是属于相对缺乏的情况，需要依靠别国的进口时，其后向参与指数将会较高。前向全球价值链参与指数衡量了由直接贸易伙伴直接或间接吸收的来自出口国的中间投入所体现的国内增值。即分母是一个国家或部门生产活动中的总增加值，分子是一个国家或部门在其对世界的中间产品出口中所实现的国内增加值。同样的，后向参与程度用占一个国家或部门最终产品总产出的比重来衡量。

基于前向的增加值生产分解：

隐含在中间产品出口中的国内增加值。该部分增加值出口需在国外的生产过程中迂回。以 V_GVC 表示。国内增值体现在一个国家部门的中间出口中，这是直接进口国用来生产在该国消费的国内产品，用 V_GVC_S 表示。

$$GVCPt\_f = \frac{V\_GVC}{Va'} = \frac{V\_GVC\_S}{Va'} + \frac{V\_GVC\_C}{Va'} \qquad (7-3)$$

基于后向的国家部门层面的最终产品生产分解：

$$GVCPt\_b = \frac{Y\_GVC}{Y'} = \frac{Y\_GVC\_S}{Y'} + \frac{Y\_GVC\_C}{Y'} \qquad (7-4)$$

分母表示某一国家某一部门的总最终产品及服务。分子为用于各国最终品生产的中间贸易品中的增加值。以 Y_GVC 表示。Y_GVC 又可以分为被进口国直接吸收的部分，用 Y_GVC_S 表示。被用于再出口生产的部分，用 Y_GVC_C 表示。

三、回归模型设定

为了考察全球价值链参与程度与所处地位对生产率的影响，本章建立以下基础方程：

$$TFP_{it} = \alpha + \beta_1 GVCPt_{it} + \beta_2 GVCPo_{it} + \beta_3 Z_{it} + \mu_{it} + \varepsilon_{it} \qquad (7-5)$$

其中，i 表示经济体，t 表示年份，α 为截距项，解释变量包括：$GVCPt_{it}$ 表示某国全球价值链参与指数，$GVCPo_{it}$ 表示全球价值链地位指数，Z_{it} 表示控制变量集合，μ_{it} 表示可能存在的固定效应，用以消除不随个体或时间变动的因素。ε_{it} 表示残差项。

$$TFP_{it(labor)} = \alpha + \beta_1 GVCPt_{it(labor)} + \beta_2 GVCPo_{it(labor)} \\ + \beta_3 Z_{it} + \mu_{it} + \varepsilon_{it} \qquad (7-6)$$

$$TFP_{it(capital)} = \alpha + \beta_1 GVCPt_{it(capital)} + \beta_2 GVCPo_{it(capital)} \\ + \beta_3 Z_{it} + \mu_{it} + \varepsilon_{it} \qquad (7-7)$$

$$TFP_{it(knowledge)} = \alpha + \beta_1 GVCPt_{it(knowledge)} + \beta_2 GVCPo_{it(knowledge)} \\ + \beta_3 Z_{it} + \mu_{it} + \varepsilon_{it} \qquad (7-8)$$

另外，为了观察行业异质性，本章将计算不同要素密集型制造业的全要素生产率值与相应的解释变量进行回归，从而有上述（7-6）~（7-8）

的扩展模型。其中模型中的被解释变量都为经济效率,使用全要素生产率作为代理变量,用来衡量技术进步或制度变化等非生产性投入要素的贡献。其余选用的控制变量包括:(1)人力资本。使用从事高技能职业的人员工作时间占总时间的比重来表示。(2)出口规模变量:一国企业参与国际竞争与合作,从而在对外贸易中获取"学习和竞争效应"进而有助于技术水平和效率提升。本章用商品出口总量占 GDP 的份额作为出口规模的替代指标。(3)城市化率。城市化率能够间接提高要素的生产效率,从而对全要素生产率产生一定的正向影响,但同时城市化过程中外部成本的增加(房屋、医疗、教育等价格的提高)都会对经济增长产生负面效果。本章使用城镇人口数占总人口的比重来衡量。(4)投资水平。使用固定资产形成总额占 GDP 的比重来衡量。

四、数据来源

本章各行业 TFP 的要素投入、经济产出等基本数据来源于 WIOD 社会经济账户数据库。首先利用总产出价格指数将名义值转变为实际值,再按当年汇率把它们换算成百万美元作为实际产出(Y)。选用制造业总工作时间为劳动投入(L)代理变量,选用资本存量为资本投入(K)的代理变量,同样按汇率换算成百万美元,最后得出不同国家(地区)不同行业全要素生产率。汇率数据来源于 OECD。核心解释变量(全球价值链参与指数、全球价值链地位指数)根据 OECD – TiVA 数据库计算得到。其他控制变量分别取自佩恩表、社会经济账户数据库、世界银行数据库。受数据可获得性的约束,剔除了缺失两年及两年以上的样本,缺失一年数据的通过移动平均法处理,最终我们选取了 25 个经济体 1996~2009 年的数据作为研究对象。

由表 7-1 可知,各国和地区的全球价值链参与程度差异较小,但全球价值链分工地位有着较大差异,最小值与最大值分别为 -0.455 和 0.329,全要素生产率的差异也十分明显,此外,各国和地区的投资水平、出口规模、人力资本水平等也存在较大的差异。

表 7-1　　　　　　　　　　描述性统计

变量	观测值	平均值	标准差	最小值	最大值
全要素生产率 TFP	350	1.0764	0.3570	0.3589	3.8022
劳动密集型 TFP	350	0.9960	0.3680	0.2002	2.9404

续表

变量	观测值	平均值	标准差	最小值	最大值
资本密集型 TFP	350	1.0364	0.3065	0.3610	3.5544
知识密集型 TFP	350	1.1477	0.4780	0.4506	4.0190
GVC 参与指数 GVCPt	350	0.6649	0.0598	0.4985	0.7822
GVC 地位指数 GVCPo	350	−0.0154	0.1828	−0.4549	0.3294
劳动密集型 GVCPt	350	0.5933	0.0741	0.4495	0.7670
劳动密集型 GVCPo	350	0.0371	0.1636	−0.4120	0.3832
资本密集型 GVCPt	350	0.6843	0.0648	0.4993	0.8625
资本密集型 GVCPo	350	0.0255	0.1792	−0.4447	0.3727
知识密集型 GVCPt	350	0.6651	0.0776	0.4802	0.8566
知识密集型 GVCPo	350	−0.0714	0.1886	−0.5417	0.3236
人力资本	350	0.1147	0.0686	0.0192	0.3215
出口规模	350	0.2946	0.2446	0.0350	1.3940
城市化率	350	0.6903	0.1671	0.2682	0.9759
投资水平	350	0.2438	0.0542	0.0539	0.4490

第四节 世界主要国家（地区）全球价值链嵌入变化趋势

一、制造业总体全球价值链嵌入变化

图7-2、图7-3对比了2000~2011年44个国家和地区的全球价值链参与度和位置指数。可以看到，一些外向度较高的发展中国家和新兴工业化国家或地区的参与指数较高，比较显著的有中国、墨西哥、斯洛伐克、匈牙利、韩国等国的全球价值链参与度比较高且有上升的趋势，这些国家和地区在观测期间都采取过经济开放和改革政策，构建了更适应全球价值链体系的政策战略。

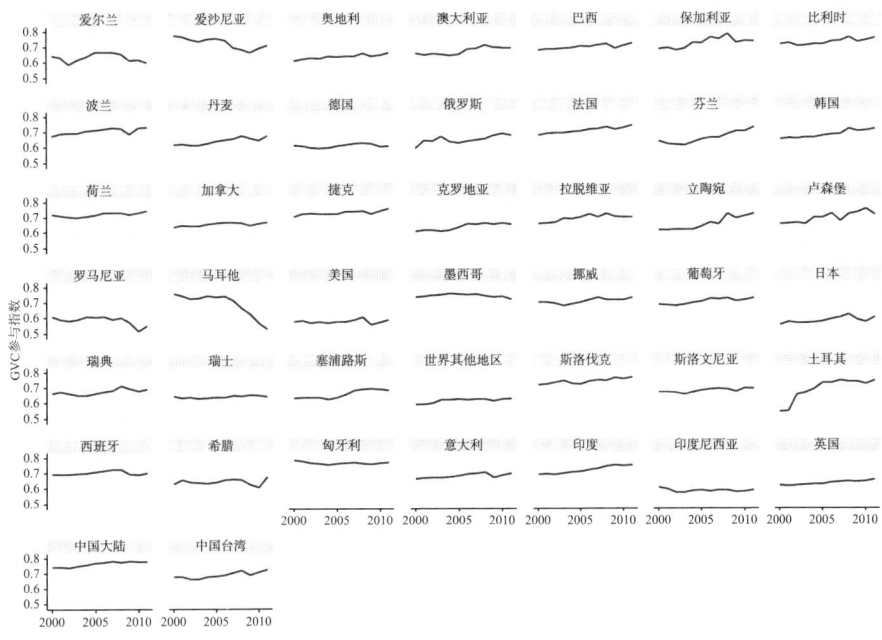

图7-2 世界44个国家（地区）制造业总体全球价值链参与指数对比

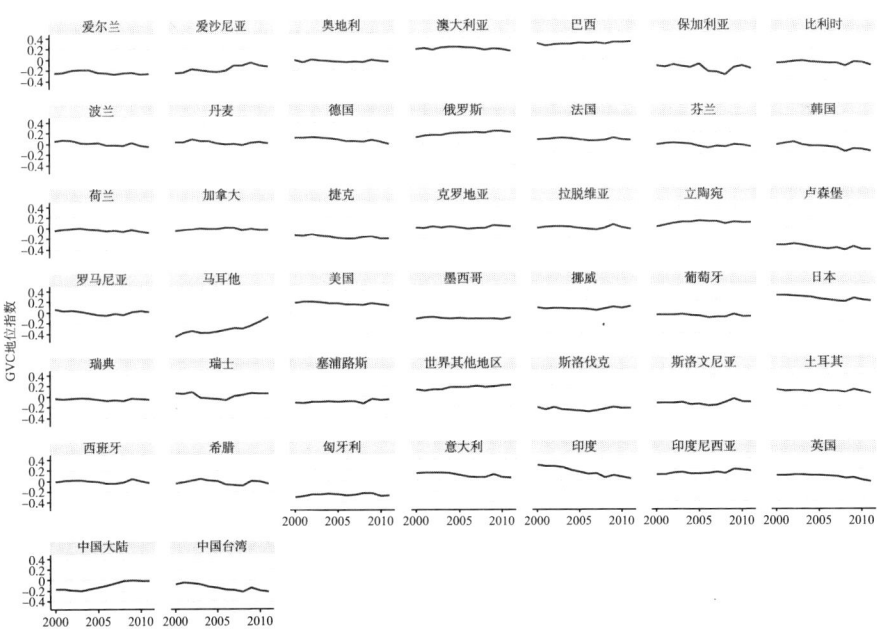

图7-3 世界44个国家（地区）制造业总体全球价值链地位指数对比

而发达国家中的美国、日本、德国、英国等成熟经济体的参与度并不高。价值链参与度有较为明显的下降的是罗马尼亚、马耳他等国家。另外，世界全球价值链位置指数排名靠前的国家（地区）与全球价值链参与度较高的国家（地区）并不完全重合，一些资源大国如澳大利亚、巴西、俄罗斯和一些经济和科技大国如日本、美国等。对比两种指数可以发现，极少数国家（地区）属于全球价值链参与度和地位都比较高的经济体，例如中国、匈牙利、保加利亚、墨西哥、卢森堡等国的全球价值链参与指数很高，但其地位指数并不突出甚至很低，中国的价值链参与度在世界上处于最前列，但其地位指数低于大多数国家（地区）。

相反，如日本、巴西等国则是既有很高的价值链参与度，其在价值链上所处的地位也比较高。这可能是因为，库普曼等所构建的"全球价值链地位指数"，仅考虑到一国（地区）某产业出口包含的外国（地区）"上游"进口中间品（研发、设计与原料、零部件生产）增加值，以及为进口国（地区）用于"下游"成品组装而出口的"上游"中间品增加值，而没有把"更下游"的"物流配送、市场营销以及售后服务"等环节的增加值纳入进来。这很可能也是造成按现有"全球价值链地位指数"所测算的巴西、俄罗斯等自然资源丰富的发展中国家（地区），在制造业 GVC 国际分工中的地位高于大多数发达国家（地区）的主要原因。

因为，发达国家（地区）的厂商，通常是全球价值链"更下游"、增加值也相对更高的物流配送、市场营销、售后服务等"任务或活动"的完成者（周升起等，2014）。还有一些国家的参与程度处于上升的态势，但其在 GVC 上的地位却在下降，例如印度，对于印度来说，虽然其在国际外包中获得了长足的发展，但这种外包也使印度的产业受制于西方企业，阻碍了其创新水平的提高（刘志彪，2009）。可见一个经济体的价值链参与程度与其 GVC 地位之间没有必然的联系。

二、劳动密集型制造业全球价值链嵌入变化

根据行业划分，劳动密集型制造业主要包括纺织品的制造、服装的制造、皮革和相关产品的制造（c6）；木材、木材制品和软木制品的制造（家具除外）、草编制品及编织材料物品的制造（c7）。

图 7-4、图 7-5 显示的是劳动密集型制造业的全球价值链嵌入情况。其中，全球价值链参与程度较高的经济体包括卢森堡、墨西哥、印度、中国大陆等，而一些发达国家如英国、日本、加拿大等所显示的参与程度

第七章　全球价值链嵌入对经济效率空间影响的国际比较与经验借鉴

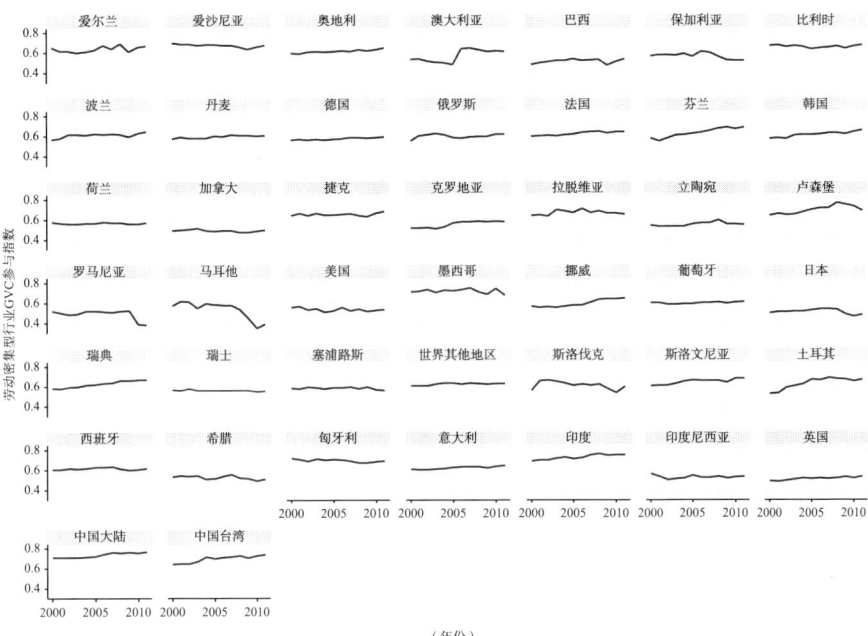

图 7-4　世界 44 个国家（地区）劳动密集型制造业全球价值链参与指数

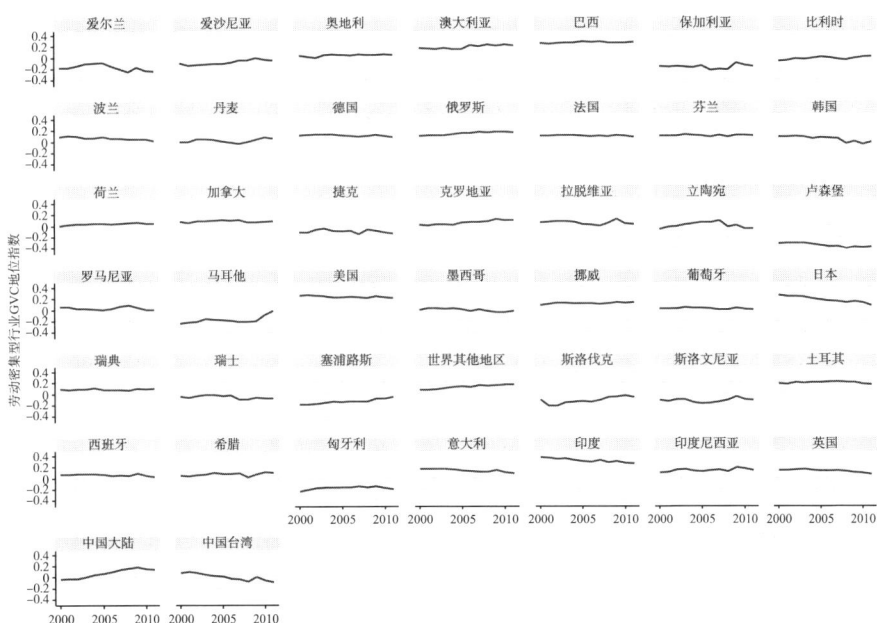

图 7-5　世界 44 个国家（地区）劳动密集型制造业全球价值链地位指数

比较低。澳大利亚、芬兰等国的参与程度近年来有比较明显的上升趋势，与之相反的是罗马尼亚和马耳他的参与程度明显下降了。

与总体情况类似，一些国家（地区）的全球价值链参与程度并不突出但其却在价值链上占据着高端的位置，如美国、日本、巴西等国，相反上述的参与度很高的经济体的地位指数却比较低。印度、中国台湾等经济体的参与程度在观察期内有所上升，但其地位却有下降的趋势。对于劳动密集型的制造业，对于中国来说二者之间的差距相较于制造业总体情况缩小了，即中国劳动密集型制造业在全球价值链上的位置较总体而言比较高。

库普曼指数所揭示出的分工地位比较高可能与产业链的分布及中国的定位有关：尽管在该产业链中，设计、品牌与营销等高附加值环节被跨国公司国际知名品牌所占领，中国集中于产业加工生产的产业链环节，但从产业链布局来看，中国国内构建有较完整的上游产业链，纤维生产、面料与成衣制造等产业链上游环节一般集中于中国国内完成，原材料与劳动力等投入被吸收入全球价值链中，因此，在库普曼指数构造中，所揭示的分工地位就相对比较高。

三、资本密集型制造业全球价值链嵌入变化

资本密集型制造业，主要包括食品的制造、饮料的制造、烟草制品的制造（c5）；焦炭和精炼石油产品的制造（c10）；橡胶和塑料制品的制造（c13）；其他非金属矿物制品的制造（c14）；基本金属的制造（c15）；金属制品的制造，但机械和设备除外（c16）。

对于资本密集型制造业，从总体上能明显看出绝大多数经济体资本密集型的制造业的参与程度都要高于劳动密集型的行业，其中，保加利亚、立陶宛、比利时、中国台湾等经济体的参与程度高于其他大多数国家和地区。而印度尼西亚、日本、马耳他等经济体的参与度则呈现相反的态势。中国大陆的资本密集型制造业全球价值链参与程度在全球范围内看属于中等程度，但高于大多数的发展中经济体。另外，与制造业总体和劳动密集型制造业的情况类似，日本、美国、俄罗斯、印度尼西亚等经济体的参与度不高但地位指数处于前列，相反，保加利亚、韩国等虽然参与价值链分工的程度很深，但只能处于资本密集型制造业价值链的低端生产。尤其是韩国、印度以及中国台湾等经济体近年来虽然参与程度上升了，但其地位却有比较明显的下降（见图7-6、图7-7）。

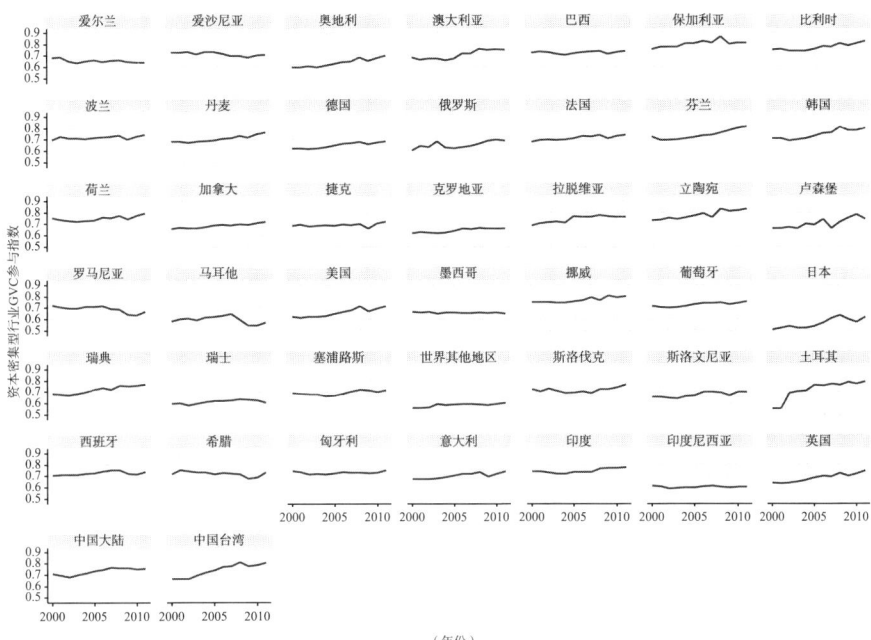

图7-6　世界44个国家（地区）资本密集型制造业全球价值链参与指数

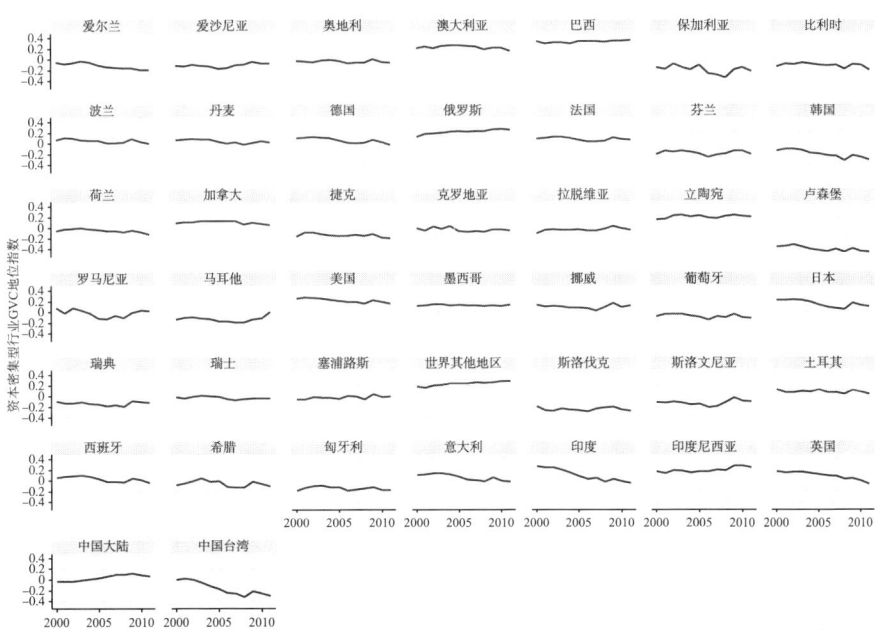

图7-7　世界44个国家（地区）资本密集型制造业全球价值链地位指数

四、知识密集型制造业全球价值链嵌入变化

知识密集型制造业，主要包括化学品及化学制品的制造（c11）；计算机、电子和光学产品的制造（c17）；电力设备的制造（c18）；未另分类的机械和设备的制造（c19）；汽车、挂车和半挂车的制造（c20）；其他运输设备的制造（c21）。

在知识密集型制造业部门中，价值链参与程度较高的经济体包括葡萄牙、斯洛伐克、中国大陆等，而较低的经济体有德国、美国、立陶宛、英国、印度尼西亚等。就各经济体的地位指数而言，巴西、日本最高，其次是美国、意大利、德国、俄罗斯等，可归为第二梯队（见图7-8、图7-9）。

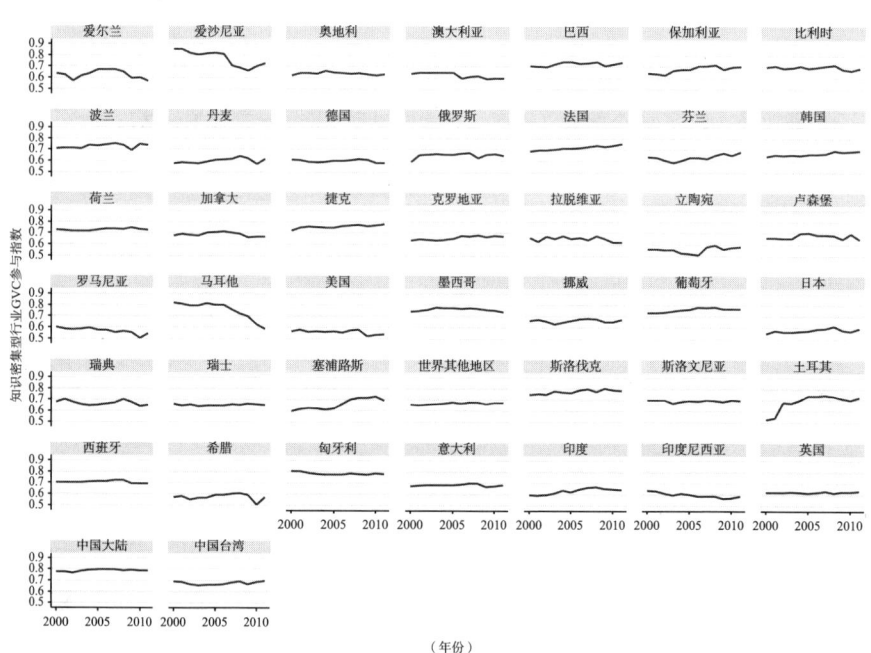

图7-8　世界44个国家（地区）知识密集型制造业全球价值链参与指数

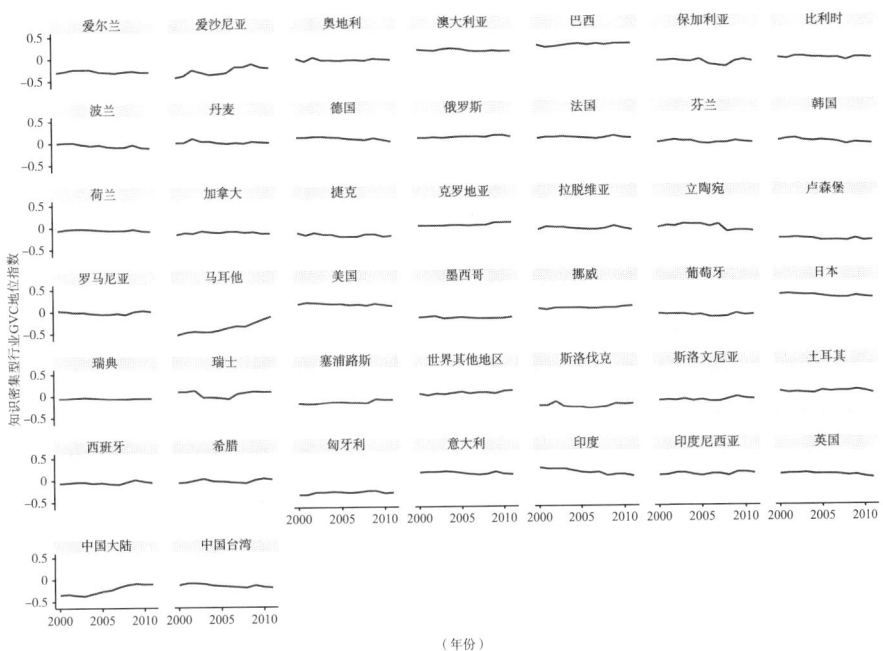

图7-9 世界44个国家（地区）知识密集型制造业全球价值链地位指数

排在末尾的有匈牙利、斯洛伐克、爱沙尼亚、卢森堡等，中国的全球价值链国际分工地位也较低，不仅低于美国、日本这样的发达国家，而且低于印度、巴西等发展中国家（地区）。并且对比前述两种密集型的行业可以看出，在知识密集型制造业的领域，中国的参与程度以及地位的差距是最为显著的。这一现象可能由于：一方面，中国在该产业部门中，占据较低技术含量与价值增值的产业链的加工组装环节；另一方面，与购买者驱动的劳动密集型制造业部门不同，中国在生产者驱动的知识密集型制造业的产业链上游大量依赖进口，以智能手机为例，其存储器、触摸屏、显示屏、相机镜头、蓝牙系统等技术含量高的上游部门皆依赖于进口。因此，所测度的库普曼国际分工地位指数就比较低，显示中国在该产业链中处于更低的产业链定位与价值增值环节（尚涛，2015）。

第五节 典型国家（地区）全球价值链参与度前后向分解变化

一、制造业总体参与度的前后向分解

为了显示各个国家（地区）的全球价值链参与程度及其变动趋势，以及各国（地区）基于前向和后向关联的价值链参与程度的差异，图7-10列出了2000~2014年世界44个国家及地区的全球价值链参与度指数，包括前向参与度（GVCPt_f）和后向参与度（GVCPt_b）。

由图7-10可以看到，有几个人均GDP较低国家的前向参与度很高，甚至超过了很多高人均GDP的国家及地区，例如捷克、爱沙尼亚等，这些国家（地区）在2007年之后上升到了0.5以上，在高人均GDP的国家（地区）中只有卢森堡和比利时的水平高于这些国家（地区）。对于后向参与度来说，第二梯队中较高的国家有马耳他、西班牙，西班牙在2013年其后向参与度超过了0.6，甚至高于同年的卢森堡。但也有些国家（地区）的参与度比较低，例如塞浦路斯，其前向参与度有多个年份甚至不到0.1，以及日本的后向参与度，大多是时期在0.1~0.2，低于其他的国家（地区）。其余国家（地区）的参与度也都分布在0.1~0.5，一些欧洲国家，例如意大利、法国、葡萄牙等，它们的水平都能比较接近。从横向上看，与前面所述类似，大多数国家在观测期内都有所增长，尤其是爱沙尼亚、捷克、葡萄牙等国家，它们的数值有比较明显的提升，以及日本和斯洛伐克的后向参与度，提升也较为明显。对比这些国家的前向及后向参与度，可以发现，有某些国家的两种参与度差距比较大，例如捷克和爱沙尼亚等国，它的前向参与度比后向参与度高出较多，而西班牙、马耳他的情况则相反，其全球价值链后向参与度更高。根据上面提到的，一国（地区）的前后向参与度的差异可以看出这个国家（地区）处于全球价值链的上游或者下游，按照数据显示，捷克和爱沙尼亚等国（地区）由于有着更高的前向参与度，说明它们中间产品出口中的国内增加值较高，处于价值链的上游，而西班牙、马耳他等，由于有着更高的后向参与度，可以推断它们的制造业偏向依赖别国（地区）进口，主要处于价值链的下游。

第七章 全球价值链嵌入对经济效率空间影响的国际比较与经验借鉴

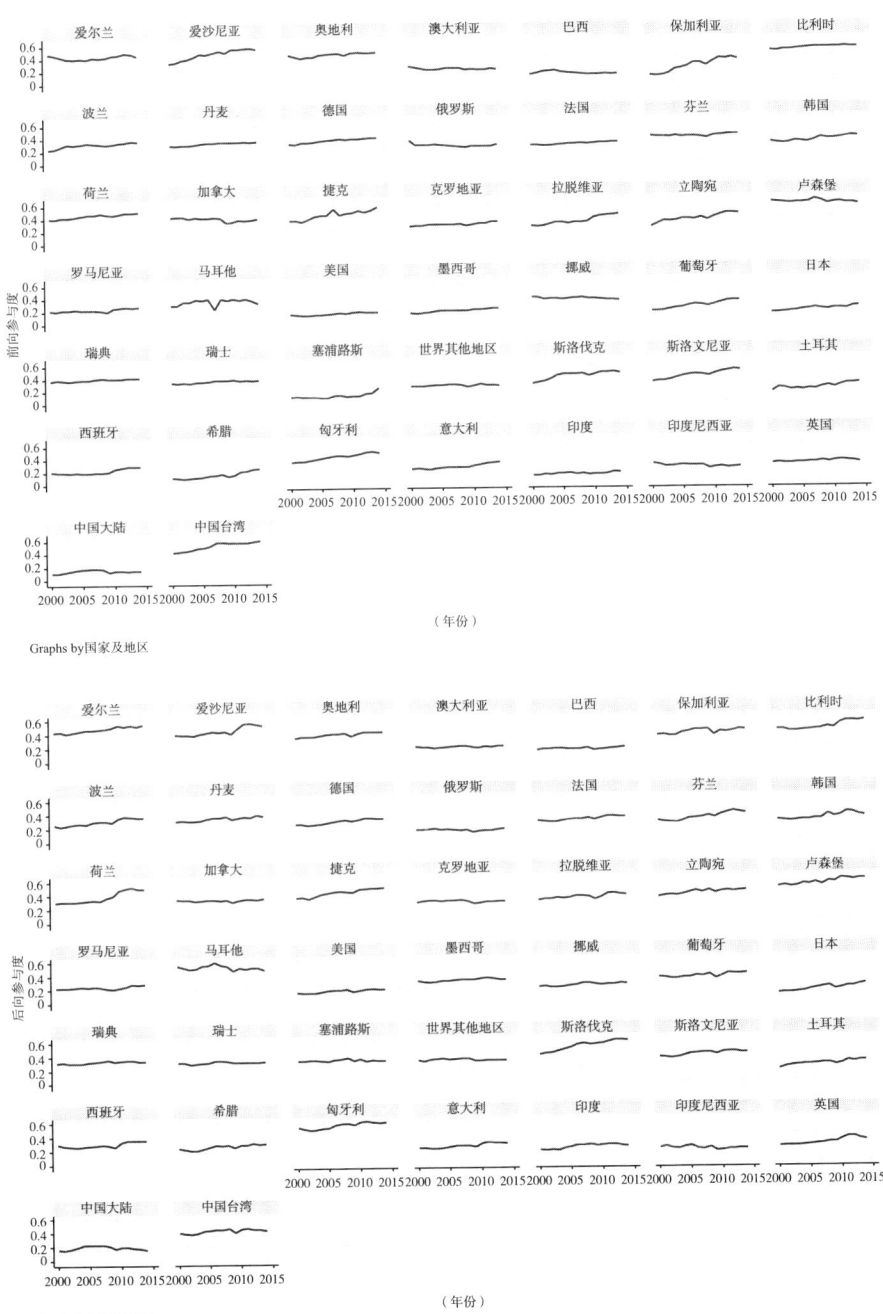

图 7-10 典型国家（地区）全球价值链前后向参与度分解

资料来源：UIBE 全球价值链指数，基于 2016 年世界投入产出数据库（WIOD）计算。

从纵向来看，即使是人均收入接近的国家（地区），其全球价值链参与度也有着较大的区别。其中，无论是前向还是后向全球价值链参与度，最突出的是卢森堡，都名列前茅，并且长时期处于高水平状态，其中最高程度时超过了 0.6。此外，比利时，爱尔兰和荷兰从前向及后向参与度的角度来看大致都可以归于第二梯队。其次瑞典、丹麦、芬兰、奥地利的参与度可以归为第三梯队，澳大利亚、加拿大、瑞士、英国、挪威以及超级大国美国的参与度较低。从横向来看，图 7-10 显示前向参与度和后向参与度的变化趋势有着较为显著的差异，2000~2014 年，各国（地区）前向全球价值链参与度的波动程度较小，大致呈小幅度波动上升趋势，荷兰、英国、瑞典、卢森堡在 2010~2014 年都出现了波峰，但整体看来变动不大。并且，有 11 个国家（地区）之多在 2014 年的前向参与度较之 2000 年有所增长，只有澳大利亚、加拿大和瑞士的参与度下降。而前向参与度的波动幅度比后向参与度明显许多，多数国家（地区）在 15 年内经历了剧烈的起伏波动，平均参与度最高的卢森堡可以在 3 年之间剧烈波动，从 0.87 下降到 0.29，又恢复到 0.60，挪威、比利时同样波动明显，澳大利亚则在较低的水平上下波动剧烈。只有美国的前向参与度在这一时期没有非常明显的不稳定波动，并且始终处于较低的水平。图 7-10 列出了 44 个国家（地区）部分年份后向及前向参与度的具体数值，同年份的前向及后向参与度在某些国家中存在着较大差异，例如 2005 年的挪威的前向参与度为 0.682，比后向参与度 0.150 高出 4 倍还要多，瑞士的前向参与度比后向参与度高出一倍，而美国和爱尔兰的后向参与度大多数时期都高于前向参与度，芬兰、澳大利亚等国家（地区）的前、后向参与度也总是存在较大差异。从横向上看这些国家（地区）参与度的变动情况，2000~2014 年，大部分国家（地区）的参与度都有所提升，它们参与全球价值链的程度正在逐渐加深但同时可以看到，除了少数国家（地区）外，大多数国家（地区）的提升程度并没有很大，例如荷兰的后向参与度在 2009~2010 年有较为明显的提升，而其他国家（地区）则是缓慢增长或轻微下降，例如卢森堡的前向参与度从 2007 年之后有轻微的下滑，总体来看波动幅度很小。

对比同一个国家（地区）同一时期的前后向参与指数可以发现，前向参与度高于后向参与度的国家有：卢森堡、比利时、挪威、澳大利亚、奥地利、英国、瑞士、瑞典等，芬兰、加拿大、丹麦等国（地区）的参与度比较平均，没有明显的孰高孰低，而爱尔兰的后向参与度比较高，美国的后向参与度也略高于前向，实际上荷兰的后向参与度近年来也超过了前向。对比这两种参与度，这些国家中并没有二者相差巨大的情况，在大多数国家（地区）中二者比较接近，其中，挪威、比利时的差距相对来说比较明显。其他国家（地区）的差距都保持在 0.05~0.15。另外可以观察到，几个欧洲国家如芬兰、丹麦、瑞士、瑞典等国的水平比较接近。

由此，也可以看出新旧指标之间有明显的差异。例如，传统的指标显示，俄罗斯的 GVC 参与时间趋势不一致：其前向参与度在上升，但其后向参与度却在下降。但本章所使用的指标表明，自 2000 年以来，俄罗斯的全球价值链参与从两个方向上都有下降的趋势。另一个不同之处在于，从传统指数的角度上看，美国和日本的参与度比中国高得多，而新指数却恰恰相反。这主要是由于中国经济比美国和日本更依赖于贸易（中国的出口占 GDP 的份额比美国和日本高得多），因此，以出口总额作为标准，传统的指数将高估美国和日本的全球价值链参与强度。另外，中国制造业总体的前后向参与度在全世界范围来看并不高，后向参与度比前向参与度略高，与现有研究使用传统指数所测算的高参与度的情况有所差别，高估了中国制造业的价值链参与程度。

二、分行业全球价值链参与度前后向分解

（一）劳动密集型

作为例证，我们在劳动密集型的行业中选取了典型的加工制造业，也即纺织品的制造、服装的制造、皮革和相关产品制造，来观察世界各国（地区）对于本行业的全球价值链参与程度。

由图 7-11 可以直观看出各国（地区）全球价值链参与程度和变动情况以及不同国家（地区）不同视角的对比。首先从纵向上看，对于前向参与度，某些国家（地区）之间的差距十分显著，可以看到，奥地利、比利时、德国、挪威、中国台湾等经济体的指数很高，大多高于 0.4。与之相反的是巴西、俄罗斯、克罗地亚、罗马尼亚、美国等超过 10 个国家的前向参与指数较低，大多处于 0.15~0.2，俄罗斯的前向参与度甚至低于 0.15，大多数时期在 0.1 左右。中国大陆的纺织品的制造、服装的制造、皮革和相关产品制造业前向参与程度在全球范围来看并不高。一些欧洲国

家例如卢森堡、法国、瑞士、英国等的前向参与度都比较高，但一些亚太地区的国家（地区）如日本、印度、印度尼西亚、中国等的前向指数较低。对于后向参与度，可以看到卢森堡、马耳他、匈牙利等国的后向参与度非常高，尤其是卢森堡在 2013 年之后超过了 0.6，而巴西、日本、中国等国则相反，有着较低的后向参与指数。从横向上看，大多数国家（地区）在 2000~2014 年，纺织服装制造业的全球价值链参与程度都有所提升，但变动程度有差异，有些国家，例如马耳他、捷克和匈牙利的前向参与度有较为明显的提升，芬兰和荷兰的后向参与度提升较为明显等，也有一些国家（地区）15 年间不升反降，例如澳大利亚的前后参与度都下降了、爱沙尼亚和罗马尼亚的前、后向参与度分别有所下降等。总体而言，各国（地区）的波动都比较温和，没有剧烈的涨跌。将前后向参与指数对照起来看，韩国、挪威、中国台湾等经济体有着高前向参与度及较低的后向参与度，说明这些国家或地区的纺织及服装制造业处于全球价值链的上游，而塞浦路斯、匈牙利、爱沙尼亚等国的后向参与程度明显高于前向，说明这些国家处于全球价值链的下游。芬兰等国的前向参与度有所提升而其后向参与度反而下降，而卢森堡却完全相反。中国的纺织及服装制造业的后向参与度高于前向，说明中国暂时也是处于价值链的下游。

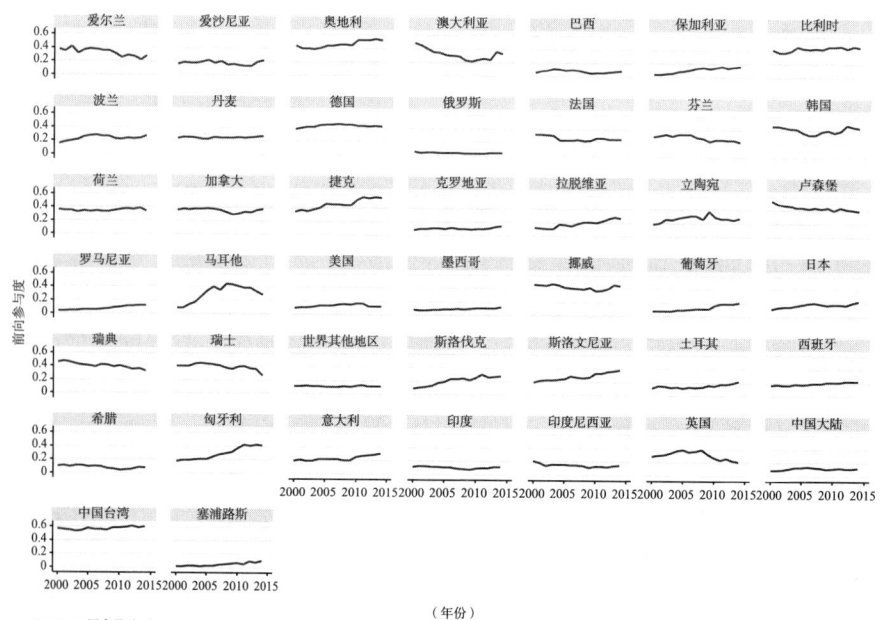

（年份）

第七章　全球价值链嵌入对经济效率空间影响的国际比较与经验借鉴 | 143

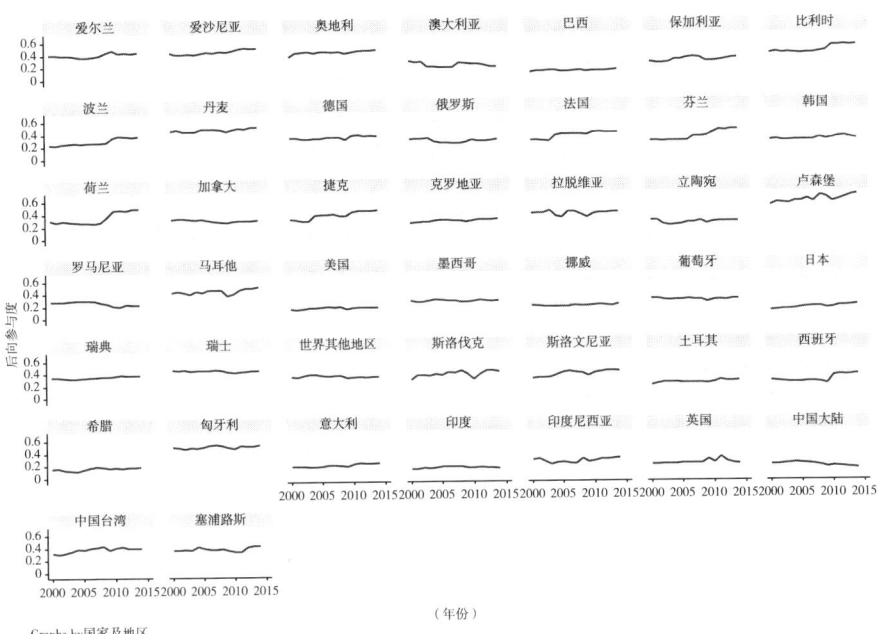

图7-11　典型国家（地区）劳动密集型制造业全球价值链前后向参与度分解

（二）资本密集型

作为例证，我们在资本密集型的行业中选取了典型的加工制造业，即焦炭和精炼石油产品的制造业，来观察世界各国（地区）对于本行业的全球价值链参与程度。由于塞浦路斯及卢森堡多年数据的缺失，本章将此两个国家删除，另外，由于计算结果显示斯洛文尼亚和拉脱维亚的数据偏差太大（例如斯洛文尼亚2014年的前向参与度在数值上超过了20），故也将这两个国家的从图7-12中删去，故本节列举了40个国家及地区的精炼石油业的前后向参与度及其变动情况。

由图7-12可以看到各国（地区）前后向参与度的情况。（1）从纵向上看，首先各国（地区）的参与度差异无论是前向还是后向都比较大，前向参与度大多数国家（地区）分布在0.1~0.8，后向参与度大多数国家（地区）分布在0.05~0.9。对于前向参与度，最高的国家包括荷兰、比利时等国，例如荷兰的前向参与度在2007年达到了0.77以上，并且从2008~2014年连续8年都高于0.7，说明这些国家精炼石油业的出口占比更高。相反地，可以看到有些国家的前向参与度很低，例如日本、墨西哥、美国、印度、巴西等国，美国、日本等国的前向参与度一直在 0.1 ~ 0.2，与同年的其他国家相差甚远。中国的精炼石油制造业的前向参与度也并不高，大致处于 0.15 ~ 0.2，但高于日本、美国等国。其次看各国（地区）后向参与度，水平最高的是马耳他，荷兰和比利时的后向参与度与前向参与度一样很高，尤其是荷兰在 2012 年其后向参与度接近 0.9，高出同期的俄罗斯将近 0.8，马耳他自 2000 年以来几乎没有低于 0.8，最高在 2004 年达到 0.85 以上。同样与这些国家（地区）相反的是俄罗斯、印度尼西亚、墨西哥等国，明显能看出它们的指数远低于其他国家（地区），尤其是俄罗斯的后向参与度在大部分年份中都低于 0.1，说明这些国家的更多是作为精炼石油制造业中间产品的提供者而不是进口者存在的。（2）从横向上看这些国家（地区）近年来的变动情况。首先无论是前向还是后向全球价值链参与度，大多数国家（地区）随着时间的推移都有所增长，有些国家（地区）的增长幅度非常大，例如马耳他、比利时等，2000 年时马耳他的前向参与度只有 0.06 左右，但到了 2014 年，达到了 0.77，一度跻身第一梯队，但也有些国家（地区）的参与度下降，例如罗马尼亚、俄罗斯、印度尼西亚等国。另外还有一些国家（地区）经历了比较明显的波动，例如爱尔兰、爱沙尼亚等国，后向参与度上升明显的国家（地区）有斯洛伐克、奥地利、德国等国，而下降了的包括土耳其、荷兰等国。（3）前后向对比来看，大多数国家（地区）的前后向参与度有所差异，其中，前向参与度明显高于后向参与度的国家有爱尔兰、挪威、俄罗斯、印度尼西亚、丹麦等，例如俄罗斯的 2000 ~ 2014 年前向参与度的均值为 0.371，而其后向参与度只有 0.06。而其余大多数国家（地区），例如保加利亚、德国、西班牙、法国、意大利、日本、韩国、马耳他、葡萄牙、美国等国家（地区），它们的后向参与度明显要高于前向。例如德国后向参与度的均值达到了 0.601，前向参与度的均值只有 0.302 左右。中国也属于后向参与度高于前向的国家之一，其后向均值为 0.234 左右，而前向参与度均值为 0.176。

（三）知识密集型

同样的，作为例证，在知识密集型的行业中选取了典型的制造业，也即计算机、电子和光学产品制造业，来观察世界各国（地区）对于本行业的全球价值链参与程度。由于塞浦路斯的 2013 年的数据与其他国家的数据有极端的差异，故本章将其看作异常值从图 7-13 中剔除。故本章列举了 43 个国家或地区的计算机、电子和光学产品制造业的前后向参与度及其变动情况。

第七章 全球价值链嵌入对经济效率空间影响的国际比较与经验借鉴 | 145

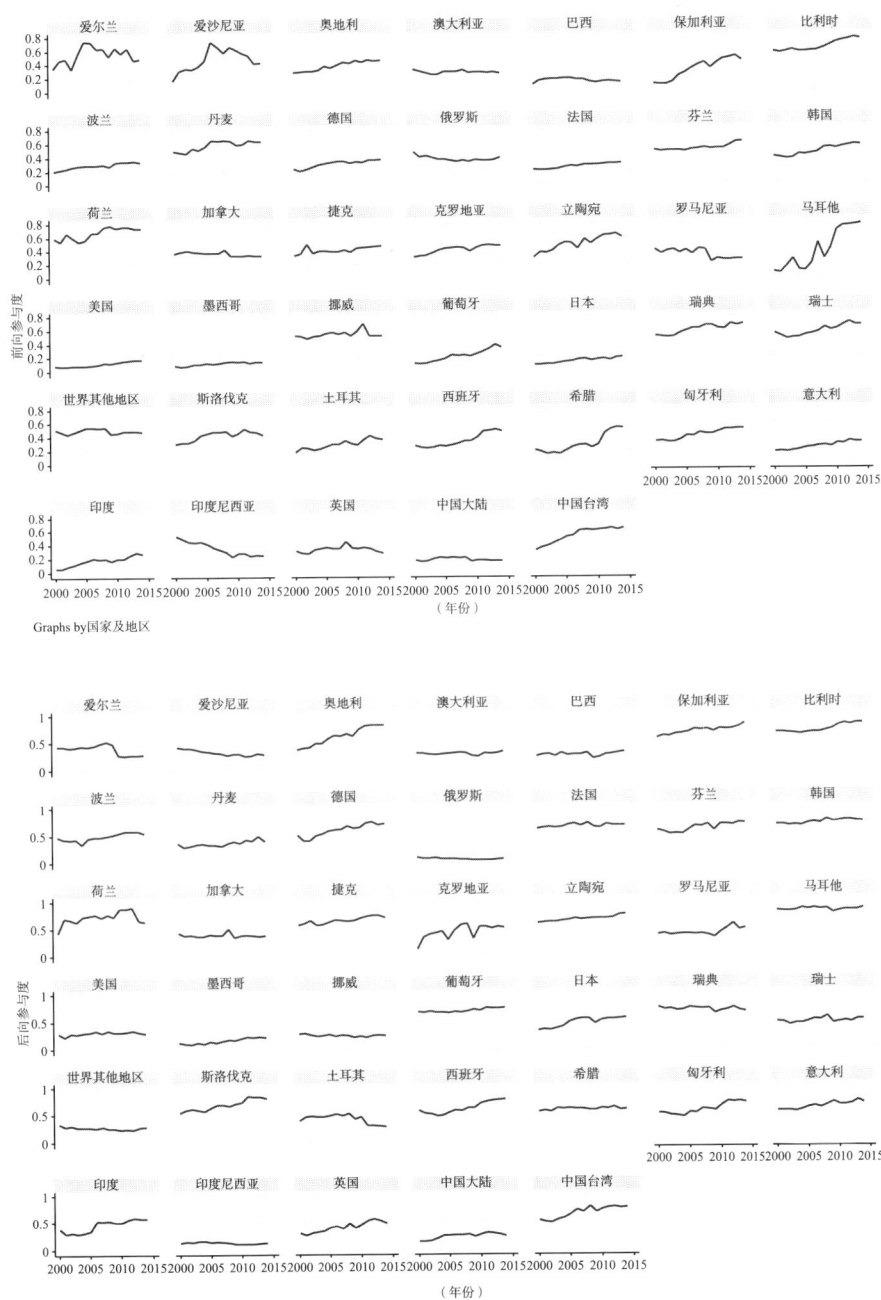

图 7-12 典型国家（地区）资本密集型制造业全球价值链前后向参与度分解

由图 7-13 可以看到各国（地区）前后向参与度的情况。

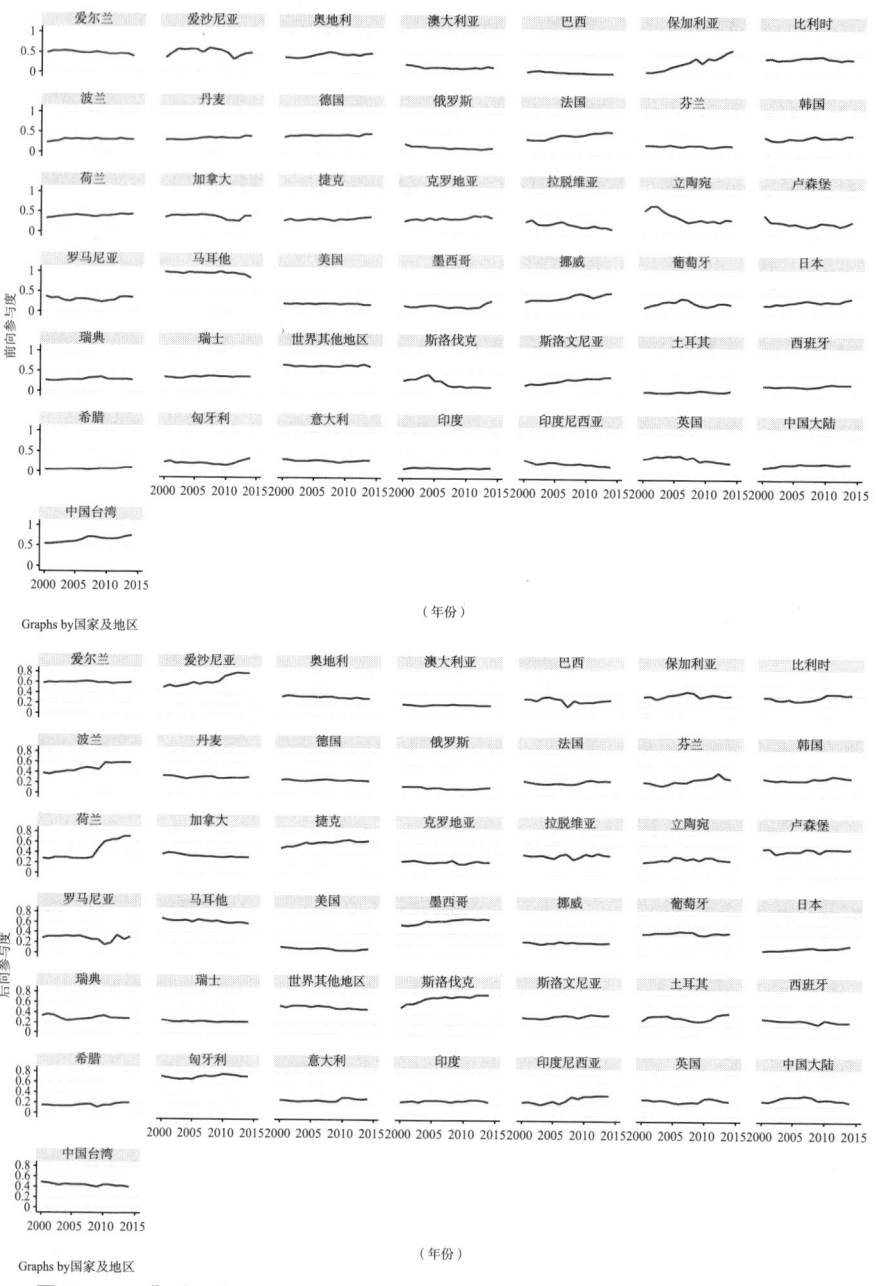

图 7-13 典型国家（地区）知识密集型制造业全球价值链前后向参与度分解

(1) 依旧先从纵向上看，首先各国（地区）的参与度差异无论是前向还是后向依旧比较大，前向参与度大多数国家（地区）分布在 0.1～0.6，后向参与度大多数国家（地区）分布在 0.1～0.7。对于前向参与度，最高的国家是马耳他，长期处于 0.8～0.9，远高于其他的国家（地区）。前向参与度较低的国家有巴西、土耳其、印度、希腊等国，与同年的其他国家（地区）相差甚远。中国的电子设备制造业的前向参与度也并不高，大致处于 0.2～0.25。其次看各国（地区）后向参与度，水平较高的国家是爱沙尼亚、捷克、墨西哥、斯洛伐克等国，尤其是爱沙尼亚在 2012～2013 年前后其后向参与度超过了 0.8。同样与这些国家相反的是美国、日本等国，明显能看出它们的指数远低于其他国家（地区），它们在大多数年份中数值都在 0.15～0.2，说明这些国家更多是作为电子设备设备制造业中间产品的提供者而不是进口者存在的。

(2) 从横向上看这些国家（地区）近年来的变动情况。首先无论是前向还是后向全球价值链参与度，大多数国家（地区）随着时间的推移都有所增长，但只有少数国家（地区）的前向增长幅度比较大，例如保加利亚，2000 年时保加利亚的前向参与度只有 0.1 左右，但到了 2014 年，达到了 0.6 左右。另有一些国家（地区）参与度有较为明显的下降，例如立陶宛、斯洛伐克等国。后向参与度的情况有所不同，大多数国家（地区）的增长幅度和增长速度都比较小，没有非常剧烈的波动，并且下降的国家占极少数，大多涨幅和跌幅都只在 0.1 左右，后向参与度上升明显的国家是爱沙尼亚和荷兰。

(3) 前后向对比来看，大多数国家（地区）的前后向参与度有所差异，并且后向参与度更高的国家（地区）占多数，只有少数国家（地区），例如奥地利、德国、法国、韩国、克罗地亚、马耳他、日本、中国台湾等经济体的前向参与度更高，后向参与度远高于前向参与度的国家（地区）居大多数，尤其是匈牙利，其后向参与度大多数时期处于 0.6 以上，而前向只有 0.2 左右。希腊虽然前后向参与度都不高，但平均看来其后向指数是前向指数的 3～4 倍。中国也属于后向参与度高于前向的国家之一，其后向均值为 0.34 左右，而前向参与度均值为 0.25 左右。对于计算机、电子和光学产品制造业，像美国、日本这样拥有电子设备前沿研发技术的国家来说，与此相关的全球价值链活动的前向参与度会高于后向参与度，而对于中国和印度这样的发展中国家来说，它们的全球价值链活动的后向参与度往往比它们的前向参与程度更高，即它们更多地依赖来自发达国家的进口零部件和零部件，而不是作为供应商提供给世界其他国家。

与世界平均水平相比，不论中国整体制造业还是分行业 GVCs 全球化程度和全球化程度扩张速度均普遍较低，中国制造业参与国际分工有待进一步提升。传统生产体系下，一国（地区）努力扩大出口，限制进口，争取更多的贸易顺差。在 GVCs 生产体系下，这将导致 GVCs 本地化程度高居不下，不利于发挥进口中间品的价格效应和生产率效应，阻碍出口产品竞争力的提升。

由上述分析，根据国家（地区）不同种类制造业的前后向参与度的差异情况，可以看出，不同国家（地区）以其不同的要素禀赋和生产结构，在不同的行业中有不同的全球价值链参与程度。例如，俄罗斯的资本密集型制造业的前向参与度明显高于后向参与度，表明在资本密集型的行业中俄罗斯这一能源大国更多是作为资本要素的提供者参与到价值链当中，而俄罗斯的劳动密集型和资本密集型制造业则是后向参与度更高。另外，根据世界银行按照各国人均收入所划分的国家类型，一些高收入国家（地区），如美国、日本、德国等国的制造业全球价值链参与度较高的行业大多集中在资本密集型和知识密集型的行业，而中低收入国家（地区）如印度、印度尼西亚等的劳动密集型行业的参与度则比其他类型行业要高。

第六节 全球价值链嵌入对经济效率的影响

一、总体回归分析

首先利用 Hausman 检验判定建立固定效应模型还是随机效应模型，检验结果拒绝支持随机效应的 0 假设，表明选用固定效应模型确实较为合适。本节采用可行的广义最小二乘估计（FGLS）方法进行回归，来检验全球价值链嵌入情况与全要素生产率之间的关系，可以对固定效应模型的组间异方差和序列相关进行修正，以期得到可靠的回归结果（王玉燕等，2014）。

实证结果如表 7-2 所示，（1）结果表明，在全样本中考察一国（地区）全球价值链参与程度对全要素生产率的影响，发现参与价值链分工生产对其生产率确实存在促进作用，参与全球价值分工的企业，能够以较低的成本学习、模仿和吸收发达国家的已有技术,提升自身技术水平与管理水平,从而提高生产率。全球价值链地位指数前的系数始终为正,并具有统计显著性,全球价值链地位提升对生产率提高积极的作用得以验证。在分行业的样本中,结果显示,无论是对于劳动、资本或是知识密集型的制造业,总体上看参与价值链分工都使得生产率有所提升,并且对于知识密集型制造业而言,参与价值链的生产率效应大于其他行业。除此之外,分行业价值链地位前的系数只有资本密集型行业显著为正,而劳动密集型和知识密集型没有通过显著性检验,由于发达及发展中经济体专业化部门的差异,需要进一步分样本讨论。考虑到不同类型经济体及不同性质行业全球价值链嵌入对全要素生产率的异质性影响,本书进一步地将经济体分为了2个子样本分别进行实证分析。

表7-2　　　　　　　　　　　回归结果

解释变量	全样本 (1)	劳动密集型 (2)	资本密集型 (3)	知识密集型 (4)
GVC参与	0.503*** (6.06)	0.463*** (6.71)	0.258*** (4.02)	0.823*** (9.56)
GVC地位	0.360*** (3.98)	0.003 (0.03)	0.243*** (4.99)	-0.143 (-1.26)
人力资本	0.008 (0.30)	0.037 (1.25)	0.026 (1.54)	-0.020 (-0.45)
出口规模	0.233*** (8.17)	0.130*** (4.17)	0.145*** (6.86)	0.326*** (8.74)
城市化率	3.167*** (17.00)	2.780*** (13.51)	2.721*** (24.56)	2.944*** (7.49)
投资水平	0.122*** (5.95)	0.099*** (3.01)	0.142*** (7.68)	0.169*** (6.29)
时间固定效应	是	是	是	是
个体固定效应	是	是	是	是
Hausman检验	83.19***	36.28***	69.59***	56.65***
样本数	350	350	350	350

注:*、**和***分别表示有关变量的系数在10%、5%和1%水平上显著;括号内为z统计量。表中全球价值链参与和全球价值链地位分别对应全样本、劳动密集型、资本密集型与知识密集型相应指标,由于篇幅所限,不再单独标注。

二、发达经济体与发展中经济体的对比

第一,由表7-3中(1)和(5)可以发现,对制造业总体而言,全球价值链参与指数前的系数都为正,并且都通过了显著性检验,说明不论是对于发达经济体还是发展中经济体而言,参与价值链分工都对本国(地区)的全要素生产率有着显著的促进作用,并且发达国家所获的积极影响大于发达经济体。对于发展中经济体,其全球价值链地位指数前的系数显著为正,说明价值链地位的提升对发展中经济体生产率有着显著的正向作用。

第二,对于不同要素密集型的行业,发达经济体各行业参与度前系数显著为正,并且对于发达经济体而言,全球价值链参与度对知识密集型的行业生产率促进作用高于资本密集型和劳动密集型行业,由于规模经济效应和技术溢出效应,知识密集型的行业在价值链分工中更易提升其生产率。而对于发展中经济体,除了劳动密集型制造业之外,资本密集型和知识密集型制造业前的系数不够显著。尽管一些发展中国家参与全球价值链越来越深入,但并未有效地使生产环节向价值链高端攀升,由于"低端锁定",虽然不断深入参与国际分工,但仅仅满足于从事简单的劳动密集型产品生产(王玉燕等,2014),以至于通过技术外溢途径学习的核心技术偏少,与发达国家相比,其对生产率的提升仍然有限,特别是在资本与知识密集型制造业中(Buckley,2009)。

另外,地位指数前系数显著大于其参与程度。大多发展中经济体具有竞争优势的产业以劳动密集型居多,只能在全球价值链的低端缓慢发展,进一步说明了发展中经济体在参与价值链过程中要更加注重的是地位的提升,而不仅仅满足于低端嵌入。发达经济体地位指数前除了资本密集型制造业的系数之外为负,且其知识密集型制造业前的系数最小。在观测期内,发达经济体的价值链所处地位较高,凭借着先进的技术和充裕的资金优势参与全球价值链分工,占据着研发、营销等附加值较高的生产环节,但由于随着价值链的不断发展,发达国家往往作为全球价值链的目标市场,因此大量的最终产品都在这些国家被消费,使得其全球价值链地位大多有所下降(牛卫平,2012)。然而根据本节的测算表明,发达国家的生产率在观测期内大多有所提高,故使得全球价值链地位指数与生产率呈现负向关系。而大多发展中经济体还处在价值链的低端,有更大升级空间,在向价值链高端移动的过程中,后发效应使其对生产率的正向影响更容易显现出来。

表 7-3 分样本回归结果

解释变量	发达经济体				发展中经济体			
	制造业总体	劳动密集型	资本密集型	知识密集型	制造业总体	劳动密集型	资本密集型	知识密集型
	(1)	(2)	(3)	(4)	(5)	(6)	(7)	(8)
GVC 参与	0.466*** (6.28)	0.316*** (7.04)	0.196*** (3.37)	1.368*** (26.39)	0.393*** (5.89)	0.762*** (7.93)	0.023 (0.28)	0.174 (1.54)
GVC 地位	-0.470*** (-9.12)	-0.489*** (-6.17)	0.023 (0.36)	-1.030*** (-21.97)	0.959*** (20.79)	1.101*** (10.81)	0.275*** (4.60)	1.465*** (15.95)
人力资本	-0.003 (-0.15)	-0.010 (-0.45)	-0.041** (-2.31)	0.004 (0.27)	0.091** (2.21)	-0.004 (-0.09)	0.181*** (4.83)	-0.042 (0.88)
出口规模	0.122*** (7.75)	0.021 (0.99)	0.094*** (9.11)	0.283*** (18.88)	0.367*** (15.80)	0.381*** (11.10)	0.134*** (4.60)	0.474*** (12.65)
城市化率	-0.574 (-1.28)	-1.042*** (-3.70)	-0.431*** (-2.99)	-1.612*** (-3.37)	3.915*** (20.14)	2.857*** (10.16)	3.767*** (15.43)	3.905*** (11.81)
投资水平	0.079*** (3.73)	0.121*** (3.93)	0.159*** (8.17)	0.121*** (6.40)	0.115*** (7.97)	-0.001 (-0.001)	0.127*** (6.38)	0.192*** (6.67)
时间固定效应	是	是	是	是	是	是	是	是
个体固定效应	是	是	是	是	是	是	是	是
Hausman 检验	22.08***	32.10***	8.49*	38.50***	35.90***	15.68***	32.91***	30.82***
样本数	210	210	210	210	140	140	140	140

注：① *、** 和 *** 分别表示有关变量的系数在 10%、5% 和 1% 水平上显著；括号内为 z 统计量。② 表中 GVC 参与和 GVC 地位分别对应全样本、劳动密集型、资本密集型与知识密集型相应指标，由于篇幅所限，不再单独标注。

第三，对于发展中经济体，知识密集型制造业从全球价值链地位提升中获得的生产率效应是最为明显的，可能的原因在于，若某一行业属于或知识密集型的行业，则意味着该行业的企业较为重视设备更新和研发投入，由此带来的较高的研发能力，再加上行业生产环节转移带来的更显著的技术扩散效果，使得相对于劳动密集型行业，知识密集型和资本密集型行业生产过程中价值链国际分工可能会对生产率产生更为显著的影响。而资本密集型行业前的系数较小，本节认为可能的原因在于，焦炭和精炼石油产品制造、橡胶和塑料制品制造等行业的发展需要大规模的物质资本投入，资源丰裕本身是有利于经济增长的，但是资源丰裕所带来的资源产业依赖会对人力资本产生挤出效应（赵康杰和景普秋，2014）。

三、稳健性检验

为了保证计量结果的准确性，本节将替换被解释变量的计算方法来进行稳健性检验。我们借鉴科埃和赫尔普曼（Coe and Helpman, 1995）、程惠芳和陈超（2017）的做法，利用索罗余值法再次计算全要素生产率，所用数据与上面一致，根据柯布－道格拉斯生产函数可得：

$$TFP_{it} = \frac{Y_{it}}{L_{it}^{\alpha_{it}} K_{it}^{1-\alpha_{it}}}$$

并设定规模报酬不变，然后进行回归得到各国的产出弹性，得到全要素生产率后作为被解释变量重新进行回归。表7-4列出了部分的回归结果，可以看到，与本节的实证结果大体上是一致的。

表7-4 稳健性检验

解释变量	全样本	发达经济体样本	发展中经济体样本
GVC参与	0.450*** (6.85)	0.363*** (7.13)	0.388*** (3.60)
GVC地位	0.573*** (7.19)	-0.271*** (-5.21)	0.690*** (6.66)
人力资本	0.078*** (4.11)	0.056*** (4.14)	0.179*** (3.55)
出口规模	0.123*** (6.80)	0.187*** (11.94)	-0.005 (-0.015)

续表

解释变量	全样本	发达经济体样本	发展中经济体样本
城市化率	0.977 *** (13.00)	-2.037 *** (-7.47)	2.578 *** (12.73)
投资水平	0.192 *** (8.33)	0.080 *** (5.27)	0.157 *** (4.69)
时间固定效应	是	是	是
个体固定效应	是	是	是
Hausman 检验	10.93 *	24.89 ***	13.99 **
样本数	350	210	140

注：*、** 和 *** 分别表示有关变量的系数在 10%、5% 和 1% 水平上显著；括号内为 z 统计量。

第七节 发达国家全球价值链嵌入与经济转型经验

一、美国"再工业化"战略

(一) 美国经济转型经验

美国是典型的市场经济国家，它的现代化产业体系的建立从 19 世纪工业革命开始经历了 200 多年的历史；完成了农业社会、工业社会、信息社会的转换。于 20 世纪初实现了工业化，制造业在国民经济中的占比在 20 世纪 50 年代到达了最顶峰 28%。使得美国在全球经济、政治、军事都属于领先地位。然而在 20 世纪后期，不同国家的资源禀赋优势的不同造成全球分工的局面，全球价值链的影响开始深化，随着发展中国家不断的发展对美国的经济造成威胁。并且过早的"去工业化"和金融危机的双重影响让美国经济遭遇寒冬。

2009 年，奥巴马政府针对美国进行"再工业化"并出台了相关政策和法案，如《制造业促进法案》《鼓励制造业和就业机会回国策略》等，并实施了"五年出口倍增计划"等支持"再工业化"的举措。奥巴马政府还对出口进行扩张并且扩大引资规模直接依靠外资来达到持续增长的目的；通过加强基础设施的建设，颁布税收优惠政策等具有吸引力的举措来吸引外资进行投资。并且一些美国领头企业在这些政策的影响下，在未来都有将生产基地搬回本土的意向，重新增加美国制造业内部的竞争力，促使企业进行创新获得核心技术继续攀升全球价值链。例如谷歌、微软等科技公司工厂从中国的退出。近年来，"再工业化"给美国创造了更多的就业机会、工业在国民经济中的占比有所回升、进出口贸易等方面都显现出成效，使美国在金融危机冲击后先呈现出了复苏的迹象。2012年美国总出口达2.21万亿美元，比2009年增长了40.1%；2013年7月美国制造业的产出指数和就业人数从2009年6月的80.3和1146.0万人上升至96.8和1197.5万人。美国再工业化不仅仅是对制造业的简单复兴，而是对工业体系进行全面的改造，一方面通过技术研发改造传统的制造业，利用产业升级减轻成本压力；另一方面勇于创新，利用先进制造业用深厚的工业基础在世界占有领先地位并引领世界创新。这两方面都有利于美国在全球价值链占据重要地位，该战略的实施对美国自身经济具有深远的影响。

（二）美国经济转型启示

从美国经济的兴起再到遭遇危机不难看出工业是一个国家发展的基础，在进行产业升级的同时也要注重工业的发展，"去工业化"的浪潮让美国付出巨大的代价，经济受到巨大冲击，但美国很快意识到此战略的错误性，在发展新型产业的同时也不能放弃传统工业的发展，政府及时出台各种政策重新激励发展传统工业，通过"再工业化"使得国民经济回升并且提供了更多的就业机会。并且实施撤回本国公司、恢复国内市场竞争力、促进国内企业创新的战略，不难看出这是为了迎合全球价值链的举措。因为全球激烈的竞争和各国不断的发展要想一直保持全球价值链高端的地位必然要掌握最先进核心的技术。这种"再工业化"不是只对其复兴而是勇于创新掌握核心技术让自身在世界占有重要地位。美国政府在美国经济的转型当中起到了不可替代的作用，及时地调整策略应对挑战并制定相关激励政策，也是其转型成功的一个必不可少的因素。

二、英国制造业革命

（一）英国经济转型经验

英国是"工业革命"的摇篮，是曾经的"世界工厂"，但在与发展国家廉价劳动力以及资源优势的竞争下其制造业逐渐开始走下坡路,在受到金融危机的冲击之后,其政府意识到实体经济的重要性开始重振制造业。2013 年英国的公司税从 24% 降到 23%,通过优惠的税收政策吸引制造业回流远远低于其他国家。除此之外英国一直十分注重科技和创意设计的发展,将制造业与服务业结合。注重顾客文化,经常将各国不同的文化元素融入产品设计当中,例如劳斯莱斯的图案设计就曾融入"龙"元素深受顾客喜爱。尽管其许多品牌已经被其他国家收购,但这些产品的设计和生产依然在英国进行并且从传统形态向高附加值发展。而一些国际知名品牌均在英国设有公司,英国负责关键零部件的生产以及核心制造环节,这意味着其不必交高额的专利使用费用以及进口设备来完成生产;使得英国在全球价值链中处于高端地位。除此之外它还在喷气发动机、超音速运输机等领域具有强大的竞争力。

(二) 英国经济转型启示

英国经济所面临的问题主要在于一直依赖于工业的发展导致其环境负担严重,持续的高能耗也让英国在治理环境方面付出了代价。并且随着发展中国家的发展,其低廉的劳动力和富余的资源优势使得英国的经济出现衰退现象。它的前车之鉴让我们意识到实体经济的重要性,无论如何不能放弃传统制造业的发展。最为重要的是其顺应全球价值链的潮流积极参与全球的分工当中并且掌握核心技术,将传统制造业向高附加值转变让其一直都保持强竞争力的状态。

三、日本进口替代战略

(一) 日本转型经验

作为"亚洲四小龙"之一的日本在"二战"后经济经历了四次转型,第一次是在 1945～1955 年这 10 年间实施"贸易立国"的策略,在朝鲜战争的背景下由于日本的地理位置优势成为了美国的军用物资供应地,重点发展了劳动密集型轻工业,使得日本在这段时间的经济飞速增长。第二次转型发生在 1955～1972 年,经过了前 10 年的经济高速增长日本陷入了"两低一高"的发展困境,在 1960 年日本政府提出了"国民收入倍增计划",主要从累积社会资本、产业结构高级化、加强贸易合作、注重提升国民素质、振兴科技发展5个方面入手,在这个计划实施后,日本创造了资本主义经济发展历史上的奇迹,实现了"黄金18年"。然而在20世纪70年代开始,日本受到了"经济危机"和"石油危机"的冲击,让日本意识到其经济的短板开始逐渐向低能耗、高技术、高附加值方向发展,将高能耗、高污染的产业转移到发展中国家发展,使用"雁型"发展模式,自己掌握核心技术实现垄断发展,保证其能在全球价值链中处于高端地位。例如丰田、松下等在中国都有设立工厂,并大力支持航空、电子、精密机械等产业的发展,这就是日本的第三次转型。第四次转型发生在1985年之后,日元在经济高速发展中迅速升值,迫于这样的升值压力日本将产业结构向信息产业和文化产业转移,并在1995年确立"文化立国"战略,并出台了一系列政策,在5年的发展后,信息产业成为了日本的第一大产业部门。

(二) 日本经济转型经验启示

日本四次经济转型遵循产业结构演变规律。第一阶段利用资源禀赋比较优势大力发展轻工业获得了大量外汇。第二阶段随着居民收入的提高对住房等耐用消费品的需求提升,使得日本由轻工业到重工业的升级。第三阶段受到经济危机和石油危机的冲击,原来的资源优势被削弱,推动了能源经济和高附加值的发展。第四阶段日本的劳动力成本和日元的升值让其开始将制造业向国外转移,形成国内研发技术国外进行加工组装的模式。日本的经济转型还很好地解决了自身的资源危机问题,通过向资源节约型产业,发展对产业进行升级除了解决了资源问题同时也成了攀升全球价值链的途径。中国的发展现状与日本的经济转型的各个阶段有很多相同点,因此十分值得借鉴。

第八节 主要结论

总体来看,发展中经济体的制造业全球价值链参与度较高,但在全球价值链中的地位并不高甚至较低。相反发达经济体的参与度虽低,但在全球价值链中的地位普遍较高。绝大多数经济体的资本和知识密集型制造业的全球价值链参与程度高于劳动密集型制造业。参与价值链分工对生产率确实存在促进作用,但在分行业样本中由于发达及发展中经济体专业化部门的差异，全球价值链地位的作用没有显著表现出来。对于一些发展中经济体来说，由于存在"低端锁定"的现象，参与价值链对其生产率的提升十分有限，尤其是在知识密集型行业中，从而使得参与价值链的生产率效应不能显著地表现出来。相较于全球价值链参与程度，发展中国家全球价值链地位对生产率的影响更为突出，在价值链上地位的提高能够对生产率产生显著的影响，并且这种影响在知识密集型制造业中最为显著，而对发达国家而言则没有这种作用。

第八章

国内价值链重构对经济空间与效率空间协同演化的影响

第一节 国内价值链重构的时空演化特征

一、基于国内价值链的垂直分工效应

（一）国内价值链分工的内涵

无论是国内价值链还是全球价值链，都意味着在价值链分工的背景下的生产不是某国或某地区自身包揽全部产品或生产的每一个环节，而是根据比较优势，各自负责其中的一个或部分生产环节，这样生产出的产品，其出口或流出价值中不可忽视的一部分是来自地区外的中间投入的价值（邵朝对等，2019）。价值链分工生产过程中有多个环节都被分布到不同的地区负责，例如研发设计、提供原材料、零部件生产及组装、物流配送、市场营销、售后服务等。对于国内价值链而言，链中的各地区各自凭借相关优势，相互合作，并在长期形成循环的价值链生产。

基于国内价值链分工的内涵，可以关注到一个地区在国内价值链上的参与程度。地区的国内价值链分工参与度建立在区域间投入产出关系上的衡量指标，反映了一个地区融入国内价值链的程度。

(二) 国内价值链分工的分解方法

区域间投入产出模型是以各地区投入产出表为基础的投入产出模型，它利用区域间贸易数据，将商品和服务的流入和流出内部化，并按照同一部门分类进行衔接和调整。中间产品部分详细记录了各地区各部门和其他地区的输入和使用情况，最终需求部分记录了各地区各部门最终需求的使用情况。本章选择基于库普曼等的方法，可以计算 NVC 参与度指数，来综合考察地区的价值链嵌入情况。

假设有 G 个省份，N 个行业，某地的总产出可以用作中间品或最终产品被本地和地区外消耗，那么可以得到总产出的构成为：

$$X_r = A_{rr}X_r + Y_{rr} + \sum_{i \neq r} A_{ri}X_i + \sum_{i \neq r} Y_{ri}, \quad r = 1, 2, \cdots, G \quad (8-1)$$

上式中 X_r 表示 r 地区的总产出，A_{rr} 表示 r 地区消耗的本地区产品的直接消耗系数，A_{ri} 表示 r 地区产品对其他地区中间品的直接消耗系数，Y_{rr} 表示 r 地区对本地区产品的最终需求，而 Y_{ri} 表示 r 地区对其他地区产品的最终需求，若改写为矩阵形式可得：

$$\begin{bmatrix} X_1 \\ X_2 \\ \vdots \\ X_G \end{bmatrix} = \begin{bmatrix} A_{11} & \cdots & A_{1G} \\ \vdots & \ddots & \vdots \\ A_{G1} & \cdots & A_{GG} \end{bmatrix} \begin{bmatrix} X_1 \\ X_2 \\ \vdots \\ X_G \end{bmatrix} + \begin{bmatrix} Y_1 \\ Y_2 \\ \vdots \\ Y_G \end{bmatrix} = \begin{bmatrix} I-A_{11} & \cdots & -A_{1G} \\ \vdots & \ddots & \vdots \\ -A_{G1} & \cdots & I-A_{GG} \end{bmatrix}^{-1} \begin{bmatrix} Y_1 \\ Y_2 \\ \vdots \\ Y_G \end{bmatrix}$$

$$(8-2)$$

令 $B = \begin{bmatrix} I-A_{11} & \cdots & -A_{1G} \\ \vdots & \ddots & \vdots \\ -A_{G1} & \cdots & I-A_{GG} \end{bmatrix}^{-1} = (I-A)^{-1}$，表示完全消耗系数矩阵，

也即里昂惕夫逆矩阵，令 V_r 表示一个对角阵，其各元素表示 r 地区各行业的直接价值增值系数，E_r 为 r 地区的出口矩阵，且一个地区的总出口 $E_r = \sum_{i \neq r} A_{ri}X_i + \sum_{i \neq r} Y_{ri}$。于是我们可以得到：

$$V_r B_{ir} E_r = \begin{bmatrix} V_1 \sum_i B_{1i}E_{i1} & V_1 \sum_i B_{1i}E_{i2} & \cdots & V_1 \sum_i B_{1i}E_{iG} \\ V_2 \sum_i B_{2i}E_{i1} & V_2 \sum_i B_{2i}E_{i2} & \cdots & V_1 \sum_i B_{2i}E_{iG} \\ \vdots & \vdots & \vdots & \vdots \\ V_G \sum_i B_{Gi}E_{i1} & V_G \sum_i B_{Gi}E_{i2} & \cdots & V_G \sum_i B_{Gi}E_{iG} \end{bmatrix} \quad (8-3)$$

由此我们可以得到总出口的分解，上述矩阵对角线上的元素 $V_r B_r E_r$ 即为出口中的地区内价值增值部分（DV），而各行非对角元素的加总 $\sum_{i \neq s} V_r B_{ri} E_{is}$ 表示中间产品出口中隐含的地区内增加值被进口地区用来生产然后出口，作为第三方地区的中间产品或满足其最终需求的部分（IV），各列非对角元素的加总 $\sum_{i \neq r} V_i B_{ir} E_r$ 表示出口中的地区外增加值部分（FV）。

根据库普曼的理论，在区域增加值分解基础上，借鉴王等（2017）的思路，构建国内价值链嵌入度指标，反映不同区域各部门的国内价值链分工参与程度，于是根据总出口的分解，国内价值链参与度指数的计算方法如下：

$$NVC\_Participation_{it} = \frac{IV_{it}}{E_{it}} + \frac{FV_{it}}{E_{it}} \qquad (8-4)$$

其中，IV_{it} 代表某地区 i 产业 t 年度增加值出口中来自地区内的间接增加值，即出口的中间品中经加工后又出口给第三地区的这部分的增值；FV_{it} 表示某地区 i 产业 t 年度增加值出口中的地区外增加值部分，即出口的最终产品的价值中隐藏的来自地区以外的进口中间品的价值；E_{it} 则表示 i 产业 t 年度以增加值统计的出口总量。可以核算出中国各区域主要部门的国内价值链嵌入情况，进一步按照各部门的产值占比加权可得区域层面的国内价值链嵌入水平。NVC 参与指数越高，说明该地区越深程度地参与国内价值链分工。

（三）数据来源

本章计算价值链参与度指标的数据来源于中国统计出版社出版发布的 2007 年、2010 年、2012 年的中国 31 省区市区域间投入产出表（由于西藏地区数据较为缺乏，故选取除西藏外的 30 个省区市作为研究对象），并利用线性插值法补全了中间年份的数据，计算结果如下面所示。

（四）各地区国内价值链分工参与情况

根据前面所述的计算方法，依据中国省际 2007 年、2010 年、2012 年 3 个年度的投入产出数据度量各地区的价值链参与度，并利用线性插值法完善了中间其他年份的数据，本章得到了 2007～2012 年各地区的国内价值链参与指数，图 8-1～图 8-3 显示了 2007 年、2010 年、2012 年 3 个代表

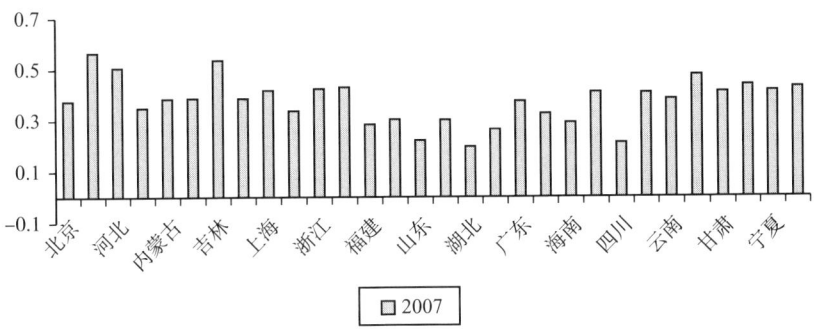

图 8-1　各省份代表年份 NVC 参与度（2007 年）

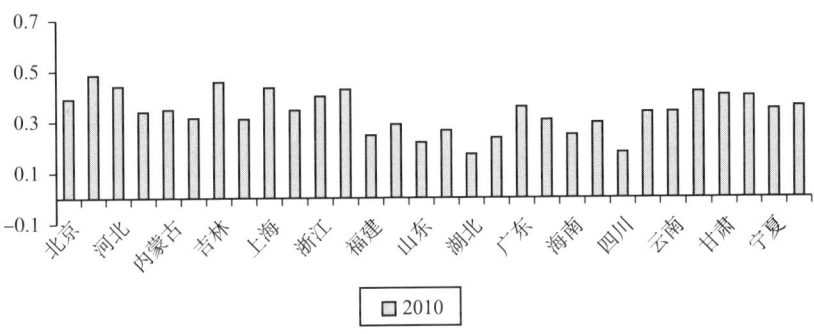

图 8-2　各省份代表年份 NVC 参与度（2010 年）

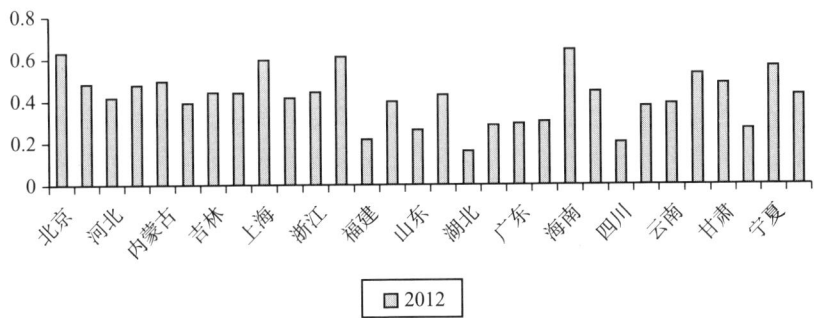

图 8-3　各省份代表年份 NVC 参与度（2012 年）

年份中国 30 个省份的国内价值链嵌入程度。从横向比较来看，江苏、广东、上海、浙江等东部沿海地区，河北、天津等北部沿海城市嵌入水平相对较高，安徽、青海、宁夏、甘肃等中西部地区参与国内价值链分工的程度也较高。而中部地区，如湖南、湖北、江西等地区的参与度不够高。可能的解释在于，地理位置对分工选择的影响。东部沿海地区开展贸易和专业化分工的条件较多，对外部市场的依赖度相对较高；中部地区开展区域性对外贸易往来的成本较高，更多地依靠当地市场进行分工与合作。从国内价值链嵌入的纵向比较来看，与2002年相比，大多数地区参与价值链的程度都有所上升，随着国内地方保护主义和区域市场分割程度的缓解，中西部地区更多嵌入了国内专业化分工。

二、嵌入全球价值链的天花板效应

（一）嵌入全球价值链的天花板效应内涵

除了基于国内市场的国内价值链分工，中国省级区域也在全球价值链上进行着生产活动，具体而言即为国内企业通过内部产品分工，直接或间接利用国外资源，参与中间产品的供应、加工制造和最终消费环节（黎峰，2020）。

虽然目前中国在全球价值链中的参与程度位于世界前列，但更要看到的是，中国参与全球价值链的"天花板"依旧存在。汉弗莱（Humphrey，2004）提出"技术阶梯"的存在，价值链高端环节往往被技术领先的发达国家占据，处于"微笑曲线"的两侧。而中国等发展中国家和其他新兴国家却因为主要从事装配、测试和包装活动，只能获得较少的产品价值收入。发达国家通过对后发国家的价值"俘获"、贸易壁垒、压低采购价、屏蔽技术外溢等手段，使得发展中经济体在参与垂直专业化分工过程中，难以实现价值链攀升从而进入高端阶段、形成具有一定竞争力的核心研发水平，因而面临价值链"低端锁定"和"贫困化增长"风险。这种"低端锁定"实际上就是给中国省级区域参与价值链并获得价值增值设置了"天花板"，由于这层"天花板"，影响了资源更高效率的配置，因而相比参与国内价值链，有可能会对经济空间与效率空间的协同演化产生不同的影响。

（二）出口复杂度计算方法

豪斯曼等（Hausmann et al.）曾提出出口复杂度的概念表示的是在一定层面上，出口技术复杂度可以体现地区通过出口参与国际生产分工的程度。参照罗德里克和豪斯曼（Rodrik and Hausmann）的研究、李小平等（2015）的计算方法，可以用下面的表达式来计算部门的出口复杂度：

$$PRODY_j = \sum_i \frac{\frac{X_{ij}}{X_i}}{\sum_i \left(\frac{X_{ij}}{X_i}\right)} \cdot Y_i \quad (8-5)$$

其中：$PRODY_j$ 指部门 j 出口复杂度。X_{ij} 表示一地区 i 部门 j 的出口额，X_i 是地区 i 的出口额。Y_i 代表一国或者地区 i 人均 GDP。利用上式计算某一产品出口复杂度后，通过以下公式可以计算地区出口复杂度：

$$EXPY_{it} = \sum_j \frac{x_{ijt}}{X_{it}} PRODY_{jt} \quad (8-6)$$

其中：$EXPY_{it}$ 为第 t 年地区 i 的出口复杂度，x_{ijt} 为第 t 年地区 i 部门 j 的出口额，X_{it} 为第 t 年地区 i 出口总额，$PRODY_{jt}$ 为第 t 年部门 j 的出口复杂度。

（三）数据来源

计算出口复杂度需要各地区研究年份的出口额数值，以及各地区逐年人均 GDP 数据。人均 GDP 本节以万元为单位，可由各地统计年鉴获取，部门及地区出口额数据来源于相应年份的区域间投入产出表。

（四）出口复杂度的时间演变特征

由此公式，可以计算出各地区的出口复杂度及变动情况（见表 8-1）。总体而言，纵向来看，大部分地区的出口复杂度呈现逐年上升的态势，且从 2010~2012 年的数据来看，这种上升的速度更加显著，这段时间的上升幅度较之前更大。说明 2010 年后中国各地区的出口规模及产品复杂度都有明显的提高。随着对外开放的扩大以及价值链分工的嵌入，在参与全球生产网络的过程中，通过积极吸引外商直接投资，购买先进设备等举措，在全球价值链上有了一定程度的升级，但这种升级在欠发达地区例如新疆、甘肃、广西等地依旧不明显，随着价值链的嵌入其出口复杂度未有较明显的提升，遇到了较为明显的"天花板"。

表 8-1　　　　　　　　各地区出口复杂度

地区	2007 年	2010 年	2012 年	地区	2007 年	2010 年	2012 年
北京	0.760	0.506	3.644	河南	0.095	0.175	0.256
天津	0.280	0.453	0.631	湖北	0.078	0.128	0.262
河北	0.109	0.129	0.203	湖南	0.081	0.099	0.185
山西	0.327	0.195	1.612	广东	0.255	0.346	0.419
内蒙古	0.223	0.277	1.224	广西	0.063	0.082	0.172
辽宁	0.109	0.210	0.332	海南	0.192	0.285	0.803
吉林	0.140	0.223	0.390	重庆	0.149	0.167	0.368
黑龙江	0.156	0.118	0.304	四川	0.068	0.095	0.218
上海	0.448	0.457	0.559	贵州	0.065	0.082	0.267
江苏	0.274	0.344	0.470	云南	0.125	0.137	0.524
浙江	0.220	0.293	0.465	陕西	0.091	0.148	0.263
安徽	0.066	0.093	0.173	甘肃	0.169	0.078	0.152
福建	0.149	0.210	0.312	青海	0.323	0.179	0.818
江西	0.067	0.097	0.196	宁夏	0.124	0.180	0.319
山东	0.160	0.177	0.397	新疆	0.116	0.191	0.227

（五）出口复杂度的空间分布格局

一些较发达地区的出口复杂度要高于欠发达地区，例如北京、上海、江苏、浙江等地区，而山西等地区由于本地的煤炭开采和洗选业等部门的出口复杂度很高，所以使得整体出口复杂度较高。而一些中部地区，例如江西、湖北、安徽等出口复杂度较低，与之前计算的国内价值链分工参与程度的情形有相似之处。

一些沿海的省份接入全球价值链时间早，地理位置也有优势，其参与全球价值链的程度要明显高于内陆省份。一些沿海省份出口的出口复杂度指数都较内陆省份更高。例如，广东、海南、江苏、上海、天津、浙江等，而一些内陆省份如安徽、湖北、湖南、河南、宁夏、甘肃、陕西、四川、甘肃、新疆等地则与之相反。这也说明为什么长期以来世界经济主要集聚在沿海港口地区。

第二节 经济空间与效率空间协同的时空演化特征

一、经济空间与效率空间的内涵

经济空间与效率空间协同演化水平的评价需要建立在对经济空间与效率空间内涵的深刻理解之上。对于经济空间和效率空间的定义属于一种规范性的价值判断，故对其含义进行界定见仁见智。

根据前面的文献梳理，本书将经济空间定义为——区域经济规模增长能力空间，它是基于总量视角的经济增长分析，同时它包含了多个方面对于一个地区的经济实力的评估，经济空间的度量可以反映地区经济实力和综合竞争能力。根据对经济总量增长产生明显影响的因素，可以从多个视角构建出经济空间的体系。

效率空间则主要是指——区域投入产出转换能力空间，指在生产过程中投入与产出的生产率、资源配置过程中资源配置的有效性和资源的有效利用程度。它是基于结构经济增长理论视角的经济增长分析，代表着一个地区的经济潜力和经济发展质量，它同样是一个具有多维而丰富的内涵的评估体系。本书研究将效率空间的外延界定为与经济效率紧密相关的经济方面的内容，包括全要素生产率、制度转化能力、资金投入产出转化能力、资源节约和减排效率等方面。

本书认为，经济空间和效率空间不是一个单一的概念，它具有非常丰富的内涵，需要由多方面、多个指标所构成的一个指标体系来进行描述。另外，本书所构建出的指标体系不可能穷尽、涵盖经济规模与经济效率所涉及的各个方面，反映其全部内容，我们所构建的指数只反映了主要内容，只能对其状态进行一个基本的判断，所以本书构建的描述经济空间与效率空间的指数所包含的内容将在下面详细说明。

二、指标体系构建

若要准确反映协同演化水平，必须借助一定的测度手段，同时还需要综合多层面的因素。本书构建了表8-2所示三个层次的指标体系。其中，区域协同演化为一级指标，经济空间和效率空间两个子系统为二级指标，反映各个子系统状况的具体指标为三级指标。区域投入产出有效率意味着能以较小的资源投入和环境污染来获取较大的经济产出。基于文献梳理及数据可获得性，本书选取了以社会经济要素、自然资源要素为主的投入指标，以经济正产出及污染负产出组成的产出指标。具体指标含义为：

表8-2　　衡量经济空间与效率空间协同演化的各级指标

综合指标	二级指标	三级指标	变量	单位	指标属性
协同演化	经济空间	规模扩张	人均GDP	万元	正向指标
			年末居民人均储蓄额	万元	正向指标
		价值增值	第二、第三产业增加值	亿元	正向指标
		劳动投入	第二、第三产业就业人员数	万人	正向指标
		资本获取	固定资产投资占GDP比重	%	正向指标
		制度俘获	国家级经开区产值	%	正向指标
		环境治理	工业废气排放量	亿标立方米	负向指标
			工业废水排放量	万吨	负向指标
		土地资源	城市建设用地占市区面积比重	%	正向指标
	效率空间	全要素驱动	全要素生产率	—	正向指标
		增长能力	人均GDP增长率	%	正向指标
			第三产业对GDP的拉动率	%	正向指标
		制度转化	单位国家战略产值	亿元	正向指标
		储蓄转化	储蓄—投资转化率	—	正向指标
		资金利用效率	城市亿元固定资产投资增加国内生产总值	亿元	正向指标
		资源使用效率	单位产出能源消耗	吨标准煤/元	负向指标
			建成区单位面积第二、第三产业GDP	亿元/平方公里	正向指标
		减排效率	单位环境治理投资的工业废气排放	标立方米/元	负向指标
			单位环境治理投资的工业废水排放	吨/万元	负向指标

（1）规模扩张。选用人均 GDP、居民储蓄额两项指标表示，这两项指标可以较好地诠释一个地区的产出规模。

（2）价值增值。选用第二、第三产业的增加值，从价值生产角度来刻画经济空间。

（3）劳动投入。用第二、第三产业就业人员数来从劳动力资源角度刻画经济空间的规模。

（4）资本获取。固定资产投资占 GDP 比重从资本投入角度来刻画经济空间规模。

（5）制度俘获。主要国家级战略产值可以从一定程度上展现一个地区的制度红利情况，本章用国家级经开区产值表示。

（6）环境治理。利用工业废水、废气排放量两种负指标，从环境的视角刻画经济规模。

（7）土地资源。从土地资源投入方面，用城市用地情况来描述经济空间。

（8）全要素驱动。全要素生产率（TFP）是所有投入要素综合后形成的综合投入的产出效率，可以很好地刻画效率空间。

（9）增长能力。人均 GDP 增长率和第三产业拉动率可以较好地反映一个地区的发展潜力和发展效率。

（10）制度转化能力。对比经济空间，利用单位国家经开区产值表示一个地区利用制度及发展战略的效率。

（11）储蓄转化，对比经济空间，刻画一个地区将居民储蓄转换为有效投资的效率。

（12）.资金利用效率。顾名思义，描绘一个地区的资本投入转化效率。

（13）资源使用效率。主要从土地、能源两方面刻画自然资源的利用效率。

（14）减排效率。对应经济空间，主要展示环境治理效率。

其中，人均 GDP、年末居民人均储蓄额、第二、第三产业增加值、第二、第三产业就业人员数、固定资产投资占 GDP 比重、工业废气排放量、工业废水排放量、城市建设用地占市区面积比重、城市亿元固定资产投资增加国内生产总值、环境治理投资额等均可在各地统计年鉴和《中国统计年鉴》中获取，国开区数据来源于商务部发布的《中国开发区审核公告目录》，全要素生产率的计算运用 DEA – Malmquist 指数方法来计算，计算 TFP 的数据来源于统计年鉴，产出选用 GDP 作为代理变量，选用从业人员数为劳动投入（L）代理变量，选用资本存量为资本投入（K）的代理变量，最后得出不同地区全要素生产率。

三、经济空间与效率空间耦合协调模型

一方面，经济规模扩张可为效率提升奠定经济与资源环境基础；另一方面，效率驱动可为经济规模增长提供有效支撑。本节将经济空间和效率空间分别看作协同演化的两个子系统来处理，从而形成基于协同演化系统的协同度模型，评价指标如表8-2所示。

建立耦合度模型之前要先计算出功效系数。我们可以看到，经济空间和效率空间的指标的作用方向和单位都各不相同，为了使得各个指标之间可以进行比较，需要进行指标标准化处理。设 $x_{ij}(i=1,2;j=1,2,\cdots,n)$ 为第 i 子系统的第 j 指标，即序参量。$\max(X_{ij})$、$\min(X_{ij})$ 为系统稳定临界点上的序参量的上、下限值。本节采用极差标准化法进行标准化处理（为确保功效系数 $x_{ij}>0$），x_{ij} 就是指标 X_{ij} 对系统的功效贡献值：

$$x_{ij} = \frac{X_{ij} - \min(X_{ij})}{\max(X_{ij}) - \min(X_{ij})} \times 0.99 + 0.01 \quad (X_{ij}\text{为正项指标}) \quad (8-7)$$

$$x_{ij} = \frac{\max(X_{ij}) - X_{ij}}{\max(X_{ij}) - \min(X_{ij})} \times 0.99 + 0.01 \quad (X_{ij}\text{为负项指标}) \quad (8-8)$$

指标处理完毕之后进行耦合度的测量。系统间耦合度计算模型如下所示（张勇等，2013；张虎等，2019）：

$$C = \frac{2\sqrt{U_1(x) \cdot U_2(x)}}{U_1 + U_2} \quad (8-9)$$

其中，C 为系统间的耦合度。U_1 和 U_2 表示经济空间与效率空间的综合序参量，具体计算公式如下所示：

$$U_i(x) = \sum_{j=1}^{n} \lambda_{ij} x_{ij} \quad (8-10)$$

上式中，U_i 表示第 i 个子系统的综合序参量，x_{ij} 为指标 j 对子系统 i 的功效，λ_{ij} 为指标对应的权重。

各项指标的权重确定的方法，常见的有主成分分析法、因子分析法等，本章选用熵值法赋权，以确定各指标权重 λ_{ij}，较为客观（李虹等，2019）。具体的计算步骤如表8-3所示。

表 8-3　　　　　　　　　　计算指标权重步骤

步骤	公式	含义
第一步	$p_{ij} = \dfrac{x_{ij}}{\sum\limits_{i=1}^{n} x_{ij}}$ $(i=1, 2; j=1, 2, \cdots, n)$	对指标进行比重变换，x_{ij} 为样本 i 的第 j 个指标的数值
第二步	$E_j = -\sum\limits_{i=1}^{n}(p_{ij} \times \ln p_{ij})$ $(i=1, 2; j=1, 2, \cdots, n)$	计算熵值 E_j，n 和 p 分别为样本与指标个数
第三步	$A_j = 1 - E_j$ $(j=1, 2, \cdots, p)$	得到熵值的信息效用价值 A_j
第四步	$w_j = \dfrac{A_j}{\sum\limits_{j=1}^{p} A_j}$ $(i=1, 2; j=1, 2, \cdots, n)$	得到指标 j 的熵权 w_j

得出权重后可根据上面公式计算出综合序参量 $U_i(x)$ 和系统间的耦合度 C，之后可根据如下模型计算系统间的耦合协调度：

$$D = \sqrt{C \times T} \quad (T = aU_1 + bU_2, \ a = b = 0.5) \quad (8-11)$$

式中，T 为经济空间与效率空间的综合协调指数，a 与 b 为待定系数，鉴于两大子系统在当前发展的重要性，因而设定两大子系统同等重要。D 即为最后系统间的协调度。

四、中国省际经济空间与效率空间的协同演化特征

（一）经济空间与效率空间的时空演化

表 8-4 展示了 2007 年、2010 年、2012 年这 3 个代表年份各个省份两个系统的综合序参量，纵向上可以看到，大部分地区无论是经济空间综合序参量还是效率空间综合序参量都有所上升，表明随着社会的发展各地区的经济规模和效率都有一定程度的提升。横向来看，一些发达地区例如北京、上海、江苏、广东同时具有很高的经济空间序参量及效率空间序参量，说明这些地区除了注重经济规模的增长，也注重效率的提升。一些较不发达地区例如云南、甘肃、广西、宁夏等地区的经济空间序参量与效率空间序参量都处于较低水平，且二者之间的差距较大，而这些也正是耦合协调度偏低的一些地区。可以发现，绝大多数地区的效率空间序参量都大

于经济空间序参量,但是一些发达地区的经济规模较大,经济空间序参量也较高,所以使得二者之间的差距得以弥补,从而实现较为协调的发展模式。与之相反的是,一些欠发达地区,例如广西、山西、贵州、云南等地,有着很低的经济空间序参量,说明这些地区协调度低很大程度上归咎于发展水平较低,体量较小,无法发挥规模经济。

表8-4　　　　各省份经济空间与效率空间综合序参量

地区	2007年		2010年		2012年	
	$U_{经济}$	$U_{效率}$	$U_{经济}$	$U_{效率}$	$U_{经济}$	$U_{效率}$
北京	0.479	0.457	0.501	0.574	0.542	0.564
天津	0.316	0.403	0.323	0.471	0.344	0.345
河北	0.210	0.366	0.225	0.368	0.191	0.281
山西	0.119	0.155	0.121	0.161	0.123	0.239
内蒙古	0.144	0.229	0.145	0.251	0.161	0.196
辽宁	0.293	0.270	0.277	0.312	0.234	0.381
吉林	0.170	0.304	0.162	0.259	0.169	0.335
黑龙江	0.129	0.281	0.140	0.258	0.151	0.289
上海	0.539	0.453	0.510	0.510	0.479	0.599
江苏	0.424	0.421	0.413	0.487	0.440	0.492
浙江	0.302	0.416	0.287	0.469	0.307	0.366
安徽	0.169	0.337	0.168	0.318	0.165	0.295
福建	0.176	0.371	0.169	0.390	0.180	0.301
江西	0.139	0.323	0.150	0.403	0.143	0.417
山东	0.320	0.337	0.300	0.337	0.300	0.318
河南	0.163	0.250	0.172	0.318	0.182	0.290
湖北	0.149	0.329	0.168	0.281	0.195	0.401
湖南	0.146	0.290	0.154	0.340	0.162	0.348
广东	0.415	0.417	0.377	0.502	0.332	0.526
广西	0.080	0.332	0.090	0.334	0.088	0.351
海南	0.387	0.333	0.413	0.362	0.399	0.257
重庆	0.125	0.272	0.127	0.246	0.164	0.398

续表

地区	2007年		2010年		2012年	
	$U_{经济}$	$U_{效率}$	$U_{经济}$	$U_{效率}$	$U_{经济}$	$U_{效率}$
四川	0.143	0.258	0.163	0.310	0.176	0.357
贵州	0.153	0.233	0.139	0.250	0.106	0.266
云南	0.114	0.250	0.116	0.221	0.124	0.217
陕西	0.139	0.267	0.145	0.226	0.145	0.262
甘肃	0.126	0.167	0.138	0.155	0.135	0.153
青海	0.311	0.393	0.295	0.276	0.283	0.332
宁夏	0.138	0.139	0.121	0.191	0.162	0.168
新疆	0.274	0.245	0.271	0.213	0.276	0.210

(二) 经济空间与效率空间耦合协调的时空演化

由表8-4可见，经济空间与效率空间增长的环境治理代价的权重普遍较高，这意味着在经济空间增长的变化更多地体现在生态环境代价这一维度上。经济空间的规模扩张维度以及劳动投入维度的权重大致相同，这说明这两个维度对经济空间指数的贡献大小基本相当。

为了使得各地区的协同水平具有可比性，本书耦合协调度的划分标准参考唐晓华等（2018）、张虎等（2019）等学者的做法，划分出不同的协调度等级，如表8-5所示。并按照上面的公式（8-11），最后可以得到2007~2012年的耦合协调度，表8-6展示了2007年、2010年、2012年3个代表年份的数据。

表8-5　　　　　　　　耦合协调度划分标准

	(0.9, 1]	优质协调发展型
协调发展可接受区间 (0.6, 1]	(0.8, 0.9]	良好协调发展型
	(0.7, 0.8]	中级协调发展型
	(0.6, 0.7]	初级协调发展型
协调发展过渡区间 (0.4, 0.6]	(0.5, 0.6]	勉强协调发展型
	(0.4, 0.5]	濒临失调衰退型

续表

协调发展不可接受区间 (0, 0.4]	(0.3, 0.4]	轻度失调衰退型
	(0.2, 0.3]	中度失调衰退型
	(0.1, 0.2]	重度失调衰退型
	(0, 0.1]	极度失调衰退型

表8-6　各地区"经济空间—效率空间"系统协调程度

地区	2007年		2010年		2012年	
北京	0.684	初级协调发展型	0.732	中级协调发展型	0.744	中级协调发展型
天津	0.597	初级协调发展型	0.625	初级协调发展型	0.587	勉强协调发展型
河北	0.527	勉强协调发展型	0.536	勉强协调发展型	0.481	濒临失调衰退型
山西	0.369	轻度失调衰退型	0.374	轻度失调衰退型	0.415	濒临失调衰退型
内蒙古	0.426	濒临失调衰退型	0.436	濒临失调衰退型	0.421	濒临失调衰退型
辽宁	0.530	勉强协调发展型	0.542	勉强协调发展型	0.547	勉强协调发展型
吉林	0.477	勉强协调发展型	0.452	濒临失调衰退型	0.487	濒临失调衰退型
黑龙江	0.436	勉强协调发展型	0.436	濒临失调衰退型	0.457	濒临失调衰退型
上海	0.703	中级协调发展型	0.714	中级协调发展型	0.732	中级协调发展型
江苏	0.650	初级协调发展型	0.670	初级协调发展型	0.682	初级协调发展型
浙江	0.595	勉强协调发展型	0.606	初级协调发展型	0.579	勉强协调发展型
安徽	0.489	濒临失调衰退型	0.480	濒临失调衰退型	0.470	濒临失调衰退型
福建	0.505	勉强协调发展型	0.507	勉强协调发展型	0.483	濒临失调衰退型
江西	0.460	濒临失调衰退型	0.496	濒临失调衰退型	0.494	濒临失调衰退型
山东	0.573	勉强协调发展型	0.564	勉强协调发展型	0.556	勉强协调发展型
河南	0.449	濒临失调衰退型	0.484	濒临失调衰退型	0.479	濒临失调衰退型
湖北	0.471	濒临失调衰退型	0.466	濒临失调衰退型	0.529	勉强协调发展型
湖南	0.454	濒临失调衰退型	0.479	濒临失调衰退型	0.487	濒临失调衰退型
广东	0.645	初级协调发展型	0.660	初级协调发展型	0.647	初级协调发展型
广西	0.403	濒临失调衰退型	0.417	濒临失调衰退型	0.419	濒临失调衰退型

续表

地区	2007年		2010年		2012年	
海南	0.599	勉强协调发展型	0.622	初级协调发展型	0.566	勉强协调发展型
重庆	0.429	濒临失调衰退型	0.420	濒临失调衰退型	0.505	勉强协调发展型
四川	0.438	濒临失调衰退型	0.474	濒临失调衰退型	0.501	勉强协调发展型
贵州	0.434	濒临失调衰退型	0.432	濒临失调衰退型	0.409	濒临失调衰退型
云南	0.411	濒临失调衰退型	0.400	濒临失调衰退型	0.405	濒临失调衰退型
陕西	0.439	濒临失调衰退型	0.425	濒临失调衰退型	0.442	濒临失调衰退型
甘肃	0.381	轻度失调衰退型	0.383	轻度失调衰退型	0.380	轻度失调衰退型
青海	0.591	勉强协调发展型	0.534	勉强协调发展型	0.554	勉强协调发展型
宁夏	0.372	轻度失调衰退型	0.390	轻度失调衰退型	0.406	濒临失调衰退型
新疆	0.509	勉强协调发展型	0.490	濒临失调衰退型	0.491	濒临失调衰退型

表8-6展示了全国30个省份各年份经济空间与效率空间的协同度极其演变情况,时间上纵向来看,中国30个省份经济空间与效率空间耦合协调程度有80%以上都有所上升,但由于不同区域自身经济基础的差异及发展进程的快慢,使得各省份的耦合协调程度存在着较为明显的区域差异性(见图8-4~图8-6)。

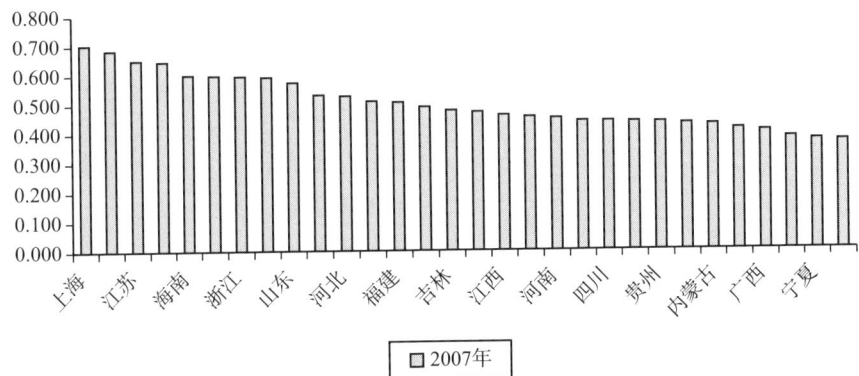

图8-4 各地区2007年经济空间与效率空间耦合协调度

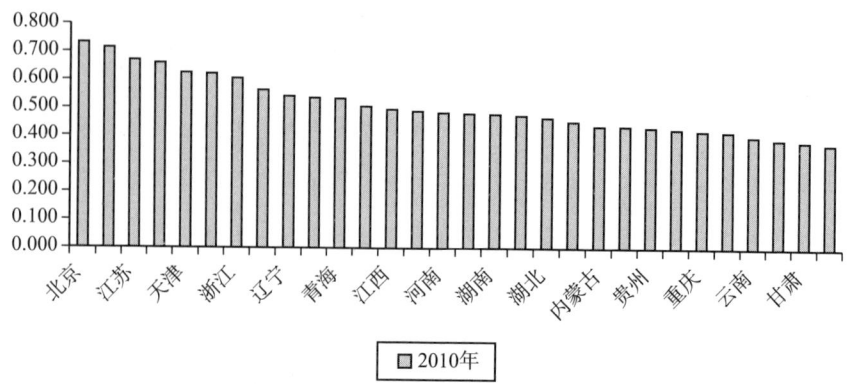

图 8-5　各地区 2010 年经济空间与效率空间耦合协调度

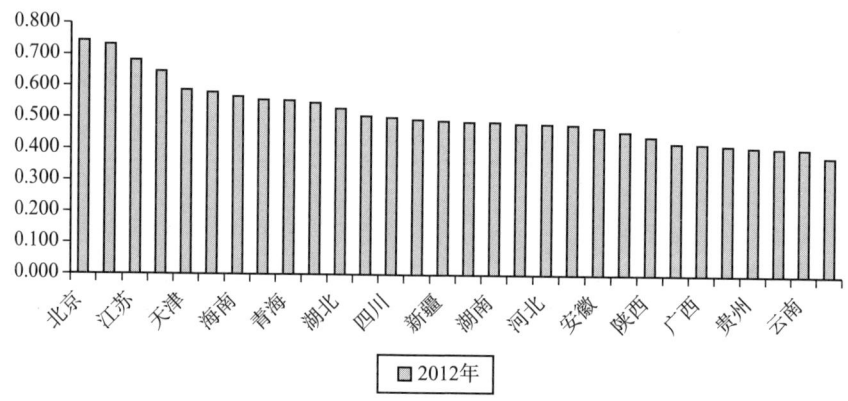

图 8-6　各地区 2012 年经济空间与效率空间耦合协调度

横向上看，其中，上海市、北京市在三个时期的耦合协调度都很高，随着时间的推移有小幅度的降低，从中级协调发展型转变为初级协调发展型，其他一些较发达的省市包括位于长三角的浙江省、江苏省、位于珠三角的广东省，以及天津市、山东省、河北省等北部沿海地区的协同程度较高，表明这些地区的经济空间与效率空间的发展较为同步，经济空间与效率空间保持着协同演化的态势。与之相反的是，陕西、甘肃、贵州、云南、安徽、江西、湖南、黑龙江等省份耦合协调度小于 0.5，始终处于濒临失调衰退型。东北三省辽宁、吉林、黑龙江，越靠近北部耦合协调度越低，由此可见，国家为了发展西部和东北地区，专门为西部地区和东北地区制定并发布了西部开发与东北振兴的政策，在一定程度上带动西北和东北地区经济发展，但经济空间与效率空间之间互相促进、相互提升的作用较弱,并未形成良性的耦合互动。

第三节 实证模型与数据来源

一、回归模型

为了考察国内价值链参与程度以及出口复杂度对经济空间与效率空间协同程度的影响,本节建立以下基础方程。

$$\ln D_{it} = \alpha + \beta_1 \ln NVCPt_{it} + \beta_2 \ln Z_{it} + \mu_{it} + \varepsilon_{it} \quad (8-12)$$
$$\ln D_{it} = \alpha + \beta_1 \ln EXPO_{it} + \beta_2 \ln Z_{it} + \mu_{it} + \varepsilon_{it} \quad (8-13)$$

另外,考虑到参与国内价值链对某地区经济空间和效率空间分别产生影响,从而可能存在影响方向的差别,故本节建立四个扩展方程,探究参与国内价值链对经济空间与效率空间的影响。

$$\ln U_{1it} = \alpha + \beta_1 \ln NVCPt_{it} + \beta_2 \ln Z_{it} + \mu_{it} + \varepsilon_{it} \quad (8-14)$$
$$\ln U_{2it} = \alpha + \beta_1 \ln NVCPt_{it} + \beta_2 \ln Z_{it} + \mu_{it} + \varepsilon_{it} \quad (8-15)$$
$$\ln U_{1it} = \alpha + \beta_1 \ln EXPO_{it} + \beta_2 \ln Z_{it} + \mu_{it} + \varepsilon_{it} \quad (8-16)$$
$$\ln U_{2it} = \alpha + \beta_1 \ln EXPO_{it} + \beta_2 \ln Z_{it} + \mu_{it} + \varepsilon_{it} \quad (8-17)$$

其中,i 表示各省市区,t 表示年份,α 为截距项,D_{it} 表示某地区某年的协同度。解释变量包括:$NVCPt_{it}$ 表示某地区国内价值链参与指数,$EXPO_{it}$ 表示出口复杂度,Z_{it} 表示控制变量集合,μ_{it} 表示可能存在的固定效应,用以消除不随个体或时间变动的因素,ε_{it} 表示残差项,ln 表示对变量取对数。

二、变量选择与数据来源

被解释变量。本书用两系统间的耦合协调度来刻画经济空间与效率空间协同发展水平,各地区数值由耦合协调度模型测度得到。各地区经济空间和效率空间的综合序参量,由熵值法得到。GDP 数据、第三产业产值、固定资产投资总额、就业人员数等来源于《中国统计年鉴》,工业废气、废水排放、环境治理投入总额等来源于中国资源环境数据库,国家级经开区数据来源于中国商务年鉴。储蓄转化率则是指一段时期(通常为 1 年)

国内储蓄总额与投资总额的比例，数据来源于《中国统计年鉴》。具体计算方式如前面所述。

解释变量。本节选用各地区的 NVC 参与度指数来刻画该地区参与国内价值链的程度，国内价值链参与度根据 2007 年、2010 年、2012 年区域间投入产出表计算，具体计算方式如前面所述。各地区参与全球价值链的程度用出口复杂度指标代表。

控制变量。经济空间和效率空间受地区自身发展的影响存在差异，本节选用以下的控制变量：

（1）外商投资（FDI）反映外商直接投资对本地区经济增长的贡献，选用实际利用外资金额为指标，数据取自各地区各年统计年鉴。

（2）信息化水平（information），会通过影响经济交流效率、组织决策的速度等方面影响经济空间与效率空间的协调度，选取互联网上网人数（万人）为代表指标，数据来源于各地区各年统计年鉴。

（3）基础设施（fundamental structure，FS）。在区域分工过程中，中间产品的市场流转因为基础设施的逐步完善避免一些可能遭受的不确定性因素（田毕飞，2017）。本书选取交通基础设施密度作为代表指标，即参考德米尔热（Demurger，2001）的做法，加总铁路里程、公路里程和内河航道里程三类指标的数据，再除以各省份的土地面积，即得到代表交通基础设施的指标。

（4）政府投入（city construction，CC），也可能会影响城市的经济水平及效率，用地区政府对本地建设及设施维护等的投入来表示，选取城市维护建设资金支出为指标，数据来源于中国统计年鉴。

（5）市场化程度（marketization degree，MD），本书选用樊纲及其合作者撰写的《中国分省份市场化指数报告》中的市场化总指数评分来衡量各个地区的市场化程度。

（6）研发投入（research and development，RD）。本书选用各地区 R&D 经费支出来代表其研发情况，来分析研发投入如何影响经济空间与效率空间的协同演化，数据来自相应年份的统计年鉴。

由表 8-7 可以看出，各项指标在不同省份的差异十分明显。协调度的均值为 0.507，按照之前的划分方法，可以发现中国大致处于经济空间与效率空间的勉强协调发展期，仍有很大的发展空间。而 NVC 参与度最大值是最小值的四倍以上，说明不同地区参与价值链的程度有着较大差距。其他控制变量由于各地发展水平及政策的差距也出现了较大的极差。

第八章 国内价值链重构对经济空间与效率空间协同演化的影响 | 177

表8-7 描述性统计

变量	平均值	标准差	最小值	最大值	观测值
协调度	0.504	0.085	0.327	0.725	180
NVC参与度	0.369	0.097	0.159	0.643	180
出口复杂度	0.281	0.351	0.063	3.644	180
外商投资	8146.125	6050.056	482.843	31256	180
信息化水平	1345.889	1111.763	60	6627	180
基础设施	128799.600	67926.840	11163	293499	180
城市维护建设	231.241	200.900	9.192	950.052	180
研发投入	362469.700	695239.400	3177.000	4900000	180
市场化指数	4.827	3.206	-0.410	16.120	180

第四节 国内价值链重构对经济空间与效率空间耦合协调影响的实证分析

一、基于国内价值链重构的区域分工效应有助于效率提升

在进行回归分析之前，本节运用STATA软件进行Hausman检验，判定建立固定效应模型还是随机效应模型，检验结果显示选用固定效应模型较为合适。因此，通过使用固定效应模型可以对数据的组间异方差和序列相关进行修正，探究得出参与国内价值链和全球价值链与经济空间效率空间之间的协调度之间的关系，以期得到可靠的回归结果。本书将实证结果陈列如表8-8所示。

表8-8 基于国内价值链的区域分工效应回归结果

变量	耦合协调度	经济空间	效率空间
NVCPt（NVC参与度）	0.101** (2.29)	0.073 (1.05)	0.329** (2.11)
FS（基础设施）	0.205* (1.68)	0.044 (0.23)	0.774* (1.77)

续表

变量	耦合协调度	经济空间	效率空间
Information（信息化水平）	0.097** (1.77)	0.178** (2.04)	0.210 (1.08)
FDI（外商投资）	0.017* (1.91)	0.014 (0.99)	0.055* (1.71)
CC（城市建设）	0.025 (1.10)	0.016 (0.46)	0.083 (1.03)
RD（研发投入）	0.101 (0.86)	0.049 (1.08)	0.049 (0.49)
MD（市场化）	0.205** (1.98)	0.065** (2.37)	0.072 (1.17)
年份固定效应	是	是	是
地区固定效应	是	是	是
样本量	180	180	180
R-sq	0.2036	0.3284	0.1305

注：*、** 和 *** 分别表示有关变量的系数在10%、5%和1%水平上显著；括号内为 t 统计量。

本书采用逐步回归过程来检验国内价值链嵌入与耦合协调度之间的关系，实证结果如表 8-8 所示。首先，从本书最关注的国内价值链分工对经济空间和效率空间协同发展的影响来看，参与国内价值链与耦合协同水平呈现正相关，影响系数为 0.101，且通过了显著性检验，表明更多融入国内价值链，参与区域分工对推动经济与效率协同程度的提高有较为明显的助益。根据 NVC 参与度对经济空间及效率空间的影响来看，参与价值链显著提升了地区生产效率，可能的原因在于，产品的价值链分工活动的开展显著调动了地区的各种资源、能源、劳动力、资本等闲置要素，资源要素使用率的提升使得效率空间得到了改善。另外，参与价值链对经济空间的作用不太显著。

其次，从其他控制变量的影响来看，基础建设水平、信息化水平的提升显著有利于协调度的提升，城市建设有助于效率的提升，而外商直接投资对经济空间有显著的提升作用，外资流入规模的显著增长以及外部高级要素的集聚,使得经济空间规模有显著的扩大。另外,基础设施对协调度及效率空间一样有较为显著的正向作用,基础设施越发达,则本地区的经济活动越具有规模效应和网络效应,从而可以通过提高产出效率促进经济增长。

二、基于全球价值链嵌入的天花板效应抑制效率提升

由回归表 8-9 基于出口复杂度的天花板效应结果可以看到,出口复杂度代表了不同地区全球价值链嵌入程度,通过嵌入全球价值链,促进了各地区经济空间提升,但并不显著。相反,各地区参与全球价值链的"天花板效应"较为显著,在长期低端嵌入全球价值链过程中,严重抑制了效率空间的优化。因此,整体上,基于全球价值链嵌入的天花板效应限制了各地区经济空间与效率空间协同发展。

表 8-9　　　　　基于出口复杂度的天花板效应回归结果

变量	耦合协调度	经济空间	效率空间
EXPO（出口复杂度）	-0.031* (-1.74)	0.014 (0.49)	-0.137*** (-2.20)
FS（基础设施）	0.236* (1.89)	0.052 (0.26)	0.891** (2.04)
Information（信息化水平）	0.091 (1.65)	0.171* (1.95)	0.194 (1.00)
FDI（外商投资）	0.018* (1.95)	0.014 (0.99)	0.057* (1.78)
CC（城市建设）	0.028 (1.23)	0.020 (0.56)	0.092 (1.15)
RD（研发投入）	0.018 (0.61)	0.047 (1.04)	0.023 (0.22)
MD（市场化）	0.042** (2.44)	0.070** (2.59)	0.097 (1.61)
年份固定效应	是	是	是
地区固定效应	是	是	是

续表

变量	耦合协调度	经济空间	效率空间
样本量	180	180	180
R-sq	0.1910	0.3242	0.1327

注：*、** 和 *** 分别表示有关变量的系数在10%、5%和1%水平上显著；括号内为 t 统计量。

三、劳动和技术密集型产业价值链重构有助于区域协同发展

由前面可知，参与国内价值链会给经济空间与效率空间的协同发展带来益处，接下来为了使各地区参与分工对协同演化的影响更具体，本书同样测算了三大产业的 NVC 参与程度对区域经济空间和效率空间协同度的影响。回归结果如表 8-10 所示。可以看到，在三大产业当中，第二和第三产业的参与度对协同程度的影响较第一产业来说较高，且第二产业的影响程度最为显著。

表 8-10　　　　　不同产业的国内价值链回归结果

变量	第一产业	第二产业	第三产业
NVCPt（NVC 参与度）	0.024 (0.82)	0.068** (1.77)	0.051 (1.45)
FS（基础设施）	0.206 (1.63)	0.236** (1.90)	0.218* (1.75)
Information（信息化水平）	0.086 (1.54)	0.093* (1.67)	0.094* (1.70)
FDI（外商投资）	0.017** (1.88)	0.018** (2.01)	0.017* (1.89)
CC（城市建设）	0.027 (1.18)	0.026 (1.13)	0.028 (1.22)
RD（研发投入）	0.023 (0.78)	0.023 (0.8)	0.026 (0.88)
MD（市场化）	0.037** (2.08)	0.037** (2.13)	0.038** (2.22)

续表

变量	第一产业	第二产业	第三产业
年份固定效应	是	是	是
地区固定效应	是	是	是
样本量	180	180	180
R-sq	0.1773	0.1917	0.1856

注：*、** 和 *** 分别表示有关变量的系数在10%、5%和1%水平上显著；括号内为t统计量。

首先，第二、第三产业的产品或服务的工序较多，相较于第一产业，参与价值链分工的环节更为广泛；其次，城镇化的推进使得第二、第三产业的产值占比逐渐上升，使得第二、第三产业的发展对一个地区的经济及效率的发展影响愈发明显。由此结果，我们对第二产业情况进行了更为细致的划分，即将第二产业中制造业划分为劳动密集型制造业、资本密集型制造业和知识密集型制造业三大类①。在分行业的样本中，结果显示，无论是对于劳动、资本或是知识密集型的制造业，总体上看参与国内价值链分工都使得协调度有所提升，并且对于劳动密集型和资本密集型制造业而言，参与价值链的提升作用更为明显，尤其是资本密集型制造业。可能的原因在于，尽管各地参与NVC越来越深入，但一些地区依旧从事简单的劳动密集型产品生产，只在非核心和非关键环节进行生产，以至于通过技术外溢途径学习的核心技术偏少，其对协调度的提升仍然有限，特别是在知识密集型制造业中。

表8-11　　　　第二产业细分行业的国内价值链回归结果

变量	劳动密集型	资本密集型	知识密集型
NVCPt（NVC参与度）	0.050 ** (2.03)	0.102 *** (2.82)	0.045 (1.29)
FS（基础设施）	0.177 (1.41)	0.187 (1.52)	0.215 * (1.72)

---

① 劳动密集型制造业，包括纺织业；纺织服装鞋帽皮革羽绒及其制造业；木材加工及家具制造业；造纸印刷及文教体育用品制造业等。资本密集型制造业，包括食品的制造、饮料的制造、烟草制品的制造业；石油、煤炭及其他燃料加工业；化学工业；非金属矿物制造业；金属冶炼及压延加工业；金属制品业。知识密集型制造业，包括通用、专用设备制造业；交通运输设备制造业；电气机械及器材制造业；通信设备、计算机及其他电子设备制造业；仪器仪表及文化办公用机械制造业。

续表

变量	劳动密集型	资本密集型	知识密集型
Information（信息化水平）	0.092* (1.66)	0.090 (1.65)	0.099* (1.76)
FDI（外商投资）	0.017* (1.88)	0.016* (1.78)	0.018* (1.97)
CC（城市建设）	0.023 (1.02)	0.022 (1.00)	0.025 (1.09)
RD（研发投入）	0.026 (0.89)	0.019 (0.66)	0.023 (0.80)
MD（市场化）	0.036** (2.13)	0.034** (2.03)	0.036** (2.02)
年份固定效应	是	是	是
地区固定效应	是	是	是
样本量	180	180	180
R-sq	0.1973	0.2182	0.1832

注：*、**和***分别表示有关变量的系数在10%、5%和1%水平上显著；括号内为t统计量。

第五节 国内价值链重构对经济空间与效率空间耦合协调的影响机理

一、理论假设

经济空间作为区域经济的规模基础，一定程度上决定着效率空间的发展状况，而效率空间则能提升经济空间增长的质量。如果二者相互协调，就能充分利用经济空间与效率空间耦合互动的作用，实现二者同步快速发展。在市场分割现象为主流的年代，各地区不能根据比较优势进行生产活动，只关注总量而忽视效率，这种比较优势存在却无法被有效发挥的情况，使得要素资源被错配，也就使得效率得不到提升，那么经济空间与效率空间在这种背景下难以达到协同。随着区域专业化分工的推广和深入，区域之间能够按照各自的要素禀赋、地理区位等比较优势进行生产和加工，从只关注总量转变为二者并重，区域分工对地区的协同发展开始发挥作用，从而对区域间的协调发展产生影响（见图8-7）。

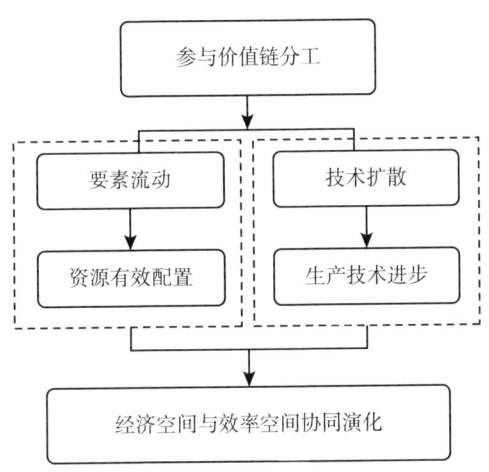

图8-7　机制作用流程图

为进一步揭示国内价值链分工对经济空间及效率空间协同演化的影响机理，有必要考虑区域分工影响协同程度可能的中介因素。

首先，在区域分工的生产模式下，各地区频繁进行中间品贸易，生产效率的提升可以由贸易中潜藏的来自发达地区的技术知识转播、更优质更丰富的中间品应用等途径促进（胡昭玲，2007）。这种中间品贸易中出现的产品多样性以及隐含在产品中的先进技术，可以帮助地区自身更快发展出超越原来的生产研发能力，并实现技术上的进步（肖文和殷宝庆，2011），使得区域经济空间与效率空间的发展更为协同。为更好估计各区域参与国内价值链分工产生的技术进步效应，可通过将上面计算效率空间三级指标时得到的 Malmquist 指数分解，得到技术变化，表示由于创新和技术进步导致的生产率变化，能较好地反映技术水平的变动。因此，我们假设 NVC 嵌入程度影响协同程度的第一个途径为：

假设1：通过参与国内价值链分工，与其他地区进行进出口贸易，实现了技术进步，进而促进了经济空间与效率空间的协同程度。

其次，若地区参与国内价值链分工，生产的分工逐渐合理、功能实现互补、实现良性的协作关系，可实现人力资本、金融资本、土地供给等资源要素的优化组合与配置（Mills，1967）。另外，面对激烈的进、出口市场，市场竞争使得生产者都不希望被淘汰，为了获得更多的客户资源，抢占更大市场份额，地区会采取加大研发投资、购买新的机器设备等措施去适应这种压力和竞争，这也使得能够更有效地分配市场资源（李小平等，2008）。同样将 Malmquist 指数分解，得到表示资源配置效率的另一个指标，能较好地反映资源配置的变动。因此，我们假设 NVC 嵌入程度影响协同程度的第二个途径为：

假设 2：通过参与国内价值链分工，与其他地区进行地区间贸易，改变了自身资源配置，进而促进了经济空间与效率空间的协同程度。

二、国内价值链重构的技术进步提升机制检验

基于以上分析，可以构建以下计量模型以检验嵌入 NVC 对经济空间及效率空间协同演化的影响渠道。其中，D_{it}、$NVCPt_{it}$ 与上面含义相同，分别指两种空间的协调度和国内价值链参与度。$TECH_{it}$ 表示技术进步效应，EFF_{it} 表示资源配置效应。

$$\ln D_{it} = \alpha + \beta_1 \ln NVCPt_{it} + \beta_2 \ln Z_{it} + \mu_{it} + \varepsilon_{it} \quad (8-18)$$

$$\ln TECH_{it} = \alpha + \beta_1 \ln NVCPt_{it} + \beta_2 \ln Z_{it} + \mu_{it} + \varepsilon_{it} \quad (8-19)$$

$$\ln EFF_{it} = \alpha + \beta_1 \ln NVCPt_{it} + \beta_2 \ln Z_{it} + \mu_{it} + \varepsilon_{it} \quad (8-20)$$

$$\ln D_{it} = \alpha + \beta_1 \ln NVCPt_{it} + \beta_2 \ln TECH_{it} + \beta_3 \ln Z_{it} + \mu_{it} + \varepsilon_{it} \quad (8-21)$$

$$\ln D_{it} = \alpha + \beta_1 \ln NVCPt_{it} + \beta_2 \ln EFF_{it} + \beta_3 \ln Z_{it} + \mu_{it} + \varepsilon_{it} \quad (8-22)$$

表 8-12 显示了参与区域分工对经济空间及效率空间的影响机制检验，列（2）显示，参与国内价值链与资源配置效率呈现显著的正相关，而列（3）显示通过参与区域分工，显著促进了技术进步。可见，参与国内价值链分工很大程度上推动了国内技术进步及资源优化配置，其中技术进步效应表现得更为明显。表明对于中国而言，区域分工的深化是提升生产效率、优化资源配置的有效途径。由列（4）~列（6）可知，中介变量的估计系数都为正，说明资源优化配置、技术进步在一定程度上有利于经济空间与效率空间的协同演化，区域分工形成的生产网络不断发展、成熟，这种分工协作的模式逐渐演化成较为完善的生产体系，使得产品的生产较之前有了更高的效率，因此企业专注于自己具有比较优势的环节进行生产，这有利于资源的优化配置。参与国内价值链和技术进步之间存在着

正向关系。可能是因为，首先，区域分工诞生了产业集聚，而产业集聚使得价值链上的参与者们受到了它们之间的技术外溢、互补的益处，这一现象也使得技术创新有了更有利的土壤，接连着本地的技术水平和管理水平就会有所提升。这种学习、模仿、吸收先进技术的途径也较为节约成本。另外，价值链分工除了所有参与者为了高质量的产品进行合作之外也会带来不可避免的竞争。因此，这种合作与竞争并存的格局，会增加价值链分工参与者共享资源的意愿，这种强烈的意愿也加速了技术的传递和扩散。

表8-12　国内价值链构建对经济空间与效率空间协同演化的机制检验

变量	D_{it}	TECH	EFF	D_{it}	
	(1)	(2)	(3)	(4)	(5)
NVCPt	0.057** (1.98)	0.128*** (3.05)	0.018* (1.89)	0.090* (2.01)	0.101** (2.28)
TECH				0.110* (1.15)	
EFF					0.012 (0.04)
FS（基础设施）	0.205* (1.68)	0.032* (1.92)	0.236** (2.59)	0.207* (1.68)	0.206* (1.58)
Information（信息化水平）	0.097** (1.77)	-0.155** (-3.32)	0.035 (0.86)	0.114** (2.01)	0.097* (1.76)
FDI（外商投资）	0.017* (1.91)	0.006 (0.73)	0.004 (0.63)	0.017* (1.82)	0.017* (1.90)
CC（城市建设）	0.025 (1.10)	-0.026 (-1.30)	0.003 (0.15)	0.028 (1.24)	0.025 (0.86)
RD（研发投入）	0.101 (0.86)	-0.041 (-1.66)	-0.016 (-0.77)	0.029 (1.02)	0.025 (0.86)
MD（市场化）	0.205** (1.98)	0.014 (0.93)	0.012 (0.92)	0.033* (1.91)	0.034* (1.95)
年份固定效应	是	是	是	是	是

续表

变量	D_u	TECH	EFF	D_u	
	(1)	(2)	(3)	(4)	(5)
地区固定效应	是	是	是	是	是
样本量	180	180	180	180	180
R-sq	0.2036	0.6470	0.6035	0.2112	0.2036

注：*、**和***分别表示有关变量的系数在10%、5%和1%水平上显著；括号内为t统计量。

第六节 研究结论与启示

一、主要结论

本章基于区域间投入产出表，构建指标测算中国各省份嵌入国内价值链程度指数，分析了中国各地区参与国内价值链的变动情况和格局，并通过指标体系的构建测算各地区经济空间发展指标体系及效率空间效率指标体系，在此基础上利用系统耦合的概念测算了各地区经济空间与效率空间协同发展的程度。利用2007~2012年面板数据，构建回归模型，实证检验了价值链嵌入对协同程度的影响效应及作用机制，得出了如下结论：

（1）从横向比较来看，东部沿海地区、北部沿海城市嵌入水平相对较高，而中西部地区参与国内价值链分工的程度也较高。从国内价值链嵌入的纵向比较来看，大多数地区参与价值链的程度都有所上升，中西部地区更多嵌入了国内专业化分工。在全球价值链上，情况较为类似，但也有一些地区由于存在尤其突出的行业出口现象，例如山西等地，所以出口复杂度出现较大值。

（2）从2002年起，中国30个省份经济空间与效率空间耦合协调程度有80%以上都有所上升，但由于不同区域自身经济基础的差异及发展进程的快慢，使得各省份的耦合协调程度存在着较为明显的区域差异性。其中，上海市、北京市在三个时期的耦合协调度都很高，其他一些较发达的省市的协同程度较高。与之相反的是，陕西、甘肃、贵州、云南、安徽、江西、湖南、黑龙江等省份始终处于濒临失调衰退型。东北三省辽宁、吉林、黑龙江,越靠近北部耦合协调度越低。

(3) 从国内价值链分工对经济空间和效率空间协同发展的影响来看,参与国内价值链与耦合协同水平呈现正相关表明更多融入国内价值链,参与区域分工对推动经济与效率协同程度的提高有较为明显的助益。根据 NVC 参与度对经济空间及效率空间的影响来看,参与价值链显著提升了地区生产效率,另外,参与价值链对经济空间的作用不太显著。

(4) 在三大产业当中,第二和第三产业的参与度对协同程度的影响较第一产业来说较高,且第二产业的影响程度最显著。在对第二产业进行细分的情况下,结果显示劳动密集型制造业的价值链嵌入情况对经济空间与效率空间的协同演化的影响较为显著。

(5) 参与国内价值链和区域经济空间与效率空间之间之所以会表现出上述关系,与参与价值链影响协同程度的 2 个机制有关。首先,NVC 参与度与技术进步呈现显著的正相关;其次,通过参与区域分工,显著促进了资源的有效配置,参与国内价值链分工很大程度上推动了国内技术进步及资源优化配置,其中技术进步效应表现得更为明显,资源优化配置、技术进步在一定程度上有利于经济空间与效率空间的协同演化。

二、启 示

区域价值链分工生产是当前大势所趋的生产模式,中国经济发展到今天的格局,应正确认识区域分工在促进经济空间与效率空间协同演化中的积极影响,更应鼓励国内企业根据自身的比较优势参与产品内价值链分工生产。并且,根据本章研究结果,参与价值链分工对效率空间的提升有十分显著的作用,因此应该更加重视投入产出效率的提升,而不应该只局限于经济规模的扩大。另外,以往研究表明中国在全球价值链上由于多从事零部件加工、组装等环节,处于所谓的价值链低端。这种低端困境带来的天花板限制了区域经济空间与效率空间的协同。但是更应该看到的是,在参与区域分工的进程中,通过区域比较优势的发挥、产业关联引发的技术扩散等,实现了资源有效配置和技术进步,从而使得经济规模与经济效率同步提升,促进区域均衡发展。因此,政府应鼓励企业向出口市场多元化、中间产品多样化发展,发挥价值链的提升作用。

另外,发展专业化分工应以出口密集度小、技术提升快、产业升级空间大的行业为重点对象。依据本书的研究结论,第二产业和第三产业的行业应列为重点发展的范围。对于制造业而言，政府不仅应该大力鼓励企业与价值链上下游环节的参与者们建立更加密切的分工及协作关系，以获取更多的附加价值，也应该积极搭建以技术创新为核心的公共服务平台，集市场信息、标准检测、金融保险服务等为一体（肖文，2011），这将为制造企业向高附加值的生产环节迈进打下坚实的基础，并提供良好的外部环境。

第九章

中国区域协调发展提升新路径与政策建议

第一节 新时期区域经济协调发展基本思路

一、区域发展总体战略与主体功能区规划

区域经济协调发展是实现国民经济平稳、健康、高效运行的前提（陈栋生，2005；李兰冰，2020）。为此，国家从"九五"计划开始，就把促进区域经济协调发展作为一项重要的区域经济发展战略（覃成林等，2013），并在"十一五"规划纲要中明确指出，坚持实施推进西部大开发、振兴东北地区等老工业基地、促进中部地区崛起、鼓励东部地区率先发展的区域发展总体战略。同时根据区域资源环境承载能力、现有开发密度和发展潜力，统筹考虑未来中国人口和经济布局、国土利用和城镇化格局，逐步形成主体功能定位清晰，东中西良性互动，公共服务和人民生活水平差距趋向缩小的区域协调发展格局[①]。这一思路更加注重资源和要素的优化配置，可以说，提出和实施主体功能区规划是中国促进区域协调发展的新跨越（樊杰，2007）。

通过前面的分析发现，目前中国实施的区域发展总体战略强化了东部

[①] 《中华人民共和国国民经济和社会发展第十一个五年规划纲要》，http://www.gov.cn/gongbao/content/2006/content_268766.htm。

沿海地区对中国经济增长的拉动作用，中部地区、西部地区及东北地区区域经济也得到前所未有的发展和振兴。但是在新时期经济转型与国际贸易不稳定等环境下，全国经济增长速度开始放缓，中部地区、西部地区及东北地区在面临经济转型压力下，经济增长动力匮乏，区域间经济差距有进一步拉大的趋势，区域经济协调发展面临挑战。同时，主体功能区划力求通过规范空间开发秩序，区域合理分工布局，明确全国和省级层面不同区域主体功能定位，实现区域协调发展。但由于其主体功能定位主要来源于区域资源环境承载能力和现有开发密度，涉及区域功能定位不清晰、区域发展权补偿等问题，导致实施过程有一定的阻力（见图9-1）。

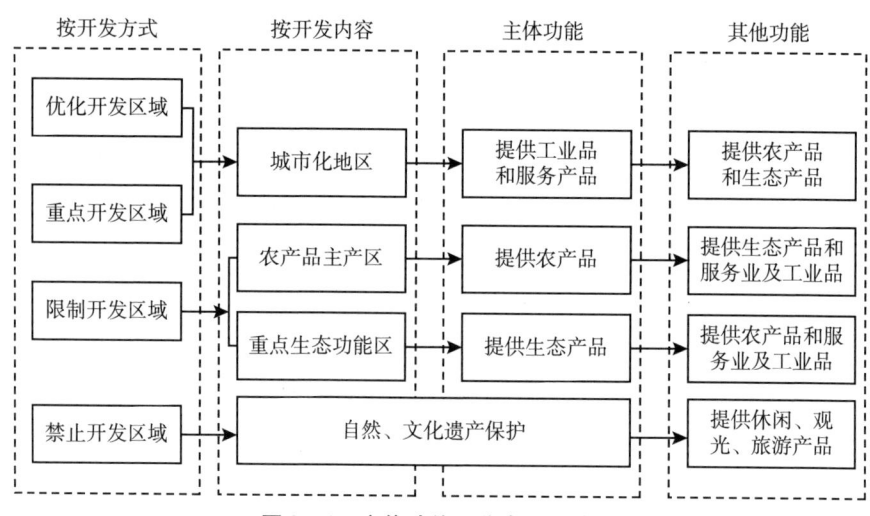

图 9-1　主体功能区分类及其功能

资料来源：《国务院关于印发全国主体功能区规划的通知》，http://www.gov.cn/zwgk/2011-06/08/content_1879180.htm。

二、基于"效率—结构—功能"的区域经济协调发展内涵

本章认为，无论是区域总体发展战略还是主体功能区划，一个重要的问题就是对区域经济发展效率的关注不足，没有实现效率、结构、功能的互动。区域总体发展战略实施过程中过度注重投资作用，限制区域发展方式的转变，导致区域经济发展效率的损失，阻碍区域经济协调发展。而主体功能定位来源于资源环境承载能力而忽视了区域经济发展效率，导致其功能定位不清，同样影响区域经济协调发展。

第九章 中国区域协调发展提升新路径与政策建议

区域经济协调发展的实质，是通过建立合理的区域分工体系，实现区域比较优势发展，进而实现公共服务的均等化。在当前经济增速逐渐放缓、转变经济发展方式情况下，如何确立合理的区域经济分工体系更是能否实现区域经济协调发展的关键所在。

区域经济发展效率具有总量、要素、结构内涵，通过区域经济发展效率的演变趋势可以判断区域结构问题，进而指导区域产业结构的转型升级。反之，区域产业结构的转型升级又会促进区域经济发展效率的提升。因此，本章认为，提升区域经济发展效率是实现未来中国区域经济协调发展的核心，完善区域经济结构是实现未来中国区域经济协调发展的基础，而合理的区域功能定位是实现未来中国区域经济协调发展的最终落脚点。归于一句话，即效率决定结构，结构决定功能，功能产生效率。这是本章构建基于"效率—结构—功能"的区域经济协调发展框架的理论依据。

三、基于"效率—结构—功能"的区域经济协调发展基本思路

基于此，本章尝试从"效率—结构—功能"视角，在主体功能区规划思路基础上，构建中国区域经济协调发展的新模式（见图9-2）。

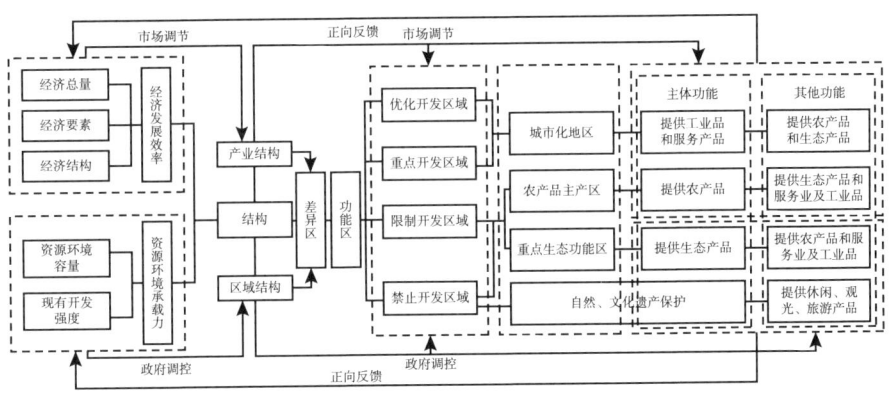

图9-2 基于"效率—结构—功能"的区域经济协调发展框架

（一）基本原则

在理清市场调节作用机制与政府宏观调控作用机制前提下，依托区域经济发展效率与资源环境承载能力，确立区域经济分工体系，提升资源配

置效率,实现区域经济效率的最优化。

(二)基本思路

第一,合理评价区域经济发展效率。区域经济发展效率包括区域经济总量效率、区域经济要素效率、区域经济结构效率。区域经济总量效率是区域经济发展的物质基础,因此可以通过区域经济总量效率对空间格局进行初步划分。

区域经济要素效率是区域经济发展内涵的表征,即区域经济发展是以总量扩展的粗放型生产方式为主,还是以高效率的集约型生产方式为主。因此可以通过区域经济发展效率初步判断区域经济的可持续发展潜力。

区域经济结构效率是区域经济发展方向的体现,即区域内部三次产业之间经济效率的优劣如何,区域之间同类产业的经济效率呈现出怎样的差异格局。因此,可以通过对不同区域不同产业经济效率的对比,初步确立区域经济结构,进而确定区域经济比较优势。

第二,合理评价区域资源环境承载能力。通过合理评价区域资源环境承载能力,对空间格局、发展潜力、经济结构进行适度修正。资源环境承载能力是资源、环境对经济发展规模和速度的承载能力,主要从资源环境容量和现有开发强度来综合分析。资源环境容量是指区域自然环境和环境要素(如水体、空气、土壤和生物等)对人为干扰或污染物容许的承受量或负荷量(余春祥,2004),而这种容量指标要以现有开发强度为前提,现有开发强度不仅是一个土地利用概念,更体现了当前区域开发活动的适应性。

第三,识别区域经济结构。综合上述评价结果基础上,识别区域经济结构比较优势,包括区域空间结构、区域产业结构,进而通过区域结构比较优势,实现区域功能分类。其中,资源环境承载能力是确定区域空间结构的主要依据,而区域经济发展效率是确定区域产业结构的重要支撑。

第四,区域划分。在遵循区内一致性、区间差异性原则下,综合区域经济结构划分出优化开发、重点开发、限制开发、禁止开发四类主体功能区。

第五,确认区域主体功能。对优化开发区、重点开发区的主体功能以及限制开发区的部分功能,主要通过区域经济发展效率结果识别,充分发挥市场调节作用机制。而对限制开发区的生态功能、禁止开发区主体功能,主要通过资源环境承载能力来识别,充分发挥政府宏观调控作用机制。而对各类主体功能区的辅助功能，可以重点发挥政府的引导作用。

通过上述思路，我们可以进一步完善主体功能区的区域划分，更为合理地确立区域分工体系。而合理的区域分工体系又会反作用于区域经济发展效率的提升和区域资源环境的改善，形成一个良性的区域经济协调发展的循环体系。

第二节　区域经济协调发展路径之一——促进 NVC 与 GVC 耦合衔接

通过前面分析可知，事实上无论是基于全球价值链的国际分工，还是基于国内价值链的国内分工，其实质都是对于资源的配置方式将生产细分为各个环节，并选择出最优最低成本的途径进行分工。但与全球价值链不同，国内价值链更加强调以国内区域分工为前提的产业链与价值链匹配升级（黎峰，2020），将更有效地突破全球价值链低端嵌入导致的"天花板效应"。因此，国内价值链实际上兼具国内、国外两个市场，内外双向循环的经济意义。在国内价值链基础上，可以实现经济空间与效率空间协同发展，进而推进区域协调发展。

一、坚持国内循环为主国内国际双向循环相互促进的区域发展战略

当前，全球经济形势不容乐观。随着"逆全球化"思潮迭起贸易保护主义盛行，导致全球资源配置效率下降，市场低迷。同时，随着新冠肺炎疫情影响的不断加深，国际物流、资金、服务和人员往来受限，全球创新链循环受阻，产业链割裂愈发严重，跨境投资和国际贸易明显放缓，国际形势充满了不确定性。而且，世界多国利用疫情收缩其在全球产业链、供应链、创新链的参与度，利用优势地位推动制造业"逆向回流"，并将中低端环节转向劳动力成本更低廉的周边国家和地区，这对中国在全球创新链的地位造成冲击。因此，面对这样的局面，中国必须制定妥善举措，长远谋划，必须把满足国内需求作为发展的出发点和落脚点，以扩大内需作为促进经济增长、落实"六稳""六保"任务的基本路径。2020 年 5 月 14 日，中共中央政治局常务委员会召开会议，在此次会议中，习近平总

书记强调,要"逐步形成以国内大循环为主体、国内国际双循环相互促进的新发展格局",即既开发国内市场,又拓展国际市场。一国经济只有利用好国内国际两种资源、打通国际国内两个市场,才能尽可能地提升效率。中国立足国内大循环谋篇国内国际双循环,有利于推动国内国际两大循环优势互补、相互促进,有利于分散风险,为经济长期稳定发展保驾护航。

二、制造业与服务业协调发展推动国内价值链升级

伴随现代经济发展,生产性服务业对制造业技术、工艺和产品创新的驱动作用日益显著。制造业发展水平提升是现代经济增长的根本支撑,现代生产性服务业高质量发展则是制造业生产率不断提升的重要保障。党的十九大报告指出,"中国经济已由高速增长阶段转向高质量发展阶段,正处在转变发展方式、优化经济结构、转换增长动力的攻关期,建设现代化经济体系是跨越关口的迫切要求和中国发展的战略目标"。因此,实现高质量发展,需要推动制造业与生产性服务业耦合协调,通过技术升级、产业关联、节能减排等路径,促进经济效率更高、产品供给更有效、经济结构更优化、资源利用更集约、生态环境更绿色的区域绿色高质量发展。从产业成长来看,制造业与生产性服务业耦合协调发展,兼具产业规模优势、经济效益提高、成长潜力优化等内涵特征。从产业分工关联与升级来看,制造业与生产性服务业耦合协调发展,有助于促进产品内纵向一体化,有利于增进管理、技术、信息、人员协同共享,克服市场交易带来的成本。而从要素投入与集聚来看,制造业与生产性服务业耦合协调发展,一方面可以避免传统的发展模式市场饱和且效率低下、要素资源禀赋边际效益递减的发展瓶颈;另一方面亦可通过强化技术供给,促进优势要素集聚协调发展,不仅可以提升边际收益,同时可有效推进节能减排。

(1)发挥有为政府作用,引导制造业与生服务业产性服务业协调发展,提升制造业企业与服务业企业的组织管理水平。具体来看需要大力发展产业园区,基于区位优势、产业基础、分工协同和产业升级的产业定位来推动园区制造业与生产性服务业的协调发展,又反过来推动园区建设进一步壮大,形成双向正循环的良好局面。大力发展交通、仓储、建筑、能源等基础设施建设,为产业协调发展创造良好的硬件环境。

(2)东部地区产业生产成本不断上升,新的自主创新机制尚未有效形成,产业进一步快速协调发展遭遇瓶颈期,在引进外资上需着力引进高端

产业，推动大数据、人工智能、新信息产业融入传统制造业中，带动传统制造业腾笼换鸟，继续发展高端装备制造业、顶尖制造业、国家重大立项产业，通过自主创新、引进人才、进一步完善市场政府体制，推动经济又快又好发展。

（3）中部地区在利用人口优势承接东部产业转移，引进技术完善市场体制外，也可考虑在重点城市发展人工智能、新能源汽车、大数据、5G技术、新材料等新兴产业，推动中高端产业融合互动，加快培育产业园，形成中高端制造业协同集聚。新兴产业具有知识密集度高，资本科研投入量大，可在短期内实现大的突破，这也是后发国家、后发地区实现弯道超车的重大机会。

三、国内价值链与全球价值链融合打破天花板瓶颈

首先，参与全球价值链对中国影响深远。通过国际比较可知，中国在全球价值链中的参与程度位于世界前列，但这主要得益于国外进口中间品比重的提高，因此依旧存在所处地位与参与程度不相匹配的情况。应该重视在价值链上所处的地位，推动企业价值链攀升。这不仅要增强对先进技术的吸收能力，更要不断提高自身的增殖能力并掌握技术优势，着力于提供更多核心零部件等技术含量较高的中间品，降低对外国核心高技术零部件的进口依赖，提高自主创新能力。在此基础上沿着价值链—学习链—创新链的方向保证相对地位的稳定提升。其次，针对不同技术类型的制造业，中国应该根据其所处的国际分工地位制定不同的政策措施。对于低技术制造业，由于其国际分工地位相对较高，故而今后的发展重心应该落在品牌、营销及物流体系建设等方面，以进一步提高其国际竞争水平；对于中低技术制造业，应该努力增加国内增加值含量，减小对国外中间品的依赖程度；对于中高及高技术制造业，中国不应该只关注出口比重的提高，而是应该通过加强技术创新能力，在加快构建技术供给、支撑体系等的基础上，提高中高及高技术制造业的竞争力和国际分工地位。最后，在贸易摩擦日益激烈的大环境下，可适当降低参与度，以换取价值链地位的提高，这与中国当前的创新驱动发展战略和提升发展质量的目标是一致的。

（一）打造中国国际品牌

金融危机带来的冲击警示着中国必须要脱离这种低端生产者的模式，

完成从 GVC 低端到高端的跃升；这就意味着必须要积极研发掌握核心技术，争取在高端材料、高端零部件等技术层面获取重要突破，不再依赖于从发达国家高额引进高端设备和技术，降低产品的生产成本获得更多的利润，迎合市场需求打造出属于中国自己的品牌，开发高质量产品，具有创新精神，例如英国开辟了"创意产业"的新道路，中国也可结合国情找出适应中国的新产业；争取改变国际市场对于中国"低端制造"的看法，从"中国制造"到"中国创造"争取构建出新的价值链，并且对已有品牌要有保护意识，面对跨国巨头公司的收购要保持清醒，不为面前的利益所迷惑，坚持发展属于中国的品牌企业；做全球价值链的主导者而不仅仅是参与者，在全球范围内拥有一定的地位和影响力，才能从本质上改变因处于GVC 低端而被其他发达国家"牵着鼻子走"的命运。

（二）发展本土跨国公司

要攀升到全球价值链前端就一定要培养"链主"也就是具有领导性质的跨国公司，西方国家的跨国公司都是先从国内市场开始发展的，并逐步扩张、并购，一步步走向世界。其核心内容在于技术，一方面跨国公司都会致力于技术的研究，它们会建立自己的科研机构、与其他跨国公司结盟互相研究实现技术互补不断更新核心技术，另一方面降低科研成本或者通过收购其他企业的技术进行垄断，保证技术在全球一直处于领先地位，从而获取扩张规模的资本。中国应当结合西方跨国公司的经验积极研发新型技术，并且鼓励中国较大规模的企业对国外具有优势的产业进行并购，加快构建出"链主"企业；增强国内市场的竞争氛围。

（三）重视教育培养中部消费力量扩大内需

中部消费力量即中层消费阶级，本土企业的发展需要良好的国内市场环境，需求的提升也能够提高中国企业的竞争积极性。因此，培育中国品牌和跨国公司都需要先从国内市场开始，中国现在的内部市场依然存在贫富差距较大、缺乏中层阶级消费者的现象，难以对高端产品产生大规模的需求市场，而且还要与外国的高性能、高质量的企业竞争现有的中层阶级需求市场，使得国内企业缺乏竞争动力，将出口低端产品当作主要的盈利方式。中层阶级消费者无论是对于中国国内价值链的构建还是对于将来经济的持续增长都是至关重要的。因此，未来中国要重视对于中层阶级消费者的培养，完善收入分配制度，缩小城乡差距和贫富差距，创造出能够激励企业进行自主创新的需求市场，为将来中国品牌和领头企业的崛起提供良好环境。

（四）有为政府与有效市场融合

（1）充分发挥政府在重构国内价值链当中不可替代的作用。由于对国内品牌一直都抱有怀疑的态度，有一部分人甚至认为国外的产品就一定比国内的产品质量好，这种现状对中国的品牌发展是十分不利的。这时政府就可以介入进来，一方面多宣传本国文化建立民族感，消除部分民众"崇洋媚外"的心理；另一方面自己开始使用国内产品起到带头作用，引发潮流，让国民有自豪感。

（2）规范地方政府行为。由于监管制度的不完善使得部分地方政府官员与企业合谋利用中央出台的优惠政策，没有将资金分配到最需要的地方造成政策失效，出现专利"泡沫化"的现象阻碍了企业进行技术的升级、创新和国内价值链的构建。一方面中央政府应当加强对地方政府的监管，完善对官员的考核制度不仅仅靠 GDP 为评判标准，既要看当前经济的发展也要看将来的可持续性，还有农村和城市的发展都要加入到考核指标当中，同时也要让考核透明化，让民众也参与到其中评判官员是否"干实事"为当地做出贡献；另一方面也要对相应的补贴政策进行完善，并安排相应部门进行监管治理，保证市场公平竞争，为构建国内价值链创造出良好的环境。

（3）在加强对知识产权的保护意识的同时监管制度也应当到位。改善国内市场存在企业对技术进行恶性"复制""模仿"或者用低价策略与创新企业进行竞争的现象；建立完善的国内市场信用体系，应当进一步的规范市场秩序，严打假冒伪劣、以次充好的行为。同时加强第二产业与第三产业之间的联系，例如金融业与制造业，近年来两者之间有脱离的趋势，现有的政策改革都不能很好地解决金融体系与实体经济发展不兼容的问题；没有将资金有效地运用到产业转型升级当中，成为阻碍国家价值链重构的主要因素之一。因此未来政府依然要发挥其在市场的调控作用，对金融体制进行改革，解决金融业的短期资金与实体经济需要长期资金产生的矛盾。促进产业的转型升级。

第三节 区域经济协调发展路径之二——优化国土空间布局与效率提升

一、注重要素效率、结构效率提升

改革开放 40 余年来，中国区域经济总量已经取得丰硕的成果，区域经济总量效率的提升速度举世瞩目。但是，与此同时，区域经济要素效率、区域经济结构效率水平相对滞后，成为中国区域经济发展效率进一步提高的障碍。因此，实现中国区域经济的可持续发展，必须先提高中国区域经济要素效率及结构效率（李汝资，2015）。

首先是提高区域经济要素效率。从微观角度来看，技术进步是区域经济要素效率提升的核心与源泉（见图 9-3），若实现区域经济要素效率的提高，就必须实现由资本、劳动力等要素投入向资本、技术、劳动力投入方向转变。而技术进步主要来源于知识的积累。知识积累源于多方面，包括"干中学"和自主研发。改革开放以来中国主要依靠技术引进、模仿的形式获得知识积累，也就是传统的"干中学"形式。然而，目前中国技术追赶已经达到瓶颈期，单纯依靠技术追赶已经不能满足未来中国技术进步的需求。这就要求企业和政府都必须加强 R&D 投入，以实现技术的自我创新，这是未来中国实现区域经济要素效率提升的基础。

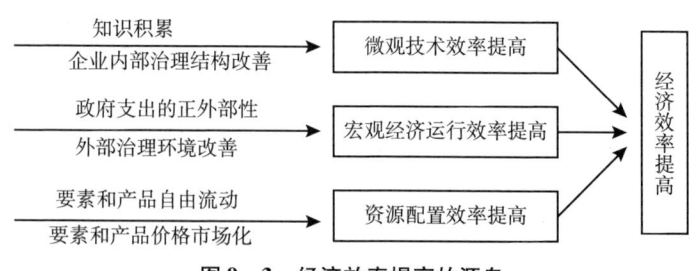

图 9-3 经济效率提高的源泉

从宏观角度来看，外部体制环境的改善是提高区域经济要素效率的保障。如前面所述，长期以来在资本稀缺条件下，中国主要依靠技术引进的赶超策略实现技术进步。直接后果是企业和政府对外部技术的依赖性严重，而技术自我创新环境的培育并不理想，这导致企业在从事 R&D 活动时缺乏足够的动力和保障。而若想从根本上实现以技术进步促进区域经济要素效率的提高，就必须对当前中国的 R&D 激励机制作出改变。实质上，就是通过实施一系列的保障措施，如改善市场环境促进良性竞争，保护知识产权、促进技术创新，提高市场的法治化水平以保障企业从事 R&D 活动的知识产权等。

其次是提高区域经济结构效率。其实质是通过区域产业结构升级提升区域资源配置效率。当前中国不同产业之间存在巨大的效率差异（郜若素等，2014），然而这种差异缺乏合理性，突出表现在第一产业经济效率相对较高，而第二产业、特别是第三产业经济效率相对偏低。这种产业间效率差异现状直接限制了要素在不同产业间的自由流动，阻碍中国产业结构升级，进而限制了中国区域资源配置效率的提升。同时，由于中国目前产业结构水平相对较低，生产方式较为粗放，作用于区域经济效率的后果就是，区域经济效率低下。

因此，提高区域经济结构效率根本是促进中国产业结构升级。就第一产业而言，应该进一步促进农村劳动力向城市转移，同时提高耕地的集约利用，提升第一产业的技术效率和规模效率。就第二产业而言，未来一段时期内，第二产业经济效率的提升仍然应该是区域经济效率提高的核心，一方面需要充分利用中国区域经济的梯度优势实现组装、加工制造业的区域转移；另一方面需要培育研发环境，提升自我创新能力，提高产业链水平。就第三产业而言，在未来一段时间内，第三产业不仅不作为中国劳动力的蓄水池，还应该作为中国区域经济效率提升的后备力量。通过平衡生产性服务业和生活性服务业之间比例关系，促进研发设计、品牌营销、物流、金融等高附加价值行业的发展。

二、发挥中西部的城市群集聚作用

中国是人口大国、区域大国，幅员辽阔，地区发展不平衡，各地区所处工业化、城镇化发展阶段不同，东部地区已经或即将进入工业化后期发展阶段，经济增长速度开始趋于理性平稳；中西部地区仍然处于工业化初期阶段，仍可以保持高速增长，这是中国未来经济保持持续增长的潜力之一。

由于自然和历史原因，中西部地区（特别是以胡焕庸线为分界线，占中国国土面积的57%，而人口仅占全国人口的6%的西部地区）经济发展比东部地区要落后很多。即便是现在看来，东部、中部、西部地区人口分布、资源禀赋、地域面积及经济密度仍然很不协调。在实行了西部大开发、中部崛起等战略后，中西部地区的经济效率有所提升，但仍然不够。以往的空间发展战略主要是着眼于中西部地区的丰富的自然资源，然而这种自然资源的开采虽然带来地区经济的好转，但却主要是以资源输出为主，以西气东输最为典型。相比之下，西部地区得到的经济效益甚少，即便是有也主要是依靠中央财政的转移支付来实现局部的发展。

究其原因，主要是过去很长一段时期以来空间发展战略是针对幅员辽阔区域的泛化政策，难以培育区域经济的增长极带动区域经济发展。从目前中国西部地区城市分布情况来看，主要以乌鲁木齐、兰州、银川、呼和浩特、成都、昆明、拉萨等区域中心城市为主，中心城市与中小城市的联系十分薄弱，没有发挥中心城市的带动作用。

因此，若要进一步提升中西部地区经济效率，需要转变空间发展战略的倾斜方向，培育具体的增长极。而增长极的培育，就是发挥城市群作用，实现中西部地区的集聚发展。这些城市群主要包括成渝城市群、黔中城市群、滇中城市群、关中城市群、兰西城市群、宁夏沿黄城市群、呼包鄂城市群、乌昌石城市群。通过上述城市群的集聚作用，增强区域间经济联系，提升经济效率。

三、调整空间政策方向：由区域倾斜向产业倾斜

发挥城市群集聚作用对经济效率的提升至关重要，但是必须通过合理的产业分工布局将不同城市、不同区域进行有效连接方能实现。而合理的产业分工布局在发挥市场调节作用前提下，需要合理的空间政策引导，由以往的区域倾斜政策向产业倾斜政策转变（见表9-1）。

表9-1　　　　　　　　　不同阶段空间政策走向

实施时间	战略选择	空间政策属性	作用空间
1949~1977年	均衡发展战略	区域倾斜为主	二元面状空间
1978~1990年	非均衡发展战略	区域倾斜为主	二元面状空间
1991~2009年	区域发展总体战略	区域倾斜为主	二元面状空间

续表

实施时间	战略选择	空间政策属性	作用空间
2010年至未来近期	主体功能区规划	区域倾斜+产业倾斜	复区斑状空间
未来中期	产业调控战略	产业倾斜为主	微区点线空间
未来远期	技术调控战略	产业倾斜为主	微区点线空间

资料来源：宋玉祥、丁四保：《空间政策：由区域倾斜到产业倾斜》，载《经济地理》2010年第1期，第1~5页。

产业倾斜政策，就是国家根据经济发展的需要、产业技术经济条件和各地区资源禀赋，确定若干重点开发产业及其空间发展格局，并在资源分配和政策投入上实行适度倾斜（宋玉祥和丁四保，2010）。产业倾斜可有效地实现经济效率、社会公平和生态环境保护三个目标的统一。

首先，产业倾斜政策是基于区域资源禀赋的空间政策，可以发挥区域比较优势进行发展。由于中国国土面积广阔，区域之间资源禀赋差距较大，在不同资源禀赋条件下，可以发展的产业并不相同。通过产业倾斜政策，可以引导区域发挥比较优势，实现区域经济效率的最大化。

其次，产业倾斜政策针对性强，避免区域"一刀切"及区域恶性竞争带来的经济效率损失。产业倾斜政策是针对具体区域具体产业的空间政策，通过产业调控，可以改变当前的区域块状空间模式，形成网络化的空间格局。这样不仅可以有效整合区域内部资源，而且还可以促进区域之间的相互合作，避免了"撒胡椒面式"政策普适性带来的区域竞争，增强了政策的针对性和有效性。

更重要的是，产业倾斜政策可以保障区域产业结构的优化与升级，促进区域经济结构效率的提升。通过产业政策引导，可以发挥区域比较优势，通过经济手段、法律手段和政策激励手段，可以实现具体产业在具体空间上的落实。具体表现就是通过产业倾斜政策调控区域之间产业转移，实现不同产业间结构优化。同时给予不同区域内部产业技术支持，促进区域内部产业结构升级。

四、生产型政府向服务型政府转变

生产型政府的特点体现为三个主要方面：重投资、轻消费；重生产者、轻民众；政府直接介入经济活动（姚洋，2011）。服务型政府，则要求"抓大放小"，控制宏观经济环境，注重法治化建设，释放微观经济活力，注重公共服务均等化。生产型政府优点是明显的，即集中力量办大事，而对经济效率的影响却是有损伤的，主要体现在产权不清，经济结构失衡，资源配置效率低下等。

实际上，从计划经济向社会主义市场经济转变过程中，已经体现出生产型政府向服务型政府转变所释放出的效率优势。但是，当前中国已经进入工业化中期阶段（东部发达省份已经进入后工业化阶段），需要政府进一步转变职能，才能实现区域经济的可持续发展。而转变政府职能，实际上就是减少政府对区域经济发展的干预，充分发挥市场调节作用。具体表现在以下方面：

第一，改善宏观经济环境。一是推进市场经济法治化建设。市场经济法治化，可以有效地维护市场公平竞争环境、保护知识产权，维护企业和投资者的利益。同时也可以对损坏市场环境的行为进行有效管制和约束。二是减少政府对经济活动的直接干预，如行政审批等。这可以加速企业进入市场，减少企业经营成本，提升企业经济效率。

第二，充分发挥市场调节作用。与减少政府干预是一个问题的两个方面。充分发挥市场调节作用，目的是实现要素配置效率的最优化。那么在区域发展中选择何种产业为主导、产业结构的升级方向等，都应该遵循市场规律。

第三，建立合理的地方政府激励机制。无论是中央政府还是地方政府，其本职任务是一致的，即谋划区域可持续发展，既包括经济发展，也包括公共服务。但是在转变经济发展方式"新常态"下，以目前政策体系，中央政府与地方政府目标出现一定的错位，会阻碍区域经济效率的提升，影响区域经济可持续发展。因此，必须给予地方政府转变经济发展方式的动力，改变当前以GDP为主要目标考核晋升机制。

第四，营造有利于创新的政策支撑体系（刘世锦，2014）。长期以来，无论是政府还是企业，都是以快速的资本积累作为其主要目标，生产方式粗放，而技术主要通过购买方式模仿发达国家。而现在，中国已经具备了一定的资本基础，但是企业从事创新的积极性仍不高，这除了市场法治化建设仍不完善不能给企业带来合理的预期以外，更重要的是企业很难接受创新失败所带来的不确定性。而这就需要国家通过财政支持，来营造出有利于创新的保障环境，实现核心竞争力的提高。同时政府还应该承担建立创业产业园区等基础设施的责任。

第四节 区域经济协调发展路径之三——充分挖掘经济梯度潜力

一、充分利用发展阶段差异带来的潜在增长空间

从经济发展阶段性来看,虽然全要素生产率对中国经济增长贡献率不高,但考虑到中国经济特殊发展阶段,有其可取之处,当前更应当以金融危机倒逼为契机,实现经济转型发展。从中国经济持续增长来看,未来中国经济增长必须由投资拉动转向全要素驱动,以创新发展驱动技术进步为突破口,探索中国区域经济增长的新模式。

从经济体制改革角度来看,需要克服当前存量改革困境,充分释放存量改革带来的"新红利";另外,从发展理念来看,地方政府应该积极调整经济发展思路,从单纯看重 GDP 增速向以效率为核心的经济发展质量转变。从区域协调发展来看,应该充分利用中国梯度发展格局带来的后发优势,实现以嵌入式为主的全球价值链向具有根植性的国家价值链的转变,提升东部地区创新水平,重点解决资源型地区和欠发达区域产业结构升级问题,这也将是引领中国第二次高速增长的重点区域。

二、产业转型升级、充分释放"结构红利"

经历 40 多年改革开放,中国经济已经初步完成资本积累过程,三次产业形成一定发展规模,未来应更加注重产业规模效率提升。考虑到当前中国特别是中、西、东北地区产业结构层次仍然不高,地方应主动适应市场驱动下的产业结构转型升级步伐,进一步释放"结构红利"提升技术进步水平,同时优化内部结构,提高资源要素配置效率。在当前改革进入深水区的背景下,中央与地方政府应该继续深入推进结构转型升级,推动国有企业改革和市场化进程,全面实施对外开放战略,提升人力资本结构水平,以进一步发挥促进经济增长的制度红利。

三、空间梯度势能激发中西部地区"后发优势"

中国区域经济发展客观上表现为空间梯度格局,应重点挖掘空间梯度格局下的经济增长潜力。未来中国应该充分认识和利用国土空间梯度发展格局下的区域要素转移机遇(这也是区域后发优势力量所在),特别对中部经济"塌陷"向中部效率"凹地"转变这一现象,需给予高度重视。未来产业发展要实现以嵌入式为主的全球价值链向具有根植性的国家价值链的转变,提升东部地区创新水平,重点解决中、西部及东北地区等资源型地区和欠发达区域产业结构升级问题,这也将是引领中国第二次快速增长的重点区域。

不同产业内在的客观发展规律存在差异,三次产业发展应以把握区域实际发展阶段为前提。就第一产业而言,在当前主体功能区划引导下,需要提高中、西部地区粮食主产区的土地节约、集约利用水平,积极发挥其规模效率;严格耕地红线保护制度,降低工业化、城镇化对农业资源要素的"挤压效应",促进五化同步协调发展。就第二产业而言,东部地区经济效率优势并不显著,在区域间产业转移基础上,应该尽快实现本地区产业转型升级;中部、西部、东北等地区应积极总结西部大开发、东北振兴、中部崛起等区域战略发展经验,规范政府对不同产业发展的干预措施,避免区域政策不当而引致的投资驱动"陷阱",提升产业结构水平,释放经济增长潜能,保证经济增长与质量提升的可持续性。对第三产业而言,需要提升人力资本结构水平、提高现代服务业发展质量。东部地区需要转变发展定位,由区域服务业中心向国家服务业中心转变,中、西部地区(特别是中部地区)应该抓住现代生产性服务业(如物流业、深度旅游业、金融业等)发展的后发优势,提升服务业发展效率。

第五节 区域经济协调发展路径之四——深入推进财权事权改革

"推动经济发展质量变革、效率变革、动力变革,提高全要素生产率"是提升中国经济创新力与竞争力的重要基础,符合内生经济增长理论的基本规律。而"必须把发展经济的着力点放在实体经济上""房子是用来住的,不是用来炒的"的定位,这为打破"土地财政—房地产—地方经济"捆绑效应,实现内涵式经济增长提供了有力的政策支撑。

一、完善土地出让制度稳步推进发展目标转换

明确土地出让收入的支出范围,强化土地出让审计与督察。地方政府应充分认识土地财政对经济增长的负面影响,切实推动土地财政转型。土地财政转型与改革是一项系统工作,要继续深化中央与地方财权事权分配,推进地方财税体制改革,以充分减轻地方财政负担,同时继续完善地方政府考核指标,弱化 GDP 考核权重。新时期中国土地财政相关政策已经发生了较大的变化,并开始出现收缩态势,但伴随"政策周期"的高频率土地出让行为仍然有较高热度。因此,在房地产经济趋于缓和的宏观背景下,应继续以市场化方向推进土地出让制度改革,弱化地方政府在土地出让环节的干预作用。特别是当前经济正处于转型关键期,要防止"唯经济"建设为指导的"保增长"土地财政,可进一步明确土地出让收入的用途范围。从本质上来看,着重控制土地财政带来的房地产经济扭曲效应是关键。同时亦可由此引导工资水平回归劳动生产率基准,提升人民幸福感与获得感。

二、宏观调控与因城施策并行

要客观认识到土地财政对地方完善公共基础设施有所裨益,不同区域和不同类型城市土地财政的管理与转型需有所区别。正如实证结果展示,并非土地财政规模越大的区域与城市经济增长受影响越大,主要还是看土地财政规模与地区经济发展水平的匹配程度。目前土地财政对中西部地区、Ⅱ型大城市及中小城市的负向影响最为严重。而对超特大城市及Ⅰ型大城市而言,土地财政的负面作用并不显著。深层次原因是,由于土地财政带来的房地产经济扭曲效应,使得Ⅱ型大城市及中小城市产业结构虚高,实际上是过早的"去工业化"化现象。为此,对上述城市和地区而言,应摒弃以房地产经济为指引的旧理念,合理引导土地财政对公共基础设施的支撑作用,转换土地财政成本劣势为成本优势,完善地方经济发展的软硬件环境。同时充分重视中西部地区及中小城市制造业的发展,落实工业强国理念,加大中西部地区传统产业的升级改造,积极引进高新技术

产业，与东部发达地区形成良好的制造业梯队格局。

三、完善基本公共服务均等化机制

稳妥推进基本公共服务领域中央与地方财政事权和支出责任划分改革，在省级承担较高分担比例的基础上，实行地市差别化分担，贫困地区承担相对较低的支出责任。完善有关转移支付制度，基本公共服务投入向特殊类型地区倾斜。加快养老保险省级统筹，完善医疗保险关系转移接续制度，全面实现不同省区异地就医住院费用直接结算。支持各地区与教育卫生等优质公共服务机构合作，推动优质公共服务资源跨区域共享，建立健全医疗卫生、劳动就业等基本公共服务跨区域流转衔接制度，健全区域公共卫生联防联控机制。加强乡村小规模学校和乡镇寄宿制学校建设，探索推广"互联网+教育"，促进优质教学资源共享。推动国家区域医疗中心、县级医院综合能力和基层医疗卫生机构标准化建设。稳步推进公办养老机构改革和建设。

第六节 区域经济协调发展路径之五——区域增长甄别与因势利导

一、充分发挥市场机制作用，加快建立统一的商品与要素市场

发挥市场在资源配置中的决定性作用，健全市场一体化发展机制，形成全国统一开放、竞争有序的商品和要素市场。目前中国在土地、劳动力、资本、技术、数据等要素市场发育相对滞后，影响了市场对资源配置决定性作用的发挥，成为高标准市场体系建设的一个突出短板。通过加快构建区域一体化的要素市场，推进城乡、区域金融市场一体化、土地要素市场一体化、技术和信息市场一体化等。形成统一的准入标准和技术标准，促进资金、人才、技术、商贸、物流等市场要素有序自由流动，破除无效供给，培育新动能。打破地区行政性垄断和地方保护主义，清除各种

显性和隐性的市场壁垒，健全市场一体化发展机制，营造有利于创新创业创造的良好发展环境。充分发挥企业的主体作用，激励企业积极参与市场竞争，在市场竞争中推动城乡、区域要素合理配置，有效激活不同区域竞相迸发的市场活力，实现区域协调发展。

二、充分发挥有为政府作用机制，优化区域分工格局

改革开放40多年来，中国区域格局正在发生悄然变化，东部沿海地区由于区域资本的不断饱和，土地、劳动等要素成本不断上升，资源环境约束日益突出，并且受全球金融危机和周边国家竞争的影响，东部地区经济转型和产业结构升级刻不容缓。而中、西部地区随着基础设施的不断完善，土地和劳动力等生产要素成本较低，产业发展的空间较大，产业转移成为优化区域分工格局、促进协调联动发展的重要任务。一方面，充分发挥市场在资源配置中的决定性作用，通过价格调节机制，利用中西部地区的成本优势，加速产业梯级转移，带动中西部地区发展，提高就业，促进经济和人口的集聚；另一方面，通过产业转移为东部地区的发展腾挪空间，发挥人才富集、科技水平高、制造业发达等诸多优势，积极探索形成新发展格局的路径，提高全球竞争力。促进企业的跨区域发展，引导产业的跨区域转移，多层次多方位促进区域合作，从点、线、圈、面全方位形成区域合作，充分发挥各地区的比较优势，实现优势互补、互利共赢。

具体来看，地方政府应根据当地的要素禀赋所决定的比较优势，发挥"有为政府"因势利导作用来发展具有比较优势的产业，即追赶型、领先型、转进型、弯道超车型及战略型产业的发展（见表9-2）。

表9-2　　　　　　　　　　五类产业划分

产业分类	基本定义
追赶型	技术和附加值低于发达地区的同类产业，处于追赶阶段的产业
领先型	产品的质量、技术和价格已经处于世界前沿，只有依靠自主研发新产品、新技术，才能继续保持国际领先地位，同时也需要不断开拓国际市场
转进型	通常为劳动密集型产业
换道超车型	产品研发周期短，注重对人力资本投入的产业
战略型	产品研发周期长，投入高，具有战略意义的产业

对于追赶型产业，当地产业在低水平的产品和质量上具有部分比较优势，但在技术和附加值方面还相对落后于发达地区的同类产业。为缩小技术差距，一是需培养定向人才；二是需引进国外先进技术或在当地设立研发中心。地方政府应对现有产业状况作出分析研判，了解企业的实际需要，帮助当地企业克服在技术追赶上可能面对的困难，从而快速提高技术和产品质量水平。

对于领先型产业，所涉及产品质量、技术和价格已经处于世界前沿，应通过鼓励持续研发新产品、新技术以在国内外市场维持领先地位。各地政府可通过合力设立联合实验室，建立产学研合作，支持领先型产业新技术新产品开发所需的基础科研，帮助市场和企业克服基础科研方面的制约。

对于转进型产业，其特点多属于劳动密集型产业，曾对地方经济发展贡献较大，但由于劳动力成本增加而逐渐失去比较优势。这类产业部分可通过借助现代化生产技术来提升生产力水平，但由于附加价值的制约，导致这部分提升空间有限，因此也要结合产业转移至劳动力成本较低的长江经济带中上游地区。当地政府可通过设立职业培训学校协助该类企业培养所需人才，并为其提供必要的基础设施和商业环境。

对于换道超车型产业，以新工业革命中的智能制造、智能联通的软硬件产品研发为主，其产品研发周期相对较短，最关键的投入要素在于人力资本。政府应着力创造有利环境以吸引企业和人才，助力开发新产品、新概念、新技术、新业态。同时，新产品研发所涉及的新生产和经营模式以及后续规模化生产环节也需要资本大量进入，此时地方政府可以通过设立引导基金等方式吸引风险资本赋能该类产业发展。

对于战略型产业，该类产业更多关系到国防和经济安全，对中国的进一步发展至关重要，具有战略意义。但其产品研发周期较长、投入高，发展所需的人力资本和物质资本较为密集，通常超过一个地方的要素禀赋所决定的比较优势，地方政府难以仅依靠自身力量来支持该类产业的升级发展，更多需要中央政府财政补贴。但是，地方政府仍然可以利用该类产业带来的技术力量和相关的产业链，通过结合当地的劳动力及自然资源的禀赋条件，发展符合当地比较优势的产业。

三、推进制造业结构升级

工业制造业升级是未来中国经济发展的重要方向，应摒弃简单的去工业化思路。首先,当前工业制造业发展在国民经济中仍处于并将长时间处于中流砥柱的地位,地方政府与企业既不能紧抱落后产能不放,又不能在转型升级与绿色发展背景下被动去工业化,而是应该主动探索制造业新动能,提升工业质量和竞争力。其次,优化工业制造业产业结构,需要与服务业发展相协调,须按照改善资源配置效率以及提高生产率的基本原则推进经济结构转型。虚拟经济部门(如房地产业)的超前发展损害了生产率的增长,应当促进先进制造业及生产性服务业深度融合发展,防范虚拟经济过度膨胀,实现产业结构优化升级。

四、优化产业布局防范中西部地区过早去工业化

充分利用区域经济梯度差异,以国内产业转移优化产业布局、促进区域协调发展。国土空间梯度既是区域经济差异形成的基础障碍,但同时又是中国赖以进行区域间产业转移的广阔经济腹地。实证分析发现,中国的去工业化进程具有明显的区域性特征,既有如东部地区积极去工业化探索,极大提升了制造业与服务业的耦合协调水平,又有如中、西部地区的过早去工业化,资本向房地产等行业过度倾斜带来严重的资源错配,限制了城市 TFP 增长。因此,对中、西部地区出现的盲目去工业化应给予纠偏,继续鼓励与支持中、西部地区城市努力承接东部地区产业转移(而非新的工业园区扩张),强化重点与优化开发区、国家级新区等的产业承载能力。东部地区则应该继续推动深度工业化,提高制造业企业的自主创新能力与智能化水平,加快向价值链高端环节升级,促进互联网经济与制造强国的深度融合。

参 考 文 献

[1] 白重恩、张琼：《中国生产率估计及其波动分解》，载《世界经济》2015年第12期。

[2] 卜志成：《美国去工业化问题研究及其对当前中国的启示》，载《国际商贸》2017年第7期。

[3] 蔡昉、都阳：《中国地区经济增长的趋同与差异——对西部开发战略的启示》，载《经济研究》2000年第10期。

[4] 蔡昉：《人口转变、人口红利与刘易斯转折点》，载《经济研究》2010年第4期。

[5] 蔡昉、王德文、曲玥：《中国产业升级的大国雁阵模型分析》，载《经济研究》2009年第9期。

[6] 蔡昉：《中国经济增长如何转向全要素生产率驱动型》，载《中国社会科学》2013年第1期。

[7] 蔡海亚、徐盈之：《贸易开放是否影响了中国产业结构升级？》，载《数量经济技术经济研究》2017年第10期。

[8] 蔡跃洲、付一夫：《全要素生产率增长中的技术效应与结构效应——基于中国宏观和产业数据的测算及分解》，载《经济研究》2017年第1期。

[9] 岑丽君：《中国在全球生产网络中的分工与贸易地位——基于TiVA数据与GVC指数的研究》，载《国际贸易问题》2015年第1期。

[10] 钞小静、任保平：《中国经济增长质量的时序变化与地区差异分析》，载《经济研究》2011年第4期。

[11] 晁恒、满燕云、王砾、李贵才：《国家级新区设立对城市经济增长的影响分析》，载《经济地理》2018年第6期。

[12] 陈斌开、黄少安、欧阳涤非：《房地产价格上涨能推动经济增长吗？》，载《经济学（季刊）》2018年第3期。

[13] 陈斌开、金箫、欧阳涤非：《住房价格、资源错配与中国工业

企业生产率》，载《世界经济》2015年第4期。

[14] 陈昌兵：《可变折旧率估计及资本存量测算》，载《经济研究》2014年第12期。

[15] 陈栋生：《论区域协调发展》，载《工业技术经济》2005年第4期。

[16] 陈继勇、杨旭丹、吉生保：《经济总量、经济结构及其空间协调——外资研发嵌入提升视角》，载《国际贸易问题》2019年第2期。

[17] 陈健、刘海燕：《产品内国际分工与区域经济增长效率——专业化视角的研究》，载《中国经济问题》2013年第2期。

[18] 陈敏、桂琦寒、陆铭、陈钊：《中国经济增长如何持续发挥规模效应？——经济开放与国内商品市场分割的实证研究》，载《经济学（季刊）》2008年第1期。

[19] 陈明、魏作磊：《生产性服务业开放对中国服务业生产率的影响》，载《数量经济技术经济研究》2018年第5期。

[20] 陈启斐、巫强：《国内价值链、双重外包与区域经济协调发展：来自长江经济带的证据》，载《财贸经济》2018年第7期。

[21] 陈诗一：《中国的绿色工业革命：基于环境全要素生产率视角的解释（1980—2008）》，载《经济研究》2010年第11期。

[22] 陈淑云、曾龙、李伟华：《地方政府竞争、土地出让与城市生产率——来自中国281个地级市的经验证据》，载《财经科学》2017年第7期。

[23] 陈彦斌、刘哲希：《推动资产价格上涨能够"稳增长"吗？——基于含有市场预期内生变化的DSGE模型》，载《经济研究》2017年第7期。

[24] 陈宗胜、黎德福：《内生农业技术进步的二元经济增长模型——对"东亚奇迹"和中国经济的再解释》，载《经济研究》2004年第11期。

[25] 程丹润、李静：《环境约束下的中国省区效率差异研究：1990—2006》，载《财贸研究》2009年第1期。

[26] 程惠芳、陈超：《开放经济下知识资本与全要素生产率——国际经验与中国启示》，载《经济研究》2017年第10期。

[27] 崔向阳、袁露梦、钱书法：《区域经济发展：全球价值链与国家价值链的不同效应》，载《经济学家》2018年第1期。

[28] 崔莹莹、陈可石、高庆浩：《房价上涨的创新抑制效应及其传导机制》，载《城市问题》2018年第10期。

[29] 戴永安、张曙霄:《我国三大经济区的区域化收益及其影响因素——基于城市经济效率的视角》,载《经济评论》2011年第6期。

[30] 丁任重:《马克思劳动地域分工理论与我国区域经济格局变迁》,引自中国经济规律研究会、河南财经政法大学:《中国经济规律研究会第24届年会暨"经济体制改革与区域经济发展"理论研讨会论文集》,2014年。

[31] 丁志国、赵宣凯、苏治:《中国经济增长的核心动力——基于资源配置效率的产业升级方向与路径选择》,载《中国工业经济》2012年第9期。

[32] 杜传忠、王鑫、刘忠京:《制造业与生产性服务业耦合协同能提高经济圈竞争力吗?——基于京津冀与长三角两大经济圈的比较》,载《产业经济研究》2013年第6期。

[33] 樊杰:《解析中国区域协调发展的制约因素探究全国主体功能区规划的重要作用》,载《中国科学院院刊》2007年第3期。

[34] 樊茂清、黄薇:《基于全球价值链分解的中国贸易产业结构演进研究》,载《世界经济》2014年第2期。

[35] 范剑勇、高人元、张雁:《空间效率与区域协调发展战略选择》,载《世界经济》2010年第2期。

[36] 范子杰、张亚斌、彭学之:《基于上游延伸的中国制造业GVCs地域特征及变化机制》,载《世界经济》2016年第8期。

[37] 方创琳、关兴良:《中国城市群投入产出效率的综合测度与空间分异》,载《地理学报》2011年第8期。

[38] 傅伯杰:《地理学综合研究的途径与方法:格局与过程耦合》,载《地理学报》2014年第8期。

[39] 傅勇、白龙:《中国改革开放以来的全要素生产率变动及其分解(1978—2006年)——基于省际面板数据的Malmquist指数分析》,载《金融研究》2009年第7期。

[40] 干春晖、郑若谷:《改革开放以来产业结构演进与生产率增长研究——对中国1978~2007年"结构红利假说"的检验》,载《中国工业经济》2009年第2期。

[41] 干春晖、郑若谷、余典范:《中国产业结构变迁对经济增长和波动的影响》,载《经济研究》2011年第5期。

[42] 高凌云、王洛林:《进口贸易与工业行业全要素生产率》,载

《经济学（季刊）》2010年第2期。

[43] 高纹、杨昕：《经济增长与大气污染——基于城市面板数据的联立方程估计》，载《南京审计大学学报》2019年第2期。

[44] 郃若素、蔡昉、宋立刚：《中国经济增长与发展新模式》，社会科学文献出版社2014年版。

[45] 郭庆旺、贾俊雪：《中国全要素生产率的估算：1979—2004》，载《经济研究》2005年第6期。

[46] 郭庆旺、赵志耘、贾俊雪：《中国省份经济的全要素生产率分析》，载《世界经济》2005年第5期。

[47] 郭晓琼：《俄罗斯再工业化问题探析》，载《俄罗斯东欧中亚研究》2016年第1期。

[48] 郝睿：《经济效率与地区平等：中国省际经济增长与差距的实证分析（1978—2003）》，载《世界经济文汇》2006年第2期。

[49] 贺建风、张晓静：《劳动力成本上升对企业创新的影响》，载《数量经济技术经济研究》2018年第8期。

[50] 贺胜兵、刘友金、周华蓉：《沿海产业为何难以向中西部地区转移——基于企业网络招聘工资地区差异的解析》，载《中国软科学》2012年第1期。

[51] 洪银兴：《创新驱动攀升全球价值链中高端》，载《经济学家》2017年第12期。

[52] 胡鞍钢：《未来经济增长取决于全要素生产率提高》，载《中国证券报》2002年12月20日。

[53] 胡昭玲：《国际垂直专业化对中国工业竞争力的影响分析》，载《财经研究》2007年第4期。

[54] 黄群慧：《改革开放40年中国的产业发展与工业化进程》，载《中国工业经济》2018年第9期。

[55] 黄群慧、黄阳华、贺俊、江飞涛：《面向中上等收入阶段的中国工业化战略研究》，载《中国社会科学》2017年第12期。

[56] 黄永春、郑江淮、杨以文、祝吕静：《中国"去工业化"与美国"再工业化"冲突之谜解析——来自服务业与制造业交互外部性的分析》，载《中国工业经济》2013年第3期。

[57] 黄永明、何伟、聂鸣：《全球价值链视角下中国纺织服装企业的升级路径选择》，载《中国工业经济》2006年第5期。

[58] 靳明：《劳动分工对经济增长促进机制的分析》，首都经济贸易大学，2007年。

[59] 克鲁格曼：《萧条经济学的回归》，中信出版社2012年版。

[60] 黎峰：《国内专业化分工是否促进了区域协调发展？》，载《数量经济技术经济研究》2018年第12期。

[61] 黎峰：《双重价值链嵌入下的中国省级区域角色——一个综合理论分析框架》，载《中国工业经济》2020年第1期。

[62] 黎峰：《要素禀赋结构升级是否有利于贸易收益的提升？——基于中国的行业面板数据》，载《世界经济研究》2014年第8期。

[63] 黎峰：《增加值视角下的中国国家价值链分工——基于改进的区域投入产出模型》，载《中国工业经济》2016年第3期。

[64] 李宾、曾志雄：《中国全要素生产率变动的再测算：1978—2007年》，载《数量经济技术经济研究》2009年第3期。

[65] 李斌、彭星、欧阳铭珂：《环境规制、绿色全要素生产率与中国工业发展方式转变——基于36个工业行业数据的实证研究》，载《中国工业经济》2013年第4期。

[66] 李谷成：《中国农业的绿色生产率革命：1978—2008年》，载《经济学（季刊）》2014年第2期。

[67] 李国平、彭思奇、曾先峰、杨洋：《中国西部大开发战略经济效应评价——基于经济增长质量的视角》，载《当代经济科学》2011年第4期。

[68] 李国璋、戚磊：《离岸和本土中间投入对中国工业行业生产率的影响》，载《中国工业经济》2011年第5期。

[69] 李红霞、傅强：《中国省际要素投入与经济增长研究——基于总量生产函数的面板数据分析》，载《北京理工大学学报（社会科学版）》2013年第2期。

[70] 李虹、袁颖超、王娜：《区域绿色金融与生态环境耦合协调发展评价》，载《统计与决策》2019年第8期。

[71] 李郇、洪国志、黄亮雄：《中国土地财政增长之谜——分税制改革、土地财政增长的策略性》，载《经济学（季刊）》2013年第4期。

[72] 李江龙、徐斌：《"诅咒"还是"福音"：资源丰裕程度如何影响中国绿色经济增长？》，载《经济研究》2018年第9期。

[73] 李京文、郑玉歆：《改革与中国生产率的国际研讨》，载《数量

经济技术经济研究》1992 年第 10 期。

[74] 李兰冰：《中国区域协调发展的逻辑框架与理论解释》，载《经济学动态》2020 年第 1 期。

[75] 李廉水、周彩红：《区域分工与中国制造业发展——基于长三角协整检验与脉冲响应函数的实证分析》，载《管理世界》2007 年第 10 期。

[76] 李琳、刘莹：《中国区域经济协同发展的驱动因素——基于哈肯模型的分阶段实证研究》，载《地理研究》2014 年第 9 期。

[77] 李汝资、刘耀彬：《1978 年以来中国省际全要素生产率时空演变特征研究》，载《华东经济管理》2016 年第 7 期。

[78] 李汝资、刘耀彬、谢德金：《中国产业结构变迁中的经济效率演进及影响因素》，载《地理学报》2017 年第 12 期。

[79] 李汝资：《中国区域经济发展效率演变研究》，东北师范大学，2015 年。

[80] 李善同、何建武、刘云中：《全球价值链视角下中国国内价值链分工测算研究》，载《管理评论》2018 年第 5 期。

[81] 李献波、林雄斌、孙东琪：《中国区域产业结构变动对经济增长的影响》，载《经济地理》2016 年第 5 期。

[82] 李小平：《国际贸易与技术溢出：途径及测算研究综述》，载《财贸经济》2008 年第 5 期。

[83] 李小平、李小克：《偏向性技术进步与中国工业全要素生产率增长》，载《经济研究》2018 年第 10 期。

[84] 李小平、卢现祥：《中国制造业的结构变动和生产率增长》，载《世界经济》2007 年第 5 期。

[85] 李小平、卢现祥、朱钟棣：《国际贸易、技术进步和中国工业行业的生产率增长》，载《经济学（季刊）》2008 年第 2 期。

[86] 李小平、周记顺、王树柏：《中国制造业出口复杂度的提升和制造业增长》，载《世界经济》2015 年第 2 期。

[87] 李小平、朱钟棣：《中国工业行业的全要素生产率测算——基于分行业面板数据的研究》，载《管理世界》2005 年第 4 期。

[88] 梁强：《土地财政、金融发展与全要素生产率》，载《经济经纬》2017 年第 4 期。

[89] 梁炜、任保平：《中国经济发展阶段的评价及现阶段的特征分析》，载《数量经济技术经济研究》2009 年第 4 期。

[90] 梁文泉、陆铭:《后工业化时代的城市:城市规模影响服务业人力资本外部性的微观证据》,载《经济研究》2016年第12期。

[91] 林梅、那文鹏:《印尼早熟型去工业化问题探析》,载《南洋问题研究》2018年第1期。

[92] 林毅夫、蔡昉、李周:《比较优势与发展战略——对"东亚奇迹"的再解释》,载《中国社会科学》1999年第5期。

[93] 林毅夫、任若恩:《东亚经济增长模式相关争论的再探讨》,载《经济研究》2007年第8期。

[94] 林毅夫、姚洋:《中国奇迹:回顾与展望》,北京大学出版社2006年版。

[95] 林毅夫、张鹏飞:《后发优势、技术引进和落后国家的经济增长》,载《经济学(季刊)》2005年第1期。

[96] 刘秉镰、李清彬:《中国城市全要素生产率的动态实证分析:1990—2006——基于DEA模型的Malmquist指数方法》,载《南开经济研究》2009年第3期。

[97] 刘洪愧、谢谦:《新兴经济体参与全球价值链的生产率效应》,载《财经研究》2017年第8期。

[98] 刘建国、李国平、张军涛等:《中国经济效率和全要素生产率的空间分异及其影响》,载《地理学报》2012年第8期。

[99] 刘凯:《中国特色的土地制度如何影响中国经济增长——基于多部门动态一般均衡框架的分析》,载《中国工业经济》2018年第10期。

[100] 刘明宇、芮明杰:《价值网络重构、分工演进与产业结构优化》,载《中国工业经济》2012年第5期。

[101] 刘宁:《农村人力资本流失的区域农业增长效应研究——基于13个粮食主产省区的面板数据》,载《人口与经济》2014年第4期。

[102] 刘瑞明、赵仁杰:《国家高新区推动了地区经济发展吗?——基于双重差分方法的验证》,载《管理世界》2015年第8期。

[103] 刘瑞明、赵仁杰:《西部大开发:增长驱动还是政策陷阱——基于PSM-DID方法的研究》,载《中国工业经济》2015年第6期。

[104] 刘瑞翔、安同良:《资源环境约束下中国经济增长绩效变化趋势与因素分析——基于一种新型生产率指数构建与分解方法的研究》,载《经济研究》2012年第11期。

[105] 刘胜:《城市群空间功能分工带来了资源配置效率提升

吗？——基于中国城市面板数据经验研究》，载《云南财经大学学报》2019年第2期。

[106] 刘世锦、刘培林、何建武：《我国未来生产率提升潜力与经济增长前景》，载《管理世界》2015年第3期。

[107] 刘世锦：《"新常态"下如何处理好政府与市场的关系》，载《求是》2014年第18期。

[108] 刘帅：《中国经济增长质量的地区差异与随机收敛》，载《数量经济技术经济研究》2019年第9期。

[109] 刘舜佳：《国际贸易、FDI和中国全要素生产率下降——基于1952～2006年面板数据的DEA和协整检验》，载《数量经济技术经济研究》2008年第11期。

[110] 刘维刚、倪红福、夏杰长：《生产分割对企业生产率的影响》，载《世界经济》2017年第8期。

[111] 刘伟、蔡志洲：《新时代中国经济增长的国际比较及产业结构升级》，载《管理世界》2018年第1期。

[112] 刘伟、张辉：《中国经济增长中的产业结构变迁和技术进步》，载《经济研究》2008年第4期。

[113] 刘伟、张立元：《资源配置、产业结构与全要素生产率：基于真实经济周期模型的分析》，载《经济理论与经济管理》2018年第9期。

[114] 刘兴凯、张诚：《中国服务业全要素生产率增长及其收敛分析》，载《数量经济技术经济研究》2010年第3期。

[115] 刘修岩：《空间效率与区域平衡：对中国省级层面集聚效应的检验》，载《世界经济》2014年第1期。

[116] 刘修岩、李松林、秦蒙：《城市空间结构与地区经济效率——兼论中国城镇化发展道路的模式选择》，载《管理世界》2017年第1期。

[117] 刘志彪：《从全球价值链转向全球创新链：新常态下中国产业发展新动力》，载《学术月刊》2015年第2期。

[118] 刘志彪、张杰：《全球代工体系下发展中国家俘获型网络的形成、突破与对策——基于GVC与NVC的比较视角》，载《中国工业经济》2007年第5期。

[119] 刘志彪、张少军：《中国地区差距及其纠偏：全球价值链和国内价值链的视角》，载《学术月刊》2008年第5期。

[120] 卢福财、胡平波：《全球价值网络下中国企业低端锁定的博弈

分析》，载《中国工业经济》2008 年第 10 期。

[121] 陆铭、张航、梁文泉：《偏向中西部的土地供应如何推升了东部的工资》，载《中国社会科学》2015 年第 5 期。

[122] 吕冰洋、余丹林：《中国梯度发展模式下经济效率的增进——基于空间视角的分析》，载《中国社会科学》2009 年第 6 期。

[123] 吕炜、高帅雄：《房价波动、土地财政与我国宏观经济》，载《经济社会体制比较》2016 年第 4 期。

[124] 吕延方、王冬：《承接外包对中国制造业全要素生产率的影响——基于 1998~2007 年面板数据的经验研究》，载《数量经济技术经济研究》2010 年第 11 期。

[125] 吕越、黄艳希、陈勇兵：《全球价值链嵌入的生产率效应：影响与机制分析》，载《世界经济》2017 年第 7 期。

[126] 马晓东、孙晓欣：《2000 年以来江苏省农业转型发展的时空演变及问题区识别——基于全要素生产率的视角》，载《经济地理》2016 年第 7 期。

[127] 毛中根、武优勐：《我国西部地区制造业分布格局、形成动因及发展路径》，载《数量经济技术经济研究》2019 年第 3 期。

[128] 孟庆松、韩文秀：《复合系统协调度模型研究》，载《天津大学学报》2000 年第 4 期。

[129] 牛卫平：《国际外包陷阱产生机理及其跨越研究》，载《中国工业经济》2012 年第 5 期。

[130] 潘文卿：《中国国家价值链：区域关联特征与增加值收益变化》，载《统计研究》2018 年第 6 期。

[131] 乔晓楠、杨成林：《去工业化的发生机制与经济绩效：一个分类比较研究》，载《中国工业经济》2013 年第 6 期。

[132] 邱斌、杨帅、辛培江：《FDI 技术溢出渠道与中国制造业生产率增长研究：基于面板数据的分析》，载《世界经济》2008 年第 8 期。

[133] 全炯振：《中国农业全要素生产率增长的实证分析：1978—2007 年——基于随机前沿分析方法》，载《中国农村经济》2009 年第 9 期。

[134] 任保平：《中国经济增长质量的观察与思考》，载《中国社会科学辑刊》2012 年第 2 期。

[135] 单豪杰：《中国资本存量 K 的再估算：1952—2006 年》，载

《数量经济技术经济研究》2008年第10期。

[136] 尚涛：《全球价值链与我国制造业国际分工地位研究——基于增加值贸易与Koopman分工地位指数的比较分析》，载《经济学家》2015年第4期。

[137] 邵朝对、苏丹妮、邓宏图：《房价、土地财政与城市集聚特征：中国式城市发展之路》，载《管理世界》2016年第2期。

[138] 邵帅、张可、豆建民：《经济集聚的节能减排效应：理论与中国经验》，载《管理世界》2019年第1期。

[139] 沈可、章元：《中国的城市化为什么长期滞后于工业化——资本密集型投资倾向视角的解释》，载《金融研究》2013年第1期。

[140] 沈坤荣、孙文杰：《投资效率、资本形成与宏观经济波动——基于金融发展视角的实证研究》，载《中国社会科学》2004年第6期。

[141] 石喜爱、李廉水、程中华等：《"互联网+"对中国制造业价值链攀升的影响分析》，载《科学学研究》2018年第8期。

[142] 宋冬林、范欣、赵新宇：《区域发展战略、市场分割与经济增长——基于相对价格指数法的实证分析》，载《财贸经济》2014年第8期。

[143] 宋怡茹、魏龙、潘安：《价值链重构与核心价值区转移研究——产业融合方式与效果的比较》，载《科学学研究》2017年第8期。

[144] 宋瑛、陈纪平：《政府主导、市场分割与资源诅咒——中国自然资源禀赋对经济增长作用研究》，载《中国人口·资源与环境》2014年第9期。

[145] 宋玉祥、丁四保：《空间政策：由区域倾斜到产业倾斜》，载《经济地理》2010年第1期。

[146] 宋周莺、康蕾、刘毅：《中国区域投入产出效率的综合测度与时空格局》，载《地理研究》2019年第2期。

[147] 孙琳琳、任若恩：《中国资本投入和全要素生产率的估算》，载《世界经济》2005年第12期。

[148] 孙秀林、周飞舟：《土地财政与分税制：一个实证解释》，载《中国社会科学》2013年第4期。

[149] 孙学敏、王杰：《全球价值链嵌入的"生产率效应"——基于中国微观企业数据的实证研究》，载《国际贸易问题》2016年第3期。

[150] 孙英杰、林春：《试论环境规制与中国经济增长质量提升——基于环境库兹涅茨倒U型曲线》，载《上海经济研究》2018年第3期。

[151] 覃成林、郑云峰、张华：《中国区域经济协调发展的趋势及特征分析》，载《经济地理》2013年第1期。

[152] 谭人友、葛顺奇、刘晨：《全球价值链重构与国际竞争格局——基于40个经济体35个行业面板数据的检验》，载《世界经济研究》2016年第5期。

[153] 唐东波：《垂直专业分工与劳动生产率：一个全球化视角的研究》，载《世界经济》2014年第11期。

[154] 唐晓华、张欣珏、李阳：《中国制造业与生产性服务业动态协调发展实证研究》，载《经济研究》2018年第3期。

[155] 唐晓华、张欣钰、李阳：《制造业与生产性服务业协同发展对制造效率影响的差异性研究》，载《数量经济技术经济研究》2018年第3期。

[156] 陶长琪、陈伟、郭毅：《新中国成立70年中国工业化进程与经济发展》，载《数量经济技术经济研究》2019年第8期。

[157] 陶长琪、齐亚伟：《中国全要素生产率的空间差异及其成因分析》，载《数量经济技术经济研究》2010年第1期。

[158] 陶然、袁飞、曹广忠：《区域竞争、土地出让与地方财政效应：基于1999—2003年中国地级城市面板数据的分析》，载《世界经济》2007年第10期。

[159] 田毕飞、陈紫若：《创业与全球价值链分工地位：效应与机理》，载《中国工业经济》2017年第6期。

[160] 王丰龙、刘云刚：《中国城市建设用地扩张与财政收入增长的面板格兰杰因果检验》，载《地理学报》2013年第12期。

[161] 王强、郑颖、伍世代等：《能源效率对产业结构及能源消费结构演变的响应》，载《地理学报》2011年第6期。

[162] 王秋石、王一新、杜骐臻：《中国去工业化现状分析》，载《当代财经》2011年第12期。

[163] 王恕立、胡宗彪：《中国服务业分行业生产率变迁及异质性考察》，载《经济研究》2012年第4期。

[164] 王恕立、滕泽伟、刘军：《中国服务业生产率变动的差异分析——基于区域及行业视角》，载《经济研究》2015年第8期。

[165] 王思语、郑乐凯：《全球价值链嵌入特征对出口技术复杂度差异化的影响》，载《数量经济技术经济研究》2019年第5期。

[166] 王卫、綦良群：《中国装备制造业全要素生产率增长的波动与异质性》，载《数量经济技术经济研究》2017年第10期。

[167] 王文春、荣昭：《房价上涨对工业企业创新的抑制影响研究》，载《经济学（季刊）》2014年第2期。

[168] 王文、孙早：《产业结构转型升级意味着去工业化吗》，载《经济学家》2017年第3期。

[169] 王文、孙早：《去工业化促进了服务业效率提升吗》，载《统计研究》2017年第3期。

[170] 王霞：《中美贸易摩擦对全球制造业格局的影响研究》，载《数量经济技术经济研究》2019年第6期。

[171] 王先柱、吴蕾：《土地财政、房价上涨与产业结构升级——基于面板数据联立方程模型的分析》，载《经济问题探索》2019年第3期。

[172] 王小鲁、樊纲、余静文：《中国分省份市场化指数报告（2016）》，社会科学文献出版社2017年版。

[173] 王小鲁：《中国经济增长的可持续性与制度变革》，载《经济研究》2000年第1期。

[174] 王玉燕、林汉川、吕臣：《全球价值链嵌入的技术进步效应——来自中国工业面板数据的经验研究》，载《中国工业经济》2014年第9期。

[175] 王展祥：《发达国家去工业化比较及其对当前中国的启示——以英国和美国为例》，载《当代财经》2015年第11期。

[176] 王展祥、魏琳：《去工业化及其在中国的适应性研究——基于结构失衡视角》，载《当代财经》2012年第6期。

[177] 王直、魏尚进、祝坤福：《总贸易核算法：官方贸易统计与全球价值链的度量》，载《中国社会科学》2015年第9期。

[178] 魏后凯、王颂吉：《中国"过度去工业化"现象剖析与理论反思》，载《中国工业经济》2019年第1期。

[179] 魏礼群：《中国经济体制改革30年回顾与展望》，人民出版社2008年版。

[180] 温杰、张建华：《中国产业结构变迁的资源再配置效应》，载《中国软科学》2010年第6期。

[181] 温忠麟、叶宝娟：《中介效应分析：方法和模型发展》，载《心理科学进展》2014年第5期。

［182］夏方舟、李洋宇、严金明：《产业结构视角下土地财政对经济增长的作用机制——基于城市动态面板数据的系统 GMM 分析》，载《经济地理》2014 年第 12 期。

［183］肖文、殷宝庆：《垂直专业化的技术进步效应——基于 27 个制造行业面板数据的实证分析》，载《科学学研究》2011 年第 3 期。

［184］谢呈阳、周海波、胡汉辉：《产业转移中要素资源的空间错配与经济效率损失：基于江苏传统企业调查数据的研究》，载《中国工业经济》2014 年第 12 期。

［185］徐淑丹：《中国城市的资本存量估算和技术进步率：1992～2014 年》，载《管理世界》2017 年第 1 期。

［186］徐现祥、周吉梅、舒元：《中国省区三次产业资本存量估计》，载《统计研究》2007 年第 5 期。

［187］宣烨、余泳泽：《生产性服务业集聚对制造业企业全要素生产率提升研究——来自 230 个城市微观企业的证据》，载《数量经济技术经济研究》2017 年第 2 期。

［188］薛静静、沈镭、刘立涛、高天明：《中国区域能源利用效率与经济水平协调发展研究》，载《资源科学》2013 年第 4 期。

［189］薛俊波、王铮：《中国 17 部门资本存量的核算研究》，载《统计研究》2007 年第 7 期。

［190］颜鹏飞、王兵：《技术效率、技术进步与生产率增长：基于 DEA 的实证分析》，载《经济研究》2004 年第 12 期。

［191］杨飞、孙文远、程瑶：《技术赶超是否引发中美贸易摩擦》，载《中国工业经济》2018 年第 10 期。

［192］杨锦英、温庭海、刘朋：《"新常态"下中国经济发展之路的选择：从要素驱动向效率驱动转型》，载《当代经济研究》2016 年第 1 期。

［193］杨汝岱：《中国制造业企业全要素生产率研究》，载《经济研究》2015 年第 2 期。

［194］杨学成、汪冬梅：《我国不同规模城市的经济效率和经济成长力的实证研究》，载《管理世界》2002 年第 3 期。

［195］杨亚平、周泳宏：《成本上升、产业转移与结构升级——基于全国大中城市的实证研究》，载《中国工业经济》2013 年第 7 期。

［196］杨勇：《中国服务业全要素生产率再测算》，载《世界经济》

2008年第10期。

[197] 姚洋:《生产型政府》,载《理论学刊》2011年第8期。

[198] 姚战琪:《工业和服务外包对中国工业生产率的影响》,载《经济研究》2010年第7期。

[199] 银温泉、才婉茹:《我国地方市场分割的成因和治理》,载《经济研究》2001年第6期。

[200] 尹向飞、欧阳峣:《中国全要素生产率再估计及不同经济增长模式下的可持续性比较》,载《数量经济技术经济研究》2019年第8期。

[201] 于左、孔宪丽:《产业结构、二氧化碳排放与经济增长》,载《经济管理》2013年第7期。

[202] 余春祥:《可持续发展的环境容量和资源承载力分析》,载《中国软科学》2004年第2期。

[203] 余泳泽、杨晓章、张少辉:《中国经济由高速增长向高质量发展的时空转换特征研究》,载《数量经济技术经济研究》2019年第6期。

[204] 余泳泽:《中国省际全要素生产率动态空间收敛性研究》,载《世界经济》2015年第10期。

[205] 余振、周冰惠、谢旭斌、王梓楠:《参与全球价值链重构与中美贸易摩擦》,载《中国工业经济》2018年第7期。

[206] 袁凯华、彭水军:《中国加工贸易的价值攀升:嵌入NVC会优于GVC吗》,载《统计研究》2017年第8期。

[207] 原毅军、刘浩、白楠:《中国生产性服务业全要素生产率测度——基于非参数Malmquist指数方法的研究》,载《中国软科学》2009年第1期。

[208] 岳树民、卢艺:《土地财政影响中国经济增长的传导机制——数理模型推导及基于省际面板数据的分析》,载《财贸经济》2016年第5期。

[209] 张德生、傅国华:《现代经济增长理论述评》,载《惠州学院学报(社会科学版)》2005年第2期。

[210] 张定胜、刘洪愧、杨志远:《中国出口在全球价值链中的位置演变——基于增加值核算的分析》,载《财贸经济》2015年第11期。

[211] 张虎、韩爱华、杨青龙:《中国制造业与生产性服务业协同集聚的空间效应分析》,载《数量经济技术经济研究》2017年第2期。

[212] 张虎、韩爱华:《制造业与生产性服务业耦合能否促进空间协

调——基于285个城市数据的检验》，载《统计研究》2019年第1期。

[213] 张辉：《全球价值链理论与我国产业发展研究》，载《中国工业经济》2004年第5期。

[214] 张杰、刘志彪：《全球化背景下国家价值链的构建与中国企业升级》，载《经济管理》2009年第2期。

[215] 张军、施少华：《中国经济全要素生产率变动：1952—1998》，载《世界经济文汇》2003年第2期。

[216] 张军、吴桂英、张吉鹏：《中国省际物质资本存量估算：1952—2000》，载《经济研究》2004年第10期。

[217] 张秋菊、孙赫：《跨国外包的承接对我国工业行业技术进步的影响——基于我国工业行业面板数据的实证分析》，载《国际贸易问题》2009年第8期。

[218] 张少军、刘志彪：《国内价值链是否对接了全球价值链——基于联立方程模型的经验分析》，载《国际贸易问题》2013年第2期。

[219] 张少军、刘志彪：《全球价值链模式的产业转移——动力、影响与对中国产业升级和区域协调发展的启示》，载《中国工业经济》2009年第11期。

[220] 张唯实：《能源效率与中国经济增长关系研究》，载《经济问题》2010年第8期。

[221] 张勇、蒲勇健、陈立泰：《城镇化与服务业集聚——基于系统耦合互动的观点》，载《中国工业经济》2013年第6期。

[222] 章祥荪、贵斌威：《中国全要素生产率分析：Malmquist指数法评述与应用》，载《数量经济技术经济研究》2008年第6期。

[223] 赵昌文、许召元、朱鸿鸣：《工业化后期的中国经济增长新动力》，载《中国工业经济》2015年第6期。

[224] 赵进文、范继涛：《经济增长与能源消费内在依从关系的实证研究》，载《经济研究》2007年第8期。

[225] 赵康杰、景普秋：《资源依赖、资本形成不足与长期经济增长停滞——"资源诅咒"命题再检验》，载《宏观经济研究》2014年第3期。

[226] 赵楠、贾丽静、张军桥：《技术进步对中国能源利用效率影响机制研究》，载《统计研究》2013年第4期。

[227] 赵玉林、谷军健：《中美制造业发展质量的测度与比较研究》，

载《数量经济技术经济研究》2018年第12期。

[228] 赵志红：《制度变迁、分工发展与转型期的中国经济增长》，载《中国物价》2016年第9期。

[229] 赵志耘、杨朝峰：《中国全要素生产率的测算与解释：1979—2009年》，载《财经问题研究》2011年第9期。

[230] 郑建锋、曾冰、孔令池：《城镇化——金融集聚协同发展的经济增长效应研究——以长江经济带为例》，载《华东经济管理》2017年第4期。

[231] 郑毓盛、李崇高：《中国地方分割的效率损失》，载《中国社会科学》2003年第1期。

[232] 中国经济增长前沿课题组：《城市化、财政扩张与经济增长》，载《经济研究》2011年第11期。

[233] 周彬、周彩：《土地财政、产业结构与经济增长——基于284个地级以上城市数据的研究》，载《经济学家》2018年第5期。

[234] 周密：《后发转型大国价值链的空间重组与提升路径研究》，载《中国工业经济》2013年第8期。

[235] 周韬：《基于价值链的城市空间演化机理及经济增长效应研究：以长三角城市群为例》，载《西南民族大学学报（人文社科版）》2015年第5期。

[236] 朱磊、张建清、孙元元、杨立生：《环境治理约束与中国经济增长——以控制碳排放为例的实证分析》，载《中国软科学》2018年第6期。

[237] 朱喜、史清华、盖庆恩：《要素配置扭曲与农业全要素生产率》，载《经济研究》2011年第5期。

[238] 朱子云：《中国经济增长的动力转换与政策选择》，载《数量经济技术经济研究》2017年第3期。

[239] 邹薇、刘红艺：《土地财政"饮鸩止渴"了吗——基于中国地级市的时空动态空间面板分析》，载《经济学家》2015年第9期。

[240] 邹秀清：《中国土地财政与经济增长的关系研究——土地财政库兹涅兹曲线假说的提出与面板数据检验》，载《中国土地科学》2013年第5期。

[241] Antràs, P. and Chor, D. Organizing the Global Value Chain [J]. *Econometrica*, 2013, 81 (6): 2127-2204.

[242] Antràs P, Chor D, Fally T, et al. Measuring the Upstreamness of Production and Trade Flows [R]. National Bureau of Economic Research, 2012.

[243] Bai C, Du Y, Tao Z, et al. Local Protectionism and Regional Specialization: Evidence from China's Industries [J]. *Social Science Electronic Publishing*, 2004.

[244] Baldwin J, Yan B. Global Value Chains and the Productivity of Canadian Manufacturing Firms [J]. *Statistics Canada*, 2014.

[245] Banerjee, A. V. and B. Moll., Why Does Misallocation Persist? [J]. *American Economic Journal: Macroeconomics*, 2010 (2): 189-206.

[246] Barseghyan L, DiCecio R. Entry Costs, Industry Structure, and Cross-country Income and TFP Differences [J]. *Journal of Economic Theory*, 2011, 146 (5): 1828-1851.

[247] Buckley P J. The Impact of the Global Factory on Economic Development [J]. *Journal of World Business*, 2009, 44 (2): 131-143.

[248] Chen E K Y. The Total Factor Productivity Debate: Determinants of Economic Growth in East Asia [J]. *Asian-Pacific Economic Literature*, 1997, 11 (1): 18-38.

[249] Chen T, Liu L X, Zhou L A. *The Crowding-Out Effects of Real Estate Shocks-Evidence from China* [M]. Social Science Electronic Publishing, 2015.

[250] Chiarvesio M, Di Maria E, Micelli S. Global Value Chains and Open Networks: The Case of Italian Industrial Districts [J]. *European Planning Studies*, 2010, 18 (3): 333-350.

[251] Chung Y, Färe R, Grosskopf S. Productivity and Undesirable Outputs: A Directional Distance Function Approach [J]. *Journal of Environmental Management*, 1997, 51 (3): 229-240.

[252] Clingingsmith, D. and Williamson, J. G. Deindustrialization in 18th and 19th Century India: Mughal Decline, Climate Shocks and British Industrial Ascent [J]. *Explorations in Economic History*, 2008, 45 (3): 209-234.

[253] Coe, D. and Helpman, E. International R&D Spillovers [J]. *European Economic Review*, 1995, 39: 859-887.

[254] Dedrick J, Kraemer K L, Linden G. Who Profits from Innovation

后 记

把握新发展阶段，贯彻新发展理念，构建新发展格局，是以习近平总书记为核心的党中央对"十四五"规划及2035远景目标作出的系统谋划和重要战略部署。在此背景下，探讨国内价值链重构下我国经济效率空间梯度优化及区域协调实现机制，凸显较为重要的现实意义。

本书是笔者主持完成的国家社会科学基金项目（16CJL053）最终成果。在课题研究过程中，感谢课题组成员南昌大学经济管理学院谢德金博士、河北师范大学王文刚副教授，以及我的研究生吕芸芸、晏振宁、李伟强。特别是我的研究生吕芸芸同学，在课题全球价值链嵌入的经济效应、国内价值链重构对经济空间与效率空间耦合协调影响机制等研究方面，做出非常重要的贡献。同时感谢席凌、邓佳丽同学，协助我完成去工业化相关专题研究。感谢南昌大学刘耀彬教授为课题开展及结题提出的宝贵建议。

在本书写作过程中，笔者负责总体框架设计及书稿总撰，以及第三章、第四章、第五章、第九章的具体撰写工作。吕芸芸依托毕业论文，参与第一章、第二章、第七章、第八章，席凌、邓佳丽参与第六章。在书稿汇总过程中，晏振宁付出较多时间和精力。特别是笔者获国家留学基金面上项目资助公派美国访学期间，感谢晏振宁、李伟强、潘锴、曹怡、李英姿、白眹、黄淑琪、王梓畅等同学，协助处理了很多国内工作事务，让我得以有时间投入本书撰写工作。

本书出版得到南昌大学经济管理学院、南昌大学中国中部经济社会发展研究中心领导和同事大力支持。经济科学出版社财经分社责任编辑宋涛付出了辛勤工作。在此一并表示感谢。此外，本书写作过程中参阅了大量重要文献，得到诸多启示，感谢相关专家作者。但限于时间精力，难免遗漏，万望见谅。

李汝资
2021年5月

in Global Value Chains? A Study of the iPod and Notebook PCs [J]. *Industrial and Corporate Change*, 2010, 19 (1): 81 – 116.

[255] Di Meglio G, Gallego J, Maroto A, et al., Services in Developing Economies: The Deindustrialization Debate in Perspective [J]. *Development and Change*, 2018, 49 (6): 1495 – 1525.

[256] Doussard, M., Peck, J. and Theodore, N. After Deindustrialization: Uneven Growth and Economic Inequality in "Postindustrial" Chicago [J]. *Economic Geography*, 2009, 85 (2): 183 – 207.

[257] Falk, M. Quantile Estimates of the Impact of R&D Intensity on Firm Performance [J]. *Small Business Economics*, 2012, 39 (1): 19 – 37.

[258] Felipe, J. and Mehta, A. Deindustrialization? A Global Perspective [J]. *Economics Letters*, 2016, 149: 148 – 151.

[259] Färe R, Grosskopf S. Directional Distance Functions and Slacks-based Measures of Efficiency [J]. *European Journal of Operational Research*, 2010, 200 (1): 320 – 322.

[260] Färe R, Grosskopf S, Norris M, et al. Productivity Growth, Technical Progress, and Efficiency Change in Industrialized Countries [J]. *The American Economic Review*, 1994, 84 (1): 66 – 83.

[261] Färe R, Grosskopf S, Pasurka C. Accounting for air Pollution Emissions in Measures of State Manufacturing Productivity Growth [J]. *Journal of Regional Science*, 2001, 41 (3): 381 – 409.

[262] Goldsmith, R. W. A Perpetual Inventory of National Wealth. In Studies in Income and Wealth, NBER, 1951, 14: 5 – 73.

[263] Grabowski R. Premature Deindustrialization and Inequality [J]. *International Journal of Social Economics*, 2017, 44 (2): 154 – 168.

[264] Görg H, Hanley A. International Outsourcing and Productivity: Evidence from the Irish Electronics Industry [J]. *North American Journal of Economics & Finance*, 2005, 16 (2): 255 – 269.

[265] Hall R E, Jones C I. Why do Some Countries Produce so Much More Output Than Others? [J]. *The Quarterly Journal of Economics*, 1999, 114 (1): 83 – 116.

[266] Hummels D, Ishii J, Yi K M. The Nature and Growth of Vertical Specialization in World Trade [J]. *Journal of International Economics*, 2001,

54 (1): 75-96.

[267] Humphrey J. Upgrading in Global Value Chains [J]. *Social Science Electronic Publishing*, 2004: 209-239.

[268] Jara A, Escaith H. Global Value Chains, International Trade Statistics and Policymaking in a Flattening World [J]. *World Economics*, 2012, 13 (4): 5-18.

[269] Jiawei Mo, Land Financing and Economic Growth: Evidence from Chinese Counties [J]. *China Economic Review*, 2018, 50: 218-239.

[270] Kaplinsky, R. and Morris, M. A Handbook for Value Chain Research, Prepared for the International Development Research Centre, 2006.

[271] Kim C S, Lee S. Different Paths of Deindustrialization: Latin American and Southeast Asian Countries from a Comparative Perspective [J]. *Journal of International and Area Studies*, 2014, 21 (2): 65-81.

[272] Koopman, Robert, et al. Give Credit Where Credit is Due: Tracing Value Added in Global Production Chains. No. w16426. National Bureau of Economic Research, 2010.

[273] Koopman, Robert, Zhi Wang, and Shang-Jin Wei. How Much of Chinese Exports is Really Made in China? Assessing Domestic Value-added When Processing Trade is Pervasive. No. w14109. National Bureau of Economic Research, 2008.

[274] Koopman, R., Wang, Z. and Wei, S. J. Estimating Domestic Content in Exports When Processing Trade is Pervasive [J]. *Journal of Development Economics*, 2012, 99 (1): 178-189.

[275] Koopman R, Wang Z, Wei S J. Tracing Value-added and Double Counting in Gross Exports [J]. *American Economic Review*, 2014, 104 (2): 459-494.

[276] Krugman P. The Myth of Asia's Miracle [J]. *Foreign Affairs*, 1994, 73 (6): 62-78.

[277] Lau K T, Brada J C. Technological Progress and Technical Efficiency in Chinese Industrial Growth: A Frontier Production Function Approach [J]. *China Economic Review*, 1990, 1 (2): 113-124.

[278] Liu Z, Liu G S. The Efficiency Impact of the Chinese Industrial Reforms in the 1980's [J]. *Journal of Comparative Economics*, 1996, 23 (3):

237-255.

[279] Maddison A. Growth and Slowdown in Advanced Capitalist Economies: Techniques of Quantitative Assessment [J]. *Journal of Economic Literature*, 1987, 25 (2): 649-698.

[280] Manning S, Boons F, Von Hagen O, et al. National Contexts Matter: The Co-evolution of Sustainability Standards in Global Value Chains [J]. *Ecological Economics*, 2012, 83: 197-209.

[281] Meng B., Wang Z., Koopman R. How are Global Value Chains Fragmented and Extended in China's Domestic Production Networks? [R]. IDE Discussion Papers, 2013.

[282] Midrigan, V. and D. Y. Xu. Finance and Misallocation: Evidence from Plant-Level Data [J]. *American Economic Review*, 2014 (104): 422-458.

[283] Mitra A, Sato H. Agglomeration Economies in Japan: Technical Efficiency, Growth and Unemployment [J]. *Review of Urban & Regional Development Studies*, 2007, 19 (3): 197-209.

[284] Ng, Francis and Yeats, Alexander J., Major Trade Trends in East Asia: What are Their Implications for Regional Cooperation and Growth? (June 18, 2003). World Bank Policy Research Working Paper No. 3084.

[285] Peneder M. Structural Change and Aggregate Growth [J]. *Structural Change and Economic Dynamics*, 2002 (14): 427-448.

[286] Peng Tang, Xiaoping Shi, Jinlong Gao, et al. Demystifying the Key for Intoxicating Land Finance in China: An Empirical Study Through the Lens of Government Expenditure [J]. *Land Use Policy*, 2019, 85: 302-309.

[287] Reinsdorf M, Cover M. Measurement of Capital Stocks, Consumption of Fixed Capital, and Capital Services [J]. *Report on a Presentation to the Central American Ad Hoc Group on National Accounts, Santo Domingo, Dominican Republic*, 2005.

[288] Rodrik D. Premature Deindustrialization [J]. *Journal of Economic Growth*, 2016, 21 (1): 1-33.

[289] Schmitz, H. Local Upgrading in Global Chains: Recent Findings [R]. Paper to Be Presented at the DRUID Summer Conference, 2004.

[290] Stanford, J.. Staples, Deindustrialization, and Foreign Inves

ment: Canada's Economic Journey Back to the Future [J]. *Studies in Political Economy*, 2008, 82 (1): 7 – 34.

[291] Sylvie Démurger. Infrastructure Development and Economic Growth: An Explanation for Regional Disparities in China? [J]. *Journal of Comparative Economics*, 2001, 29 (1): 1 – 117.

[292] SYLVIE M, MINA S. Determinants for Locating Research and Development Activity in Europe [J]. *International Economics*, 2016, 145 (7): 7 – 20.

[293] Tobin J. Estimation of Relationships for Limited Dependent Variables [J]. *Econometrica*, 1958, 26 (1): 24 – 36.

[294] Van Neuss, L. Globalization and Deindustrialization in Advanced Countries [J]. *Structural Change and Economic Dynamics*, 2018, 45: 49 – 63.

[295] Wang, Z & Powers, W & Wei, S. – J. Value Chains in East Asian Production Networks: An International Input-output Model Based Analysis, 2011.

[296] Wheeler C H. Search, Sorting, and Urban Agglomeration [J]. *Journal of Labor Economics*, 2001, 19 (4): 879 – 899.

[297] Windrum P, Reinstaller A, Bull C. The Outsourcing Productivity Paradox: Total Outsourcing, Organizational Innovation, and Long Run Productivity Growth [J]. *Journal of Evolutionary Economics*, 2009, 19 (2): 197 – 229.

[298] Wu Y. Productive Efficiency in Chinese Industry [J]. *Asian – Pacific Economic Literature*, 1993, 7 (2): 58 – 66.

[299] Xianwei Fan, Dan Zheng, Minjun Shi. How Does Land Development Promote China's Urban Economic Growth? The Mediating Effect of Public Infrastructure [J]. *Sustainability*, 2016, 8: 279.

[300] Yong K. D. Macroeconomic Consequence of Deindustrialization—The Case of Korea in the 1990's [J]. *Economic Papers*, 2005.

[301] Young A. Gold Into Base Metals: Productivity Growth in the ople's Republic of China During the Reform Period [R]. National Bureau of omic Research, 2000.

后　记

把握新发展阶段，贯彻新发展理念，构建新发展格局，是以习近平总书记为核心的党中央对"十四五"规划及2035远景目标作出的系统谋划和重要战略部署。在此背景下，探讨国内价值链重构下我国经济效率空间梯度优化及区域协调实现机制，凸显较为重要的现实意义。

本书是笔者主持完成的国家社会科学基金项目（16CJL053）最终成果。在课题研究过程中，感谢课题组成员南昌大学经济管理学院谢德金博士、河北师范大学王文刚副教授，以及我的研究生吕芸芸、晏振宁、李伟强。特别是我的研究生吕芸芸同学，在课题全球价值链嵌入的经济效应、国内价值链重构对经济空间与效率空间耦合协调影响机制等研究方面，做出非常重要的贡献。同时感谢席凌、邓佳丽同学，协助我完成去工业化相关专题研究。感谢南昌大学刘耀彬教授为课题开展及结题提出的宝贵建议。

在本书写作过程中，笔者负责总体框架设计及书稿总撰，以及第三章、第四章、第五章、第九章的具体撰写工作。吕芸芸依托毕业论文，参与第一章、第二章、第七章、第八章，席凌、邓佳丽参与第六章。在书稿汇总过程中，晏振宁付出较多时间和精力。特别是笔者获国家留学基金委面上项目资助公派美国访学期间，感谢晏振宁、李伟强、潘锴、曹怡、李英姿、白眹、黄淑琪、王梓畅等同学，协助处理了很多国内工作事务，让我得以有时间投入本书撰写工作。

本书出版得到南昌大学经济管理学院、南昌大学中国中部经济社会发展研究中心领导和同事大力支持。经济科学出版社财经分社责任编辑宋涛付出了辛勤工作。在此一并表示感谢。此外，本书写作过程中参阅了大量重要文献，得到诸多启示，感谢相关专家作者。但限于时间精力，难免遗漏，万望见谅。

李汝资
2021年5月